MYRDHINN
ou
L'ENCHANTEUR MERLIN

DU MÊME AUTEUR :

BARZAZ-BREIZ, CHANTS POPULAIRES DE LA BRETAGNE, recueillis et publiés avec une traduction française, une introduction, une conclusion, des éclaircissements, et les mélodies originales. (4ᵉ édition, couronnée par l'Académie française. 2 vol. in-18, Paris, A. Franck.)

LES BARDES BRETONS, POËMES DU SIXIÈME SIÈCLE, traduits pour la première fois en français, avec le texte en regard, un discours préliminaire et des notes. (1 vol. in-8°, Paris, Didier.)

LA LÉGENDE CELTIQUE EN IRLANDE, EN CAMBRIE ET EN BRETAGNE, suivie de textes originaux irlandais, gallois et bretons, rares ou inédits. (1 vol. in-18. Paris, A. Durand.)

LES ROMANS DE LA TABLE RONDE, ET LES CONTES DES ANCIENS BRETONS (nouvelle édition, 1 vol. in-8. Paris, Didier.)

PARIS. — IMP. SIMON RAÇON ET COMP., RUE D'ERFURTH, 1.

MYRDHINN

OU

L'ENCHANTEUR MERLIN

SON HISTOIRE
SES ŒUVRES, SON INFLUENCE

PAR LE VICOMTE

HERSART DE LA VILLEMARQUÉ
MEMBRE DE L'INSTITUT

PARIS
LIBRAIRIE ACADÉMIQUE
DIDIER ET Cⁱᴱ, LIBRAIRES-ÉDITEURS
55, QUAI DES AUGUSTINS
—
1862

Réserve de tous droits
1861

INTRODUCTION

Ce livre annoncé depuis longtemps, comme le complément d'un précédent ouvrage de l'auteur[1], allait être mis sous presse quand une fantaisie poétique portant le même titre a paru, vers la fin de laquelle on ne lit pas sans un certain étonnement la tirade que voici :

« Le monde est plein, dans le siècle où

[1] Les *Bardes bretons*.

nous sommes, d'auteurs qui vont voler les héros que d'autres se sont donné la peine de déterrer. Je vous répète (cela est sérieux) que le mien m'a été enlevé... Voler un héros confié à la bonne foi publique, c'est bien pis mille fois que de voler à un homme son trésor dans une vieille cassette. Croyez-moi, le pire des maux, c'est d'être interrompu dans un ouvrage épique du genre de celui-ci, qui aurait dû couler d'une haleine comme un fleuve grossi par la fonte des neiges[1]. »

Si quelqu'un avait le droit de se plaindre d'avoir été interrompu (je n'oserais dire *volé*), serait-ce le chantre d'*Ahasvérus*, ou le modeste investigateur des antiquités celtiques? Sans mentir, ce dernier n'a pas été peu étourdi en voyant son paisible petit domaine

---

[1] *Merlin l'enchanteur*, t. II, p. 201.

envahi brusquement au son d'héroïques fanfares. Cependant il ne criera pas à l'invasion ; d'autres moins endurants, de ceux-là qu'on suppose irascibles et nerveux, pourront invoquer ciel et terre, et aller jusqu'à répéter les anathèmes de Brizeux :

> Arches des ponts, croulez ! Poussez, bois défenseurs,
> Et fermez tout chemin à ces envahisseurs !

Pour lui, simple curieux, il ne barre la route à personne. Content de certaines raretés qu'on ne trouve pas sur la voie publique, il les va prendre à la roche vive.

Bien jeune encore, le goût du merveilleux l'entraîna sur les traces de Merlin. Le premier, depuis les chevaliers errants et les poëtes du moyen âge, il visita, en antiquaire, la forêt où l'Arioste, avec les pâtres des environs de Pontrieu, place le tombeau de l'enchanteur :

> Con questa intenzion prese il cammino
> Verso le selve, prossime a Pontiero,
> Dove la vocal tomba di Merlino.

Ce que lui apprit la voix de la tombe, une *Revue* en crédit le répéta à ses lecteurs, et tout inexpérimenté que leur parût l'interprète du barde breton, ils ne dédaignèrent pas de l'écouter, lorsqu'il décrivit la forêt de Brocéliande, le val des Fées, la fontaine de Baranton, le perron de Merlin, et qu'il raconta les légendes relatives à cette partie de la Basse-Bretagne, si souvent citée dans les romans de chevalerie [1].

L'année suivante, continuant, sans s'en douter, l'itinéraire de l'Arioste, et laissant à gauche Saint-Brieuc, Tréguier, et les autres

---

[1] Voir, dans la *Revue de Paris* du 7 mai 1837, alors entre les mains heureuses de M. Buloz, mon article intitulé : *Visite au tombeau de Merlin*.

villes des côtes du nord de l'Armorique, il fit voile vers l'Angleterre :

> Breaco e Landriglier lascio a man manca,
> E va radendo il gran lito britone,
> E poi si drizza inver l'arena bianca
> Onde Inghilterra si nomo Albione.

Dans la vraie patrie de Merlin, il alla, guidé par l'auteur de la *Reine des fées*, droit à la ville qui croit porter le nom et garder le berceau de l'enchanteur breton, et il put entendre répéter aux Gallois une légende que le vieux poëte anglais leur a empruntée : « Là le sage Merlin, disent-ils, errait autrefois au fond d'un souterrain, loin des regards du jour[1]. »

Plus tard, entendant les Celtes d'Écosse

---

[1] There the wise Merlin wilhome wont (they say)...
In a deepe delve, farre from the view of day...
(Spencer, *the Faerie Queen*, c. III.)

disputer le tombeau de l'enchanteur aux Celtes d'Armorique, et tenir la Calédonie pour la forêt de Brocéliande, Drum-Melziar pour le perron de Merlin, et la vallée de la Tweed pour notre vallée de Concoret, le jeune voyageur voulut explorer aussi la patrie de Walter Scott, et il vint s'asseoir au bord du Pausayl, où l'écho redit encore le nom altéré de Merlin, comme le Rhodope le nom d'Orphée.

Il y a quatre ou cinq cents ans, dans un siècle moins positif que le nôtre, on n'eût pas manqué de rapporter d'excursions semblables quelque épopée chevaleresque, mais aujourd'hui la vogue est moins à la poésie qu'à l'observation curieuse, et j'ai vu telle page de fine critique avoir plus de succès que le gros poëme qui l'avait inspirée.

INTRODUCTION.

Faut-il s'en plaindre ou s'en réjouir ? Il ne m'appartient pas de décider ; quant à ceux qui trouvent que la mode fait loi, la réponse leur sera facile.

Je ne voudrais cependant pas qu'on pût dire des présentes recherches que leur seul mérite est leur singularité. J'ose espérer qu'elles auront pour les esprits délicats, une autre valeur que celle de ces vieilleries qu'on paye au poids de l'or. Elles n'ont pas été faites au hasard et sans choix ; si on peut leur adresser un reproche, ce ne sera pas d'être banales ; l'auteur aurait le droit de dire :

Mon verre n'est pas grand, mais je bois dans mon verre.

Encore moins craindra-t-il que des juges sévères le taxent de futilité à raison des mythes, des légendes, des contes et des prophéties apocryphes qu'il s'est plu à tirer de l'oubli. Ni Silvestre de Sacy ni M. Alexandre n'ont cru déroger, en étudiant sérieusement les *Fables indiennes* ou les *Oracles des Sibylles*, à leur avis, les fables sont souvent presque aussi vraies que l'histoire, sans compter l'avantage qu'elles ont d'être plus amusantes ; et les anciens ouvrages apocryphes, loin de mériter le dédain, ont droit au respect des gens graves, principalement des historiens, car outre qu'ils présentent une valeur artistique à peu près égale à celle des œuvres authentiques de même date, ils servent beaucoup à connaître les mœurs et les opinions des hommes d'autrefois.

Le prophète Merlin, quoique privé du patronage éminent qu'ont trouvé les Sibylles, ne sera pas traité sans doute plus défavorablement qu'elles; après avoir accueilli les sœurs, on ne repoussera pas le frère.

On raconte que saint Patrice, voulant connaître l'histoire de l'Irlande, alla consulter une bonne vieille qui avait vu passer plusieurs générations humaines. Elle avait, malgré ses années, l'œil encore vif et le pied leste, l'oreille fine, la voix fraîche, une parole simple et ingénue, une mémoire intarissable, et un cœur de feu sous la neige de ses cheveux blancs. Le peuple l'aimait, la suivait, croyait à la vérité de ses récits, et l'écoutait avec admiration.

Un berger gallois de la vallée de Myvyr l'a aussi rencontrée errante dans les montagnes du nord de la Cambrie. Un savant de Cornouailles a recueilli de sa bouche les dernières chansons du comté, à la fin du dix-huitième siècle. Walter Scott dit l'avoir suivie le long des frontières de l'Écosse; moi-même, s'il m'est permis de me nommer après ce maître illustre, je l'ai vue plus d'une fois assise au foyer du paysan breton; son œil était aussi vif, son pied aussi leste, son oreille aussi fine, sa voix aussi fraîche, sa parole aussi ingénue, sa mémoire aussi heureuse, et son cœur aussi chaud qu'à l'époque où saint Patrice l'écoutait. A qui lui eût demandé son nom, elle eût répondu : « Je suis la tradition celtique. »

C'est sous sa dictée, en France, en Angleterre et en Écosse, que l'histoire de Merlin a été écrite. Elle le représente tour à tour comme un personnage mythologique, réel, légendaire, poétique et romanesque.

Je le montre successivement sous les mêmes aspects.

J'étudie ensuite les œuvres qu'on lui attribue.

Je fais voir enfin quelle action il a exercé sur l'esprit et l'imagination des hommes les plus considérables de l'Europe, durant tout le cours du moyen âge, et j'achève ainsi de déterminer l'importance historique d'un personnage revenu de nos jours à la vie et à la mode, après un long oubli.

MYRDHINN

ou

L'ENCHANTEUR MERLIN

LIVRE PREMIER

PERSONNALITÉ DE MERLIN

I

MERLIN, PERSONNAGE MYTHOLOGIQUE.

A la race celtique mieux qu'à aucune autre race humaine convient la fable des cailloux de Deucalion et de Pyrrha; elle est dure comme le caillou, comme lui elle cache dans ses veines un feu qui petille dès qu'on la frappe, et elle a tout l'air de lui devoir son nom.

Tenace à la fois et ardente, c'est au service des idées religieuses qu'elle a mis de préférence les qualités par lesquelles elle témoigne de son origine; mais, il faut bien en convenir, les erreurs populaires ne l'ont pas trouvée moins obstinée à les défendre que les grandes vérités. Sa religion, quoique très-vive, n'est pas toujours très-éclairée; l'arbre de la Croix a poussé chez elle plus d'une branche gourmande; sans cesse retranchées, elles renaissent sans cesse. Le sol celtique, si longtemps et si profondément labouré par d'autres mains que celles des prêtres chrétiens, ne répond qu'à regret aux soins nouveaux qu'on lui prodigue, et malgré les prétentions philosophiques, peu motivées d'ailleurs, de quelques peuples de la famille, on doit reconnaître franchement que la portion la plus considérable de la race, celle des campagnes, est toujours, comme du temps de César, extrêmement superstitieuse, *admodum dediti relligionibus.*

Les superstitions qu'elle conserve ou (si on aime mieux les appeler d'un autre nom) les traditions païennes qu'elle nourrit, ont des racines beaucoup plus profondes qu'on ne le croit communément, et pour les mettre à découvert, on doit creuser souvent jusqu'à l'antiquité. J'en ai fait plus d'une fois l'expérience. J'ai acquis en même temps la preuve que les témoignages des écrivains classiques sont le terrain le plus solide sur lequel puissent bâtir les mythologues de ces nations. L'étude particulière des traditions dont je vais parcourir le cycle, ne m'a point fait changer de sentiment, et si, dans leur expansion, je les ai naturellement puisées au courant populaire, j'ai dû, pour trouver la source, remonter jusqu'au rocher d'où elle tombe goutte à goutte. Tous les écrivains latins connaissent cette source et m'y ont conduit. C'est à eux (quoique personne n'y ait encore songé) qu'on doit demander l'origine du personnage singulier appelé par les anciens Bretons, Marthin; par les Gallois modernes, Myrdhin; par les Armoricains, Marzin ; par les Écossais, Meller ou Melziar ; et par les Français, Merlin [1].

[1] Ce sont autant de formes purement dialectiques, et ce ne sont pas les seules, comme on le verra par les citations; mais la plus ancienne est *Marthin*, qui devait se prononcer à peu près *Marzinn*, comme dans l'armoricain moderne; ou le *th*, le *dh* et le *dd* des Gallois sont figurés, faute d'un meilleur signe, par la lettre Z. (Voy. le *Myvyrian Archaïology of Wales*, t. I, p. 49, 81, 172, 78, et t. II, p. 1, 57, 260 et suivantes, *passim*.) Guillaume de Newbrige, au douzième siècle, a presque conservé la forme archaïque, qu'il rend en latin par *Martinus*; les Gallois de son

Au nombre des petits dieux de l'antiquité, il y en avait un vénéré du peuple à l'égal des plus grands; il passait pour le petit-fils du Soleil, et pour être né du commerce d'un génie avec la déesse suprême de la magie, dans une île enchantée de l'Hespérie, où cette déesse régnait. Mieux que personne il savait distinguer la vertu des plantes. Il en composait des remèdes, et guérissait toutes les maladies des hommes qui s'adressaient à lui. C'était surtout à guérir les morsures des serpents qu'il excellait. Par ses chants il leur faisait lâcher prise, et sa salive appliquée sur la partie blessée, neutralisant l'effet de leur venin, cautérisait immédiatement les plaies les plus dangereuses.

De lui croyait sortir un peuple qui était d'origine médique selon Ovide, germanique selon Tacite, phénicienne selon d'autres, mais en réalité tout à fait inconnue, fixé dans la Pouille.

Le nom du dieu était *Marsus*, et celui du peuple

temps écrivaient *Myrtin* (*Notices des mss. des anc. Bret.*, facsimile, n° v). Geoffroi de Monmouth est un des premiers qui aient écrit *Merlinus*; à la même époque, je trouve *Melinus* dans la vie de S. Patrice; *Mellin*, dans le roman des *Sept Sages* (éd. de M. Le Roux de Lincy, p. 64), et *Meller* dans l'Écossais Godwyn (Fordun., *Scoto-Chronic.*, lib. III, c. xxxi).

Marsi[1]. Les *Marses* héritèrent de la science magique de leur chef; comme lui, ils étaient habiles médecins, et surtout grands enchanteurs de serpents [2]. Ils se servaient à son exemple de salive pour cautériser les morsures de ces reptiles, et du chant pour les faire crever [3]. Sous les empereurs, ils acquirent une telle célébrité que quiconque pouvait sans danger tenir un serpent dans sa main, ou savait l'art de l'empêcher de nuire, ou vendait des remèdes propres à détruire l'effet de son venin, ou composait des drogues avec le suc de certaines herbes, ou même faisait le métier d'enchanteur de quelque manière que ce fût, était appelé un *Marse*[4]. Ainsi nos bohémiens doivent leur nom aux habitants de la Bohême qui passaient pour sorciers [5].

[1] Solinus, cap. II, *a Med.* cf. Plinius, lib. VII, c. II.
[2] Marsi dicti sunt a Marso Circes filio a quo edocti sunt veneficia et incantationes serpentum. (*Ibid.*)
[3] Saliva sua serpentum morsibus medebantur et cantionibus eas disrumpebant. (*Ibid.* cf. Lucil. Ap. Non., c. III, n° 69.)
[4] Hinc Marsi dicti sunt quicumque serpentes manu tractant, exarmant, et contra eorum venenum remedia venditant. (Jul. Firmic., lib. VIII, c. XVII.) Quicumque... venenis ex herbarum pigmentis confectis salutaria soleant comparare. (Plin., lib. II, c. LXXXIII.)
[5] Cf. Ennius : Non habeo denique nauci *Marsum augurem.* (Ap. Ciceron. *de Divinatione,* lib. I, c. LVIII.)

MERLIN, PERSONNAGE MYTHOLOGIQUE.

Aux premiers siècles de l'ère chrétienne, un Marse, pour les gens instruits de la Germanie, était un enchanteur de serpents [1]. On croyait leur race toujours florissante en Afrique : « Quand ces hommes auxquels les serpents ne peuvent nuire, veulent savoir, disait-on, si leurs enfants sont bien à eux, ils les conduisent dans quelque caverne fréquentée par les serpents. Sont-ils vraiment du sang des Marses, leurs fils sortent sans aucun mal de la caverne ; mais s'ils sont de race étrangère, ils périssent infailliblement dévorés [2]. »

La croyance populaire à leur puissance persistait encore au sixième siècle en Gaule [3], et au neuvième siècle en Grande-Bretagne, où je trouve leur nom avec la signification constante d'enchanteur de serpents [4]. Ai-je besoin d'ajouter que le Marse est le prototype du *Marthin* ou Marzin bre-

---

[1] Marsi fuerunt incantatores serpentum. (Rath. Veron. episcop. Ap. D. Martène, t. IX, col. 795.)

[2] *Idem. ibid.*

[3] Fama est serpentes Marsos turbare suetos. (*Vita S. Amandi*, Bolland, t. I. Februar., p. 875.) Cf. D. Lobineau, *Vie des saints de Bretagne*, 2ᵉ éd., t. I, p. 208.) Le père de S. Samson était habile dans l'art de charmer les serpents et l'avait appris à son fils.

[4] Marsum, id est *Vyrmgalere*, serpentum incantator (*Glossæ saxonicæ*, British Musæum, Bibl. Cotton. Ms.)

ton? La suite de cette étude achèvera, j'ose l'espérer, de le démontrer.

Une croyance non moins répandue en Occident et greffée par les peuples celtes sur le mythe du Marse, devait lui faire pousser de nouvelles branches et porter des fruits qui n'étaient pas les siens : *novas frondes et non sua poma.* Je veux parler de leur foi aux génies familiers.

A la fin de l'époque païenne, les génies domestiques semblaient avoir détrôné les dieux publics et généraux; la dévotion populaire, en se détournant de Teutatès, d'Heuzus, de Bélen, et de plusieurs autres habitants de l'Olympe celtique, s'était portée de préférence vers les petites divinités locales, moins haut placées, et par cela même plus accessibles aux humains ; aussi est-ce à eux que s'adressent le plus grand nombre des *ex-voto* qui nous sont parvenus du premier au quatrième siècle de notre ère. Pénates, Mânes, Lares, Fata, de quelque nom que les Gaulois les nommassent, passaient pour défendre la personne et les biens de ceux qui les avaient adoptés pour patrons. Ames des ancêtres, ces esprits, croyait-on, descendaient de leurs palais aériens sur la terre sous telle forme qui leur plaisait, le plus souvent sous celle d'oiseaux, bénissant le foyer, le berceau, l'étable, le verger, le champ, la fontaine, le bois de leurs protégés ; non moins secourables pour eux que redoutables à leurs ennemis. Les nouveau nés étaient surtout l'objet de leur prédilection ; chaque enfant en naissant trouvait en l'un d'eux un gardien, et même on prétend que leur nom provient de leurs fonctions près des nouveau-nés [1]. Mais ils ne se bornaient pas à protéger les petits enfants, ils cherchaient volontiers à en augmenter le nombre, choisissant pour cela les plus chastes jeunes filles, en rapport par leur pureté avec les natures éthérées. C'était une opinion religieuse extrêmement répandue en Gaule au troisième siècle, dit saint Augustin, qu'ils pouvaient apparaître aux vierges celtiques sous des formes non-seulement visibles, mais tangibles [2]. « La quantité et la gravité des témoignages qui l'attestent rendraient, ajoute-t-il, la négation presque impossible. » Il n'ose toutefois dire si ces génies aériens ont jamais été capables d'un com-

---

[1] Dicuntur Genii quia cum unusquisque genitus fuerit ei statim observatores deputantur. (Servius, in lib. VI *Æneidos*.)

[2] Creberrima fama est. (*De civitate Dei*, lib. XV, caput xxiii.)

merce sensible avec notre race; mais dans ce cas, il lui semblerait que les produits de l'union des filles de la terre et des esprits de l'air devraient donner naissance, non pas à des hommes comme nous, mais à ces êtres extraordinaires que le texte hébraïque de la Bible désigne par le mot équivoque de *Néphalim*. D'autres philosophes l'ont pensé comme lui, et par les philosophes auxquels il fait allusion, on peut entendre les druides, qu'il mentionne ailleurs très-honorablement [1]. Or, la tradition constante de l'église de Chartres, dont la pierre fondamentale est païenne, ainsi que celles d'un grand nombre d'églises des Gaules, atteste que le culte de la vierge Marie y fut adroitement substitué au culte d'une vierge carnute, vénérée des druides, laquelle aurait passé près d'eux, comme l'Alma des saints prophètes juifs, pour devoir être mère d'un dieu par l'opération d'un esprit [2].

Cet esprit était appelé par les Gaulois du troi-

---

[1] *Ibidem*, lib. VIII, c. vııı.
[2] On peut consulter à ce sujet *Vitæ SS. Salviniani et Potentiani.* Cf. *Donat. Peppini, Karlomani et Karolimagni*, ann. 768, 770, 794. Mais je doute fort que la fameuse inscription Virgini parituræ soit du temps des druides.

sième siècle du nom de *Duz*, que nous retrouvons employé au septième siècle, comme au neuvième, et même de nos jours[1].

Banni depuis longtemps de son temple, le *Duz* a trouvé dans l'imagination populaire un asile d'où personne ne pense à le chasser. Ce n'est plus lui qui est à redouter de notre temps, et le meilleur chrétien du monde peut lui adresser sans scrupule les paroles d'un aimable poëte :

Restez, lutin des bois, doux esprit du foyer[2].

Si le feu qu'on allumait en son honneur est pour jamais éteint, si le vin ne coule plus pour lui, si l'encens et les fleurs ne parfument plus son autel, les chansons dont il était le sujet se sont chantées longtemps. Chose vraiment extraordinaire ! elles se chantent encore : le mythe antique du génie et de la vierge qui doivent donner le jour à un être merveilleux, défraye les récits du foyer celtique

---

[1] Galli *Dusios* nuncupant. (Isidor. Hispal. *Etymol.*, lib. VIII, c. ix. Cf. S. August. *loco citat.* lib. XV, c. xxiii.) — *Dusiolus* (Ducange, v° *Aquaticus.*) — *Duz* et *Duzik* (*Barzaz Breiz*, t. I, IV° éd., p. 56). — *Teuz* (Legonidec, *Diction. breton.*) — *Deuce* (Alf. Maury, *La magie et l'astrologie au moyen âge*, etc., p. 189).

[2] Auguste Brizeux, *Élégie de la Bretagne.*

en Angleterre comme sur le continent. Des collecteurs de traditions bretonnes le referont plus tard en latin, à la manière classique, en l'altérant plus ou moins. Le voici dans sa rusticité et sa simplicité primitives, tel que les nourrices, ces conservatrices de la poésie populaire de toutes les nations, le répètent pour endormir les enfants.

Au fond d'une grotte, dans un pays qu'on ne désigne pas, vit cachée une fille de roi. Pourquoi fuit-elle ainsi le monde? Elle le raconte ainsi à son fils au berceau :

« Voici treize mois et trois semaines que dans le bois je m'endormis.

« Dors, dors, mon enfant, mon enfant; dors, dors, enfant, dors.

« J'avais entendu chanter un oiseau. Il chantait d'une voix si fraîche, il chantait d'une si douce voix...

« Dors, dors, etc.

« Il chantait d'une voix si veloutée, plus veloutée que le murmure de l'eau.

« Dors, dors, etc.

« Si bien que, sans y prendre garde, je le suivis, l'esprit charmé.

« Dors, dors, etc.

« Je le suivis bien loin, bien loin ; hélas ! hélas ! ma pauvre jeunesse !

« Dors, dors, etc.

« Vierge royale, disait-il, tu brilles comme la rosée du matin.

« Dors, dors, etc.

« L'aube du jour, quand elle te regarde, est ravie, tu ne le sais pas.

« Dors, dors, etc.

« Tu le ravis, quand il se lève, le soleil ; qui sera ton époux ?

« Dors, etc.

« —Taisez-vous, taisez-vous, vilain petit oiseau, votre petit bec est trop libre.

« Dors, etc.

« Puisse le roi du ciel me regarder ; quant à l'aube du jour, que m'importe?

« Dors, etc.

« Que m'importent les regards du soleil, ou même les regards de tout l'univers?

« Dors, etc.

« Si vous me parlez mariage, parlez-moi du Roi du ciel.

« Dors, etc. »

« Ses chants devenaient de plus en plus beaux cependant, et je le suivais, tête baissée.

« Dors, etc.

« Si bien que je tombai épuisée de fatigue et que je m'endormis sous un chêne, à l'écart.

« Dors, etc.

« Or, dans ce lieu, je fis un rêve qui m'agita extrêmement :

« Dors, etc.

« J'étais dans la grotte d'un petit Duz, entourée des eaux d'une fontaine ;

« Dors, etc.

« Les pierres en étaient si transparentes ! les pierres étaient si éblouissantes ! les pierres étaient aussi diaphanes que le cristal.

« Dors, etc.

« Sur le sol un tapis de mousse tout parsemé de primevères.

« Dors, etc.

« Le petit Duz n'était pas chez lui ; j'en étais rassurée et joyeuse.

« Dors, etc.

« Tant que de loin je vis venir à tire-d'aile une tourterelle.

« Dors, etc.

« Elle frappa de son petit bec aux murs de cristal de la grotte.

« Dors, etc.

« Et moi, sotte, par pitié pour elle, je lui ouvris la porte, hélas !

« Dors, etc.

« Et elle d'entrer, et de faire le tour de la grotte en voletant.

« Dors, etc.

« Parfois sur mon épaule, parfois sur ma tête, parfois sur mon sein elle volait.

« Dors, etc.

« Trois fois elle baisa ma joue, et puis s'en retourna gaiement sous le bois vert.

« Dors, etc.

« Si elle était joyeuse, moi je ne le suis pas ; maudite sois l'heure où je m'endormis !

« Dors, etc.

« Les larmes coulent de mes yeux d'avoir un berceau à balancer.

« Dors, etc.

« Je voudrais qu'ils fussent dans l'abîme de glace les esprits noirs en chair et en os.

« Dors, etc.

« Je voudrais que mon rêve fût faux et que personne ne sût rien de moi.

« Dors, etc. »

— L'enfant, tout nouveau-né qu'il était, éclata de rire, et se mit à répéter le refrain :

« Dors, dors, mon enfant, mon enfant ; dors, dors, enfant, dors.

« Ma mère, cessez de pleurer, je ne vous donnerai aucun chagrin.

« Dors, dors, etc.

« Mais c'est pour moi un vrai crève-cœur d'entendre appeler mon père esprit noir.

« Dors, dors, etc.

« Mon père, entre le ciel et la terre, est aussi brillant que la lune.

« Dors, etc.

« Il est l'ami des opprimés ; quand il le peut, il les protége.

« Dors, etc.

« Que Dieu préserve éternellement mon père de l'abîme glacé !

« Dors, etc.

« Mais bénie soit l'heure au contraire où je naquis pour faire le bien.

« Dors, etc.

« Où je naquis pour faire le bien de mon pays ; que Dieu le garde de chagrin !

« Dors, etc. »

— La mère fut bien étonnée :
« Voici une merveille s'il en fut jamais !
« Dors, dors, mon enfant, mon enfant ! dors, dors, enfant, dors ! [1] »

Comme on sent passer dans ces vers le souffle

[1] Voyez le texte armoricain à la fin du volume, Pièces justificatives, n° 1.

ardent de deux religions rivales! Mais celle des *Duz*
est la plus forte; la vierge chrétienne succombe.
Pouvait-elle résister longtemps à cette voix qui
l'entraîne, à l'influence de ce chêne dont l'ombre
funeste la couvre, à ce sommeil qui l'emporte
dans le palais même de l'ennemi, où des murs de
cristal l'éblouissent, où des fleurs empoisonnées
l'enivrent, où une fontaine l'enferme dans le cercle magique de ses eaux? Que de larmes et de malédictions au réveil! Si du moins son fils était
d'âge à la consoler! Mais qu'entend-elle? Des
éclats de rire, une voix qui répète, en se mo-
quant, le doux refrain de son chant de nourrice;
et ces rires et cette voix sont ceux de son nouveau-
né lui-même! Cependant, il faut le dire, l'enfant
ne tarde pas à prendre un ton sérieux, et se
montre sensible aux larmes maternelles; mais il
l'est encore plus aux calomnies lancées contre
son père. Il ne peut tolérer qu'on traite d'esprit
de ténèbres un esprit lumineux, un habitant du
ciel, et qu'on veuille condamner aux glaces de
l'abîme l'ami et le protecteur des malheureux;
il détourne la malédiction; il bénit celui que
la chrétienne vient de maudire, et plein de l'esprit prophétique de son père, il s'annonce lui-

même comme le bienfaiteur et le futur gardien de son pays.

Si le père est un Duz qui en a conservé les traits avec le nom, l'enfant, quel est-il ? On ne le dit pas. Mais nous avons entendu comment l'a qualifié sa mère. Elle l'a appelé « une merveille, un miracle, un prodige, » en breton *Marz*[1]. Ce nom magique, qui n'a plus aujourd'hui qu'un sens vulgaire et général, ne nous ramène pas moins aux Marses de l'antiquité, et l'être qui le porte est le produit incontestable de l'alliance dont j'ai parlé plus haut entre le culte des enchanteurs de serpents et la religion des esprits familiers. Si l'on conservait quelques doutes sur son origine divine et sur sa descendance des Marses, voici un fait qui les dissiperait, je crois. Rencontré par un chrétien au bord de la mer, au milieu de rochers où les serpents se retirent, et interrogé sur le motif qui l'amène dans ces lieux redoutables, il répond qu'il y est venu pour y dérober leurs œufs, et ne paraît pas plus ému de ces recherches pé-

---

[1] Heman zo *marz*, mar boe biskoaz (voyez le texte). Tous les lexicographes bretons s'accordent à traduire *marz* par merveille. (V. le P. Grégoire de Rostrenen, au mot *merveille*. D. Le Pelletier, *Dictionn.* col. 904; Legonidec, 2ᵉ édit., p. 454.) Les Gallois l'écrivent *Marth* (Owen., Welsh. dict., 2ᵉ éd., t. II, p. 528).

20 MERLIN, PERSONNAGE MYTHOLOGIQUE.

rilleuses que s'il se fût agi d'emporter le nid d'un petit oiseau. Ce n'est pas tout, comme les Marses, il connaît la vertu des plantes. Il nomme les plus merveilleuses, le gui du chêne, le cresson, l'herbe d'or. Il les cherche pour les employer utilement. Il est devin et enchanteur. Aussi, frappé de sa puissance, son interlocuteur l'appelle-t-il Marzin, c'est-à-dire l'*homme merveilleux*, et il ne reconnaît que le Dieu des chrétiens de plus savant que lui[1].

Les anciens Gallois le croyaient possédé par une divinité[2], et, pour le moins, en faisaient un saint national[3]. Selon les Irlandais, il se disait luimême dieu[4]. De proche en proche, cette opinion gagna jusqu'en France, où, comme le témoigne un collecteur de traditions bretonnes du douzième siècle, *tuit li plus haulz hommes l'apelloient le sainct prophète et toutes les menues genz leur Dieu*[5].

---

[1] *Barzaz-Breiz*, t. I, 4ᵉ éd., p. 100. Voir les Pièces justificatives de ce livre, n° 11.

[2] Existimantes numen esse in illo. (Galfridus Monumeth, lib. VI, c. xix.)

[3] Marthin, breinyaul sant y gyfredin (*Myvyr. Arch.*, t. I, p. 172).

[4] Se Deum asserens. (*Vita S. Patricii*, Bolland, t. II, p. 559, 17 mart.)

[5] *Le roman de Lancelot*. Bibl. impér. de Paris, mss. n° 6772.

L'histoire d'une autre divinité celtique, sujet d'un mythe gallois peu différent, achève d'éclaircir celui-ci : un petit génie de l'air, descendu sur la terre comme notre Duz pour s'incarner comme lui, prétend avoir été aussi appelé Marddin ou Marzin, en tant qu'esprit, avant d'avoir porté, en tant qu'homme, le nom de Taliésin : « Je suis, dit-il, un être merveilleux dont personne ne sçait l'origine[1]. Jean, le prophète, m'a connu sous le nom de Marddin[2]... Ma patrie est dans les étoiles[3]. »

Il ajoute qu'il a été partout, qu'il sait tout, qu'il a toujours vécu, qu'il connaît le passé, le présent, l'avenir ; qu'il a la faculté de prendre à son gré toutes les formes, depuis celle des quadrupèdes et des oiseaux jusqu'à celle de la brute et même de la pierre [4].

Le mot Marddin désignait donc communément, chez les Cambriens, ce que désignait le mot Marsus chez les Romains : à savoir, une di-

---

[1] My yw rhyfeddod, ni wyr neb fy hanfod. (*Myvyr. Arch.*, t. I, p. 19.)

[2] Ioannes Dewin am gelwis i Merdin. (*Myvyr. Arch.*, t. I; p. 19.) Am galwai Marddin. (*Hanes Taliesin*, Mabinog. part VII, p. 339.)

[3] *Myvyr. Arch.*, I, p. 20.

[4] *Ibid.*, cf. *Mabinogion*, part. VII, p. 327.

vinité particulière revêtue de la nature humaine. Parlant de l'esprit que nous avons vu prendre le même nom, un barde cambrien dit expressément : « C'était un génie sous la figure d'un enfant [1]. »

Marzin, en Armorique, a son ciel et ses astres connus du peuple. Il possède trois royaumes, l'un plein de fleurs, l'autre de fruits d'or, le dernier, d'un petit monde de pygmées qui aime la joie et le rire [2].

Sur la terre, au dire des Gallois, son royaume est l'île de Bretagne. Avant d'être habitée par les hommes, et lorsqu'elle n'était encore qu'une immense prairie verdoyante, peuplée d'ours et de bœufs sauvages, elle portait son nom [3]. Les montagnes, les vallées, les rochers, les fleuves, les fontaines, les arbres et les plantes étaient à lui, depuis l'origine du monde ; tout ce qui volait dans l'île, tout ce qui marchait ou rampait reconnaissait son empire. Un loup familier lui tenait compagnie, comme à l'Apollon des Grecs,

---

[1] Yspryd ar swm dyn bach. (*Mabinog.*, part. VII, p. 338.)

[2] Teir rouantelez Varzin. (*Barzaz-Breiz*, t. I, p. 4.)

[3] Clas Merdin (*Myvyr. Arch.*, t. II, p. 1); Clas Merlin (*ibid*); Clas Myrdin (p. 57); Clas Merddin (*ibid.*).

à l'Odin des Scandinaves et au barde breton Hervé, patron des poëtes armoricains.

Roi dans l'air et sur la terre, il était aussi roi d'un monde souterrain, ou plutôt sous-marin. Les eaux, les bois et les prés de ce royaume avaient une beauté telle que jamais aucun homme n'avait rien vu de semblable. Toutes les pierres étaient des diamants, tous les fruits et toutes les fleurs avaient un goût, un éclat, un parfum incomparables. Les habitants vivaient dans les jeux et la joie. Ils étaient très-petits, mais admirablement proportionnés, tous blonds et portant leurs cheveux bouclés sur les épaules. Ils montaient des chevaux en rapport avec leur taille, pas plus hauts que des lévriers. Leur nourriture se composait uniquement de fruits et de laitage ; la viande et le poisson leur faisaient horreur. La forme de leur gouvernement était monarchique. Quant à la religion, ils n'en pratiquaient ostensiblement aucune ; leur seul culte était l'amour de la vérité. Ce beau pays, où l'on trouvait tout à souhait, où l'on passait le temps à entendre la plus délicieuse musique, ne manquait que d'une seule chose : un rayon de soleil. On y vivait dans un crépuscule perpétuel[1]. Marzin, qui était habile dans l'art de travailler les métaux et qui apprit aux hommes à lier, à l'aide de la terre vive, le fer à l'acier [2], possédait là de grands ateliers où l'on fabriqua, entre autres armes merveilleuses, l'épée magique tant chantée par les bardes [3]. On y trouvait aussi les pierres fameuses qui, seules, pouvaient aiguiser cette épée [4]. Trois héros bretons, Léménik ou le *bondissant*, Uter Penn-dragon, ou le *roi-dragon terrible*, Arthur surtout, Arthur « le guerrier vigoureux comme l'ours, » se la passèrent de main en main pour le salut de leur pays [5]. Grande et glorieuse épée ! Jetée au fond de la mer, le soir d'une bataille fatale, pour y demeurer jusqu'au jour où Arthur reviendra la reprendre, elle sort de

---

[1] Giraldus camb. *Itinerar. Cambriæ*, éd. Camden., p. 776. Guillaume de Newbrige, qui vivait au douzième siècle, dit que de son temps les enfants de l'Angleterre orientale appelaient cette contrée le *pays de saint Martin* (regio S. Martini) ; on a vu plus haut, p. 20, que les Gallois avaient fait un saint de l'enchanteur des serpents. (*Geog. Britan. orient.*, v° Wolf-pits.) Cf. Crofton Croker; Davies, *Mythology*, p. 155, et dans le *Barzaz-Breiz*, t. I, p. 280, *le frère de lait;* mais ici le soleil commence à briller.

[2] *Brocéliande*, traditions bretonnes, p. 162.

[3] *Myvyr. Arch.*, t. I, p. 72.

[4] *Barzaz-Breiz*, t. I, p. 4.

[5] *Myvyr. Arch.*, p. 45 et 72.

l'eau à certaines époques, elle s'agite, elle effraye d'un sinistre éclair l'étranger dont elle doit avoir une revanche, et qu'elle chassera pour jamais. Celui qui en a fait présent aux rois bretons, le génie bienfaisant de leur race, Marzin la brandit lui-même d'une main invisible [1].

La délivrance de ses compatriotes ainsi annoncée et son œuvre achevée, il quitta la terre aussi mystérieusement qu'il y était descendu.

Les moines irlandais prétendent qu'un jour, planant dans l'air sur deux ailes, comme un aigle, il tomba et mourut comme un simple mortel [2]; mais c'est une pieuse calomnie, et, selon les bardes gallois, cette chute n'a jamais eu lieu. Au dénoûment de son histoire, ils nous le montrent voguant majestueusement dans un navire de cristal, à la recherche de ces îles fortunées qu'un saint navigateur irlandais, le bienheureux Brendan, attiré au parfum des fruits et des fleurs du rivage, devait pareillement visiter; et disparaissant, aux accords de neuf harpes bar-

[1] « Cette main, observe M. Ernest Renan avec sa finesse habituelle, c'est l'espérance des races celtiques. » (*Essais de morale et de critique*, p. 387.)

[2] E sublimi corruit, confractusque interiit. (Bolland. t. II, Mart., p. 559.)

diques, entre les flots et les nuages, dans un abîme de lumière, à l'horizon lointain des mers[1].

Telle est la physionomie de Merlin dans les traditions mythologiques des Celto-Bretons.

[1] *Cambrian register*, t. III, p. 206, et le ms. des Triades de Hengwrt, n° 20. Cf. le *Myvyr. Arch.*, t. II, p.59.

MERLIN, PERSONNAGE RÉEL.

Rien n'était plus ordinaire dans l'antiquité que de donner des noms de dieux à des hommes qu'on supposait ressembler par quelque côté à ces dieux; et nous savons qu'un poëte latin, ami d'Ovide, appelé Domitius, avait précisément reçu le nom de la petite divinité dont il a été question plus haut : soit qu'on le crût de la race des enchanteurs de serpents, soit qu'on voulût le flatter en l'identifiant avec le vieux type mythologique, on le surnommait Marsus[1].

Au cinquième siècle de notre ère naissait dans

[1] *De Ponto*, lib. IV, elegia xvi.

l'île des Bretons un enfant qui devait être, comme Domitius, un poëte célèbre, et voir joindre à son nom d'Ambroise le surnom de Marzin ou Merlin. On s'accorde à penser qu'il reçut le jour au pays des anciens Silures, sur la côte méridionale de la Cambrie, dans une vallée aujourd'hui appelée Basalig [1]. Son père descendait de quelqu'un de ces magistrats romains qui gouvernaient l'île sous l'empire expirant. Sa mère paraît avoir été vestale et avoir violé ses vœux [2]. Si, en Bretagne, pour un pareil crime, la coupable n'était pas enterrée vivante, avec un pain, une cruche d'eau et une lampe, comme en Italie, elle était cependant mise à mort d'une manière non moins cruelle. Conduite au sommet d'une montagne, on la précipitait dans l'abîme, et son séducteur avait la tête tranchée [3]. Que la vestale mît tout en œuvre

---

[1] Iolo mss, p. 468. Cf. Stevenson, *Historia Britonum*, notes, p. 31.

[2] Ex furtivâ venere cujusdam romani consulis cum virgine vestali, ut in Breviario apud Gildam habetur. (Anglica, Normannica, Hibernica, Cambrica, a Veteribus scripta. Ed. Camden., p. 871.) Les plus anciens poëmes gallois l'appellent aussi *Anvab y lleian*, ou Fils de vestale. (Mss. de Hengwrt. Cf. le Myvyrian arch. of Wales, t. I, p. 78, et t. II, p. 260.)

[3] *Ibid.*, cf. Bollandus, t. I, p. 816. et Stevenson, *loco citato*, note, p. 32.

pour sauver son honneur et sa vie, on le conçoit. La mère d'Ambroise, usant de la même supercherie que la mère de Romulus, de Servius Tullius, du Breton Kentigern, de l'Irlandais Fursé, et de tant d'autres bâtards fameux, attribua sa position à une puissance supérieure, à un de ces sylphes vénérés du peuple, que ses juges ne pouvaient renier sans passer pour athées, et elle évita le châtiment. Elle le fit éviter aussi à son complice, qui était sans doute, comme le dit spirituellement Gabriel Naudé, un génie fin, subtil et adroit, bien fait de corps et d'humeur agréable.

En admettant que telle fut la tache originelle d'Ambroise, il l'effaça; et d'ailleurs, qu'importe? un vieux et naïf légendaire remarque avec raison que lorsque la moisson est belle, il est oiseux de rechercher par quelles mains, quand ou comment le grain a été confié au sillon [1].

Il importe davantage de connaître le siècle où Ambroise vécut.

A l'époque de sa naissance, qu'on peut placer de l'an 470 à l'an 480, avait lieu dans l'île des

[1] Quis aut quo modo sator terram araverit seu severit, quum terra fructum optimum protulerit, absurdum sane diutius indagare arbitramur. (Bollandus, t. I, p. 816.)

Bretons l'invasion des barbares. Tandis que le roi suprême du pays, le *Guortigern*, comme on l'appelait, trahissait son peuple, d'après l'avis d'aveugles conseillers, en faisant avec les étrangers une alliance qui ne devait pas les empêcher de ravager l'île et de le massacrer lui-même[1], un homme se trouva pour arrêter les envahisseurs. C'était, dit Gildas (et on peut l'en croire, car il n'est pas prodigue d'éloges envers les rois bretons), c'était un prince doux, modeste, courageux, sincère, dévoué à son pays, peut-être Romain d'origine, mais assurément d'origine royale, qui seul avait survécu au massacre de toute sa famille. Les Bretons indigènes le nommaient dans leur langue Embreiz Gulétik, ceux qui parlaient latin, Ambrosius Aurelianus[2]. Appelant de toutes parts autour de sa personne les débris fugitifs de la nation bretonne, il se mit à leur tête, attaqua les envahisseurs et les repoussa. Douze ans il les com-

[1] Omnes consiliarii, una cum superbo tyranno Gurthrigerno, Britannorum duce, cæcantur. (*Historia Gildæ de Excidio Britanniæ*, éd. Stevenson, p. 30.)

[2] Duce Ambrosio Aureliano, viro modesto, qui solus fuit comis, delis, fortis veraxque, forte romanæ gentis, qui tantæ tempestatis collisione, occisis in ea parentibus, purpura nimirum indutis, superfuerat. (Gildas, p. 33.)

battit avec une ardeur soutenue et des alternatives de succès et de revers jusqu'à la prise d'une ville considérable située à l'embouchure de la Saverne, où les Saxons, ayant subi le plus grand échec qu'ils eussent encore essuyé, abandonnèrent aux indigènes toute la côte occidentale de l'île[1]. Ainsi leur échappèrent les pays actuels de Sommerset, de Devon, de Cornouailles et de Galles, qui, avec les hautes terres du Cumberland, les bords de la Clyde et les vallées d'Annan, formèrent pendant quarante ans les deux divisions insulaires d'une nouvelle patrie celtique. Les émigrés qui avaient fui sur le continent devant les envahisseurs formaient la troisième en Armorique.

Ce succès, regardé comme miraculeux par ceux qui en furent les témoins, ce rétablissement inespéré de tous les Bretons dans leurs droits[2], ne fut pas l'ouvrage du seul Ambroise Aurélien.

---

[1] Vires capescunt, victores provocantes ad prælium, quibus victoria, deo annuente, ex voto cessit. Et ex eo tempore nunc cives nunc hostes vincebant ; usque ad annum obsessionis Badonici montis... novissimaque ferme de furciferis non minimæ stragis (p. 34).

[2] Hæsit... tam desperati insulæ excidii, insperatique mentio auxilii memoriæ eorum qui utriusque *miraculi* testes extitere (p. 34).

Il eut des auxiliaires dont les hommes d'État et les philosophes font assez peu de cas, mais chez lesquels les peuples, mieux inspirés, ont souvent trouvé, avec un refuge dans le malheur, une arme non moins utile pour eux que redoutable à leurs ennemis.

J'ai étudié ailleurs de près l'institution des auxiliaires dont je parle [1]; j'ai dit ce qu'ils étaient durant le sixième siècle, et particulièrement dans la seconde moitié de cette époque. Je les ai montrés excitant le courage de leurs compatriotes, les célébrant vainqueurs, les consolant vaincus, en même temps qu'ils inquiétaient la politique des conquérants germains. J'ai fait l'histoire de trois d'entre eux, Taliésin, Aneurin et Lywarch le Vieux; il me reste à rechercher les traces à demi effacées du plus ancien, du plus mystérieux, du plus populaire, de celui qui devait un jour passer, comme Virgile, pour un enchanteur.

Ambroise commença par être attaché en qualité de barde au chef Ambroise Aurélien dont il prit le nom[2]. Il remplit d'abord près de lui

---

[1] *Les Bardes bretons*, Discours préliminaire. (Didier, 1860)
[2] *Myvyrian arch. of Wales*, t. I, p. 78.

le service féodal que faisaient les poëtes auprès des chefs de clans celtiques ; mais avec l'âge (car la légende seule nous racontera les merveilles de son enfance), il se rapprocha des anciens bardes ou druides brétons. On peut même dire que si quelqu'un a représenté dans l'île de Bretagne, aux temps chrétiens, les *vates* des anciens jours, si quelqu'un a joui de leurs priviléges, connu leurs secrets, conservé leurs traditions, mené leur existence mystérieuse, si quelqu'un peut donner une idée de ces exaltés à la fois pontifes, physiologistes, philosophes, prophètes, savants, devins, astrologues, magiciens, poëtes et musiciens nationaux, c'est incontestablement le barde d'Ambroise Aurélien.

Dans le cas où il aurait reçu le baptême, comme l'affirment les Annales galloises[1], il aurait conservé la plupart des superstitions des membres de son ordre. Ainsi, il y a tout lieu de penser qu'il vénéra les bois, les fontaines, les pierres, et plus ou moins les esprits de l'air, de l'eau, du feu et de la terre; qu'il interrogea les astres, qu'il prédit l'avenir en employant les mêmes moyens que

[1] *Myvyr. arch.*, t. II, p. 75. Cf. Giraud le Gallois, *Itiner. Cambriæ*, éd. Camden, p. 889.

ses devanciers, et qu'il se livra à la plupart des pratiques magiques de son temps, défendues par les conciles et punies par l'Église[1].

Les prêtres chrétiens auraient donc pu dire de lui ce qu'ils disaient d'un autre de ses contemporains : « Quoiqu'il ait été lavé dans la fontaine sacrée, il n'a absolument rien de chrétien que le nom[2]. »

Une singulière disposition mentale, une affection nerveuse d'un genre particulier qui lui était commune avec d'autres individus de sa race et de son ordre, et dont les exemples ne sont pas rares dans l'histoire des bardes, se joignit aux moyens d'action qu'il devait traditionnellement à la science mystérieuse des anciens druides. Elle acheva d'assurer son empire sur les esprits et dut contribuer à sa renommée de prophète et d'enchanteur. Il était sujet à cet état extraordinaire

---

[1] Voyez, sur les superstitions bretonnes des sixième et septième siècles, le pénitentiaire de Théodore, archevêque de Cantorbéry, réédité par M. Thorpe, *Ancient laws of England*, p. 277 et seq. Cf. le *Spicelegium* d'Achery.

[2]   Lascivis animum studiis pascebat inertem ;
    Cumque foret sacri dilutus fonte liquoris,
    Nudo se tantum gaudebat nomine dici
    Christicolam ; lutæum sapiebat cætera seclum
        (Bolland, tome VII, p. 227.)

d'extase et de catalepsie où les perceptions acquièrent un développement prodigieux, que les Bretons d'Armorique qualifient de Mal sacré[1]; les Gallois, de Mal béni[2]; les montagnards écossais, de Seconde Vue[3], attribuant tous à ceux qui y tombent le don de révélation et même d'inspiration divine[4].

Au douzième siècle, d'après un écrivain ecclésiastique très-sérieux de cette époque, les Gallois les écoutaient encore comme des oracles. Quand l'esprit s'emparait, dit-il, de la personne d'un barde, on voyait le poëte frémir soudainement comme ravi hors de lui et tomber dans un profond sommeil. Ce sommeil lui donnait la faculté de prédire l'avenir. On pouvait alors l'in-

---

[1] *Drouk-sant* (Legonidec, Dict. bret. franç., 2ᵉ édit., p. 291), cf. la maladie appelée ἱερὰ νόσος par Hippocrate, et *lues deifica* par les Romains. (*De Morbo sacro*, éd. de Kuhn, p. 591, et Servius, Ad Æneid. VIII. 53.)

[2] *Y clefyd bendigaid*. (*Engl. and Welsh diction.*, by W. Richards p. 98.)

[3] Taisha-*taraigh*. (*Highland society's Dictionn.*)

[4] Ceci est particulièrement remarquable dans le dialecte celtique armoricain de Vannes, où le mot *drouk-sant* signifie *présage, divination*, et a donné naissance au verbe *drouk-santein*, présager, pronostiquer, prédire. (Voy. l'Armerie, *Dict. franc. bret. du dialecte de Vannes*, aux mots Présage, Pronostique, Pronostiquer, Pressentiment, Pressentir.

terroger sur les destinées du pays et ses espérances. Après avoir invoqué le Dieu vivant, le Dieu de vérité, la sainte Trinité, afin que ses fautes ne l'empêchassent point de révéler l'avenir, il ne manquait jamais de répondre aux questions qu'on lui adressait. Ce n'était pas néanmoins sur-le-champ qu'il satisfaisait au désir des curieux, mais après beaucoup de détours et de circonlocutions, beaucoup de paroles vagues, oiseuses, décousues, ornées toutefois et toujours élégamment rhythmées. Pour qu'il sortît de cet état, il fallait qu'on le réveillât violemment; l'extase et les révélations finissaient avec le sommeil.

Les bardes sujets à ce genre d'exaltation portaient le nom de *Awenyddyon*, c'est-à-dire conduits par l'esprit [1].

Le chantre de Gododin le mérita [2], et l'écrivain cité plus haut, à qui son caractère épiscopal donne une autorité irrécusable, nous assure

---

[1] Quasi mente ductos; hi super aliquo consulti ambiguo statim frementes spiritu quasi extra se rapiuntur et tanquam acceptitii fiunt. De hac extasi tanquam e somno gravi ab aliis excitantur... solent autem eis hæc dona (prophetiæ) plerumque in somniis per visionem infundi. (Giraldus cambrensis, édit. Camden, p. 892.)

[2] Aneurin guautryd Awenydd.(*Myvyr. arch.*, t. I, p. 51. cf. *Les Bardes bretons*, p. liij.

avoir connu un poëte du Glamorgan renommé par des hallucinations semblables [1].

Le visionnaire de son temps prétendait avoir des rapports avec les esprits, et leur devoir sa science prophétique ; il les voyait, disait-il, les connaissait, les appelait, conversait avec eux, et, par leur intermédiaire, prédisait les choses futures. Grâce à eux, il découvrait à l'instant toute espèce de mensonge, et, quoique illettré, il distinguait très-bien un livre de fables d'un livre véridique [2].

Mais voici un trait qui assimile complétement les esprits familiers des bardes à ceux que vénéraient les anciens Bretons, et en particulier au sylphe, père du Merlin mythologique.

« Dans le temps où le barde du Glamorgan rendait ses oracles, il y avait, continue l'évêque gallois, un *esprit incube* sur les marches du pays des Silures ; il aimait une jeune fille du canton, hantait sa demeure, conversait avec les

---

[1] Futurorum simul et occultorum scientiam habens. (*Loco citato* p. 837.)

[2] Semper cum spiritibus magnam et mirandam familiaritatem habens, eosdem videndo, cognoscendo, colloquendo, propriisque nominibus singulos nominando, ipsorum ministerio plerumque futura prædicebat. (*Ibid.*)

habitants du lieu, et leur révélait souvent l'avenir ; or, le poëte assurait le bien connaître, et il le désignait même par son nom ; c'était principalement, disait-il, au sujet des grandes guerres et des révolutions nationales que l'esprit avait coutume de s'entretenir avec lui, et il lui avait annoncé longtemps d'avance, comme chacun le savait, la prise d'un château du pays assiégé par les Normands [1]. » Est-il besoin d'ajouter que cet halluciné fut conduit de la vision à la folie furieuse et de la folie à la mort?

Par une circonstance remarquable qui ne peut être l'effet du hasard, il portait le nom que les Bretons-Écossais de son temps donnaient à Merlin, il s'appelait Meler. Sans doute il croyait être ou l'on supposait qu'il était un autre Merlin ; le barde Taliésin, on se le rappelle, avait la même prétention, et je retrouve jusque de nos jours, en Bretagne, la trace de la vieille croyance celtique :

[1] Fuit eodem tempore in Ventæ inferioris finibus dæmon incubus qui puellam quamdam adamando locumque ubi manebat frequentando, cum hominibus loquebatur et tam occulta quam futura pluries indicabat. Melerius se hunc bene nosse dicebat et nomen ejus proponebat. Dicebat et contra guerram, patriæ que turbationem magnam spiritus immundos cum hominibus conversari solere proditionem castelli de Osca longe ante prædixit. (*Ibid.*)

quand un homme, à la suite d'une violente secousse morale, causée par une douleur ou une joie au-dessus des forces humaines, tombe dans une sorte d'ivresse, de délire, d'exaltation, d'enthousiasme qui se traduit en vers improvisés, on désigne cette manie poétique par le mot *Drouk-Varzin*, le « Mal de Merlin, » comme si l'esprit du devin des anciens jours possédait le malade [1].

Le même phénomène naturel a fait croire aux Grecs qu'un serpent inspirait la prêtresse de Delphes, Cybèle les Galles, Dionysos les Bacchants, et elle a fait dire, dans l'*Hippolyte* d'Euripide, au chœur s'adressant à Phèdre : « Jeune vierge, une divinité s'est emparée de toi ; c'est Pan ou Hécate, ou les saints Corybantes [2]. »

Je ne veux pas descendre jusqu'aux *medium* contemporains.

Quoi qu'il en soit, les sceptiques, car il y en

---

[1] Deux cas de cette singulière affection se sont présentés, il y a peu d'années, dans le département du Morbihan et dans le Finistère ; les malades, dont l'un était un meunier sans aucune instruction, l'autre une jeune paysanne hystérique, donnèrent spontanément des preuves d'un véritable talent poétique. Je dois ce renseignement à l'obligeance de M. le docteur Beaugendre, et à celle de M. l'abbé Stanguénet, curé de Moëlan.

[2] Voyez la curieuse *Histoire des religions de la Grèce antique*, par M. A. Maury, t. II, p. 527 et 202, et t. III, p. 80.

avait déjà au douzième siècle, qui parlaient d'impostures, bonnes pour le temps où le monde était au berceau, et déclaraient leur siècle hors de page et déniaisé; les sceptiques, dis-je, combattaient vivement les visionnaires bretons. Après avoir attesté les phénomènes somnambuliques rapportés plus haut, et reconnu qu'ils s'étaient réellement manifestés chez Merlin, quand il rendait ses oracles patriotiques [1], l'évêque Giraud de Barry fait ses réserves, et comme, bien entendu, on ne lit pas grand'chose touchant la dévotion et encore moins la sainteté du barde Merlin, il conclut qu'il a eu pour inspirateur, non l'Esprit-Saint, mais quelque Pythonisse bretonne [2].

Gildas, contemporain de Merlin, traite encore plus durement les voyants de sa race; aux yeux du barde converti, ce sont de faux prophètes et de vrais jongleurs. Entre autres sorties anti-bardiques, le moine en a même une où, sans nommer Merlin (il croirait lui faire trop d'honneur),

---

[1] Sic et olim, stante adhuc Britonum regno, gentis excidium Merlinus... fertur vaticinando declarasse. (Giraldus Cambrensis, ed. Camdeni, p. 892.)

[2] Eum potius pythonico spiritu locutum esse plerique conjectant. Ibid.)

il lance toutes les foudres de son éloquence contre le prophète des Bretons, contre celui qui, à son éternel honneur, défendit sa patrie et son roi aussi passionnément qu'il attaqua le traître couronné et les étrangers, ses alliés. Voici cette boutade; chaque mot mérite d'être pesé :
« Qu'ils répondent pour nous aux interrogations des princes superbes et opiniâtres de notre siècle, les bardes sacrés, qui étaient comme la bouche de Dieu, comme l'organe du Saint-Esprit; qu'ils répondent eux-mêmes afin qu'on ne nous accuse pas aussi de fabriquer, à la manière de certains bavards impudents, des prophéties menaçantes de notre propre invention. Tout d'abord écoutons Samuel, un vrai soutien envoyé de Dieu à son roi légitime, celui-là ; un homme consacré au Seigneur dès avant sa naissance, un prophète qui disait la vérité au peuple, un voyant facilement reconnaissable à des signes incontestablement miraculeux, un inspiré par la bouche duquel l'Esprit-Saint tonnait aux oreilles des puissants du monde, et qui, en présence des Hébreux, ne craignit pas d'accuser Saül, leur premier roi, disant : « Tu t'es conduit comme un fou ; ton pouvoir va disparaître pour

jamais de dessus Israël, ton règne va passer [1]. »

L'allusion saute aux yeux; sous le masque de Samuel et de Saül se cachent manifestement Merlin le prophète national, et le tyran maudit, l'usurpateur Guortigern. Il l'a bien saisie, ce vieil historien Anglo-Saxon ennemi des Bretons, qui, s'inspirant de la sortie de Gildas, accuse un de leurs écrivains d'attribuer à Merlin la même connaissance des choses futures qu'aurait un saint Père, de le comparer à Isaïe, et qui s'écrie : « En quoi effectivement la prescience qu'il prête à son Merlin des événements à venir diffère-t-elle de celle que nous reconnaissons à notre Isaïe? Est-ce parce qu'il n'a pas l'audace de les commencer par les mots : *Voici ce que dit le Seigneur*; rougissant d'y mettre : *Voici ce que dit le Diable*, formule

---

[1] Respondeant itaque pro nobis sancti vates, ut antea, qui os quodam modo Dei, organumque Spiritus sancti extitere... contumacibus superbisque hujus ætatis principibus, ne dicant nos propria adinventione et loquaci tantum temeritate tales minas eis, tantosque terrores incutere... En primus occurrit nobis Samuel jussu Dei legitimi regni stabilitor; Deo ante quam nasceretur dedicatus... omni populo Israel veridicus propheta; Signis indubitanter admirandis notatus, ex cujus ore Spiritus sanctus cunctis populi potestatibus intonuit... (*Epistola Gildæ*, éd. Stevenson, p. 48.)

qui, seule, convient bien à un barde, fils d'un démon incube ¹. »

Mais, ô étrange contradiction ! le prêtre breton qui croyait aux prédictions, je ne dis pas de Samuel (il avait raison), mais de la sorcière d'Endor, des sibylles et même des scaldes saxons contre les indigènes ², Gildas, dénonçait, comme sans fondement, les aspirations d'un ami de son pays vers un meilleur avenir national, objet de vœux si légitimes !

La contradiction paraîtra plus extraordinaire encore quand on réfléchira que Gildas s'attaquait au barde d'Ambroise Aurélien, ce chef qui était la patrie personnifiée, le seul de tous les rois de l'île qu'il ait trouvé digne de ses éloges; le seul qu'il n'ait pas écrasé sous le poids de ses anathèmes.

¹ Cui (Merlino) tanquam Patrissanti excellentissimam atque latissimam tribuit præscientiam futurorum... Parem nostro Esaiæ Britonum prophetam Merlinum... Quid enim minus in præscientia duntaxat futurorum tribuit suo Merlino, quam nos nostro Esaiæ, nisi quod ejus vaticiniis non audet inserere : *Hæc dicit Dominus*, et erubuit inserere : *Hæc dicit Diabolus*, quippe hoc debuit congruere vati, incubi dæmonis filio. (Guillelmus Neubrigensis, *Historia rerum anglicarum*, ed. Hearne, t. I, p. 7, 12 et 13.)

² Secundo omine auguriisque vaticinabatur certo præsagio quod tercentum annis terram, cui proras librabat, insideret. (Gildas. éd. Stevenson, p. 30.)

Aussi Merlin renvoya-t-il aux moines leurs invectives avec usure. Nous en retrouvons le sentiment, sinon l'expression, dans les sorties anticléricales qu'on a mises sous son nom. Il traite les moines d'imposteurs, de libertins et de méchants. Il leur prête toute espèce de vices, jusqu'à la gloutonnerie. On dirait qu'il traduit les injures du païen Libanius, qui comparait leur voracité à celle des éléphants, comparaison peu flatteuse pour ces animaux, remarque malignement Gibbon.

Le barde passa-t-il des paroles aux faits ? Il y a lieu de le croire. Son animosité se serait traduite par des actes qui ne sont pas rares dans l'histoire des monastères bretons, trop souvent en butte aux attaques des chefs indigènes. On parle de troupeaux enlevés aux moines, d'une église incendiée, et même d'un recueil des Évangiles déchiré feuille à feuille et jeté à l'eau par Merlin[1]. Peut-être est-ce à cette occasion que Gildas observe que les guerres avec les étrangers ont cessé en Bretagne, mais non les discordes civiles[2]. Peut-être est-ce pour la même raison que le sage Ka-

---

[1] *Myvyr. arch.*, t. I, p. 132.
[2] Cessantibus licet externis bellis sed non civilibus (p. 34).

dok s'écrie : « Je hais les querelles et les disputes entre compatriotes [1]. »

Quoi qu'il en soit, elles devaient être fatales au barde après l'avoir été aux moines.

A la mort d'Ambroise Aurélien, Merlin s'était probablement attaché au successeur de ce prince, qui paraît avoir été le fameux Arthur.

Il avait continué d'occuper à sa cour le même rang qu'à la tête de son armée, et d'y exercer les mêmes fonctions qu'auprès de l'autre roi breton, je veux dire le rang de chef de clan, les fonctions de barde royal, et par suite celles de conseiller qui y étaient inhérentes. Si l'on en croit des vers qu'on lui attribue, il aurait assisté à une célèbre bataille d'Arthur contre les Saxons, dans une forêt de la Calédonie [2], le bouclier sur l'épaule, l'épée sur la cuisse, et la harpe à la main. Il aurait même, avant la bataille, dormi son sommeil magnétique, c'est-à-dire prédit la victoire [3].

---

[1] La *Légende celtique*, pièces justificatives, textes gallois, n° 3, p. 309.

[2] Bellum in silva Calidonis, id est Cad coit Kelidon. (Nonnius, éd. Stevenson, p. 48.)

[3]   Am yskwyt ar fy yskwyd, am kled ar fyn clun,
    Ac yg coet keliton i kyscais-i fy hun.

(*Livre noir* de Caermarthen, fol. 26, verso, cf. Le *Myvyr. arch.*, t. I, p. 150.)

Or, une fois vainqueur des étrangers et délivré de leurs excursions, Arthur s'était vu forcé de combattre les Bretons du Nord, qui s'étaient révoltés contre son autorité suprême, et qui renouvelaient les ravages des Pictes et des Scots dans le Midi [1].

Cette guerre fratricide, où le Nord n'avait pas pour lui l'avantage du droit, et que Gildas, tout en la déplorant, fit cependant pour son propre compte, la plume à la main, semble avoir eu trois actes principaux. Dans le premier fut tué le frère de Gildas lui-même, Hueil, chef puissant des frontières de l'Écosse, dont les Bretons septentrionaux voulaient faire le roi de toute la Bretagne, au détriment d'Arthur [2].

Dans le second, Arthur eut affaire à son neveu Médrod, qui ne lui disputait pas seulement sa couronne, comme l'autre agresseur, mais encore la reine sa femme ; il périt, et il est assez pro-

---

[1] Resistebant regi, nolentes pati dominium, sed crebro fugabant et expellabant. (*Vita Gildæ*, éd. Stevenson, p. 34.)

[2] Hueil... a Scotia veniebat sæpissime, incendia ponebat, prædas ducebat cum victoria ac laude. Rex universalis Britanniæ... persecutus est victoriosissimum juvenem et optimum, ut aiebant, et sperabant indigenæ futurum regem... et interfecit juvenem prædatorem. (*Ibid.*)

bable que le mystère dont on entoura très-politiquement sa mort, événement suivi d'une grande mortalité, disent d'un ton lugubre les Annales galloises, fut l'ouvrage des bardes de sa cour, peut-être même de Merlin [1].

A la fin de sa vie, de l'an 560 à l'an 574 environ, lorsque ses cheveux étaient devenus « blancs comme la gelée de l'hiver [2], » selon sa propre expression, Merlin fut personnellement la victime des discordes de ses compatriotes, et termina le troisième acte de la déplorable tragédie qui se jouait depuis si longtemps.

Une grande bataille livrée non loin du golfe de Solway, dans la plaine d'Arderidd, où l'on vit s'avancer d'un côté les chefs bretons méridionaux, de l'autre ceux des frontières de l'Écosse, le priva momentanément d'un trésor plus précieux que la vie pour un sage, je veux dire sa raison, déjà bien affaiblie par les défaillances cataleptiques dont il a été question plus haut. Voyant couler le sang de ses compatriotes sous la main les uns des autres,

---

[1] Anno 542, Gueith Camblan in quo Arthur et Medraut corruerunt et mortalitas in Britannia et in Hybernia. (*Annales Cambrenses*, ed. Petrie, *Monumenta historica britannica*, p. 830.)

[2] *Myvyr. arch.*, t. I, p. 139.

se trouvant mêlé comme barde et comme guerrier à cette scène de carnage, le remords le saisit; il se crut assiégé de fantômes furieux, et brisa son épée ¹. La société des bêtes sauvages lui sembla désormais préférable à celle des hommes de sa nation, qui en avaient la férocité; il s'enfuit dans les bois pour y vivre avec elles. Un sentiment du même genre, dans une circonstance identique, avait poussé un autre chef du temps vers la solitude, puis vers l'exil, en Armorique; les sages du siècle l'avaient traité de fou comme Merlin : « Agité par les furies il a quitté le monde et les dieux, disait-on de lui, en lui appliquant les injures du poëte Rutilius; il est allé, crédule et honteux, s'exiler dans une caverne. O rage! O folie d'un cerveau pervers ² ! »

Si c'était une folie, ce n'était pas celle des âmes vulgaires. Déjà les divisions nationales

---

¹ Anno 573 bellum Armterid (*var*. Arderid) inter filios Elifer et Guendoleu filium Keidiau in quo bello... Merlinus insanus effectus est. (*Annales Cambrenses, loco citato.*) Cf. *Myvyr. arch.*, t. I, p. 150.

²   Impulsus furiis homines divosque reliquit,
    Et turpem latebram credulus exul agit.
    Quænam perversi rabies tam stulta cerebri!

(*Itiner.* Antonini, v. 520, Cf. *Vita sancti Gunthierni; Cartuar. Kemperlegiense.*)

avaient rendu la terre étrangère moins dure à Gildas que le pays natal, et lui avaient fait chercher un refuge sur le continent, où il trouva dans l'étude un noble allégement à ses peines.

L'opinion commune fait à la poésie la même part glorieuse et touchante en ce qui regarde Merlin. On affirme qu'après le coup qui le frappa, ce fut sa harpe qui le consola, et les Bretons de l'un et de l'autre côté de la Manche se sont transmis de siècle en siècle jusqu'à nos jours, en le rajeunissant, le vivifiant, le transformant, au gré des circonstances et des intérêts nationaux, un poëme dont le thème original doit remonter à l'époque de la folie du barde, et fut sans doute composé dans les intervalles de sa maladie [1].

Ce thème est le sujet presque unique des plus anciens chants gaëls, cambriens et armoricains. L'Ossian authentique, le barde-roi Lywarch le

---

[1] Il a pour titre AFALLENAU, c'est-à-dire les *Pommiers*. La copie a moins altérée, mais qui l'est encore beaucoup trop, date du douzième siècle. Elle se trouve dans le *Livre noir* de Caermarthen, et n'a que dix strophes. Celle qui a été imprimée dans le *Myvyrian archaiology of Wales* (t. I, p. 150), d'après des manuscrits plus récents, en contient vingt-deux. C'est avec beaucoup de raison que l'évêque Giraud de Barry disait de ce poëme, dès l'année 1180 : Bardorum ars invida naturam adulterans multa de súis adjecit. (Ussurius, p. 117.)

Vieux, le sauvage Gwenchlan dans le peu de vers que l'on possède de lui, n'en ont guère d'autres :

Ils se souviennent et ils regrettent ; ils mettent au vif les plaies de leur cœur ; ils se reprochent le sang indigène versé à l'instigation de leur muse; ils pleurent; ils pleurent solitaires, heureux de pouvoir pleurer, plus heureux s'ils espèrent encore.

Ossian regrette les héros de son clan et de ses jeunes années morts dans les combats; Lywarch, ses vingt-quatre fils tombés du haut de leurs chevaux de bataille, comme des tours, avec la liberté bretonne; Gwenchlan, ses yeux arrachés par l'étranger vainqueur; Merlin, ses arbres aux pommes d'or où se cueille le fruit de prophétie. Tous les quatre maudissent leur vieillesse, et tournent leurs yeux en gémissant vers les jours heureux d'autrefois. Le dernier n'habite pas, comme Ossian, les ruines d'un palais, ni même une chaumière comme le barde gallois ou le poëte armoricain : il a pour toit un arbre, pour nourriture, des baies sauvages, pour breuvage, l'eau d'une fontaine. Un sentiment plus vif de la nature et de la vie des bois le distingue ; je ne sais quel arome de verveine, de trèfle, de *fleurs d'or* et de gui de chêne s'exhalent des lieux qu'il habite. Un air de mystère accompagne toutes ses démarches; son langage même qui conserve, dit-il, « trois mots de la langue primitive [1], » semble ne devoir pas être pris dans le sens naturel et littéral. Si la masse des Cambriens du moyen âge l'ont interprété littéralement, s'ils ont cru qu'en effet, il a voulu déplorer la perte de riches vergers plantés de pommiers qu'il aurait possédés dans les belles vallées du Midi et que l'épée aurait moissonnés, leur erreur a été celle des Grecs quand ils ont matérialisé les mythes antiques de l'Orient. Le souvenir des ravages ordinaires de la guerre, où l'ennemi s'attaque aux arbres fruitiers comme à tout le reste, est leur excuse. Ils se rappelaient des vers pareils à ceux qu'on chante en Bretagne sur les brigandages d'une époque sinistre : « Ils ont coupé les arbres de nos vergers; il n'y aura plus ni pommes, ni cidre de longtemps [2]. » Mais sans nul doute les esprits éclairés pénétraient le symbole et voyaient dans les fruits d'or enlevés à Merlin une image de ses espérances trompées. J'en juge par le proverbe

---

[1] Tri geir o'r hen iaith kyssefin (*Myvyr. arch.*, t. I, p. 149).
[2] *Barzaz-Breiz*, t. II, p. 232.

breton qui dit : « Quand on est jeune, on s'imagine que l'or tombe du haut des arbres[1]. » Le lecteur en jugera lui-même tout à l'heure en entendant Merlin assurer que dès qu'il chantait les arbres secouaient des fruits d'or. Son prototype mythologique avait, on s'en souvient, un royaume rempli de fruits pareils ; il s'embarqua, sa mission terrestre finie, pour se rendre dans ce royaume merveilleux, et l'on n'a pas oublié le jardin que possédait en Hespérie la magicienne, mère de Marsus, l'enchanteur de serpents, ce jardin qui fait penser si naturellement aux fameuses pommes d'or des trois nymphes hespérides, gardées par un dragon.

Quant aux bosquets que chante le barde, ils étaient confiés à la garde non pas d'un dragon, (nous les retrouverons dans la légende), mais d'une jeune fille appelée *Splendeur*, qui porte des cheveux bouclés sur les épaules, et qui, lorsqu'elle sourit, découvre une rangée de perles tout à fait dignes de son nom. *Splendeur* était aussi le nom de l'aînée des Hespérides, et sa forme dans la lan-

---

[1] Ann dud iaouank a gav gant he
A gouez ann aour diouc'h beg ar gwe.
(Cf. *Barzaz-Breiz*, t. II, p. 282.)

gue grecque[1], s'éloigne peu de la forme celtique[2]. Hélas! pourquoi la charmante gardienne des bosquets du barde n'en a-t-elle pas interdit l'entrée aux barbares qui devaient dérober et gâter les fruits de prophétie? Poussés par la gourmandise ou par l'espoir de connaître l'avenir, guerriers, moines, jeunes garçons, jeunes filles, et jusqu'aux enfants (*cet âge est sans pitié!*) tous les envahissent. L'herbe est foulée aux pieds et ne pousse plus autour des arbres. Les animaux sauvages creusent leur tanière entre les racines ; ils ne se couronnent plus en avril de ces belles et larges feuilles vertes qui charmaient les yeux. Ils n'étalent plus en mai ce gros bouquet rose et blanc qu'on prendrait pour le bouquet de noces du printemps et du soleil; en automne, ils ne s'émaillent plus de fruits brillants comme les étoiles d'or. Voici l'hiver; bientôt arrivera le bûcheron armé de sa cognée. Il montera sur l'arbre, il en fera tomber une à une les branches; ensuite il coupera le tronc pour le jeter au feu.

[1] Αἴγλη, αἴγλης.
[2] Y *gloyuedd*. (Ms. de Lewis Moris.) On sait que le *dd* gallois a le son d'un χ aspiré. (Voy. Richard, *Dict. english-welsh*, aux mots *Brilliant* et *Brilliancy*, et Owen, au mot *Gloewaidd*, qu'il traduit exactement : « Of a bright, clear or transparent nature. »

Et désormais, la racine qui donnait à l'arbre sa séve et au barde sa nourriture prophétique ne produira plus la vie, la joie et l'espérance. A cette idée, Merlin est saisi d'une grande crainte et il se désole; mais, ô pommier d'or! que peut-il contre votre malheureuse destinée? S'il a autrefois dormi son sommeil enchanté dans les forêts de la Calédonie, s'il a enflammé le courage d'Arthur et de son armée en leur prédisant la victoire, si même naguère, à la bataille d'Arderidd, il portait le collier d'or du haut commandement; maintenant il est égaré d'esprit. Il est sauvage et s'en va errant loin de ses bosquets embaumés. Il n'est plus honoré des hommes. En le voyant vieux, cassé, la tête chauve, à demi nu, mourant de faim, grelottant de froid, jusqu'aux genoux dans la neige, et de la neige sur la tête, le verglas pendant à son manteau usé qui montre plutôt qu'il ne voile sa misère et sa nudité, les vierges blanches comme le cygne, les belles vierges qui jadis l'aimaient, l'honoraient, se plaisaient à entendre le son de sa voix et de sa harpe, à venir le consulter, à se réjouir de ses heureux présages, s'enfuient saisies d'horreur. Les villageois qui le rencontrent ont peur de lui, eux-mêmes, et se hâtent de monter sur les arbres environnants, comme à l'aspect d'un animal dangereux. Et alors, il dit tristement : « Mes yeux étaient plus habitués à l'aspect des harnais couverts d'or et des lances brandies par des rois, qu'à l'apparition sur les arbres d'alentour de ces formes noires comme des corbeaux. O pommier doux! pommier sacré! ne vient-il pas une heure où le cygne s'envole, en laissant flotter quelques plumes sur les eaux du lac? Mon visage s'est flétri à force de pleurer; ne suis-je pas abandonné de mes meilleurs amis? Qui me reconnaîtrait errant parmi les fantômes ? Mais Dieu m'accueillera bientôt ; le Devin par excellence me délivrera de mes maux ; il me donnera pour confident à son fils [1]. »

Ainsi, quand il a tout perdu, quand ceux qui l'aimaient l'oublient, Dieu lui reste, et avec lui l'espoir d'être dédommagé dans un monde meilleur des injustices d'ici-bas ; l'espoir de la plus grande récompense qu'un prophète puisse envier, l'amitié, la faveur, l'intimité même du Fils de Dieu, ce Devin des devins.

---

[1] Pan fo Duw dewin ym diffryt i rhag trin
Hyd na bwyf gyfrin ag eissifleit.
(*Myvyr. arch.*, t. I, p. 151.)

Telle aurait été l'attente philosophique du barde, d'après le plus accrédité de ses poëmes, et probablement sa dernière prophétie, à moins qu'on ne veuille lui en prêter encore, sur l'autorité d'un très-ancien poëte, une autre purement nationale que nous retrouvons dans les œuvres authentiques d'un de ses contemporains.

Appelant de ses vœux, après une défaite sanglante, un vengeur pour sa patrie, Lywarch avait annoncé aux Bretons la résurrection d'un héros des anciens jours : « J'entends, avait-il dit, son armée qui s'avance comme un tonnerre. » Ce vengeur, ce Messie, ce Sauveur, n'est ni l'Arthur, ni le Konan, ni le Kadwalader de la tradition postérieure, c'est le fabuleux Léménik, « Léménik l'indomptable, le guerrier porte-flammes qui s'élance de sa couche funèbre, tout armé, dans la mêlée furieuse, en vainqueur [1]. »

La prédiction qu'on attribue à Merlin est identiquement la même : « Mon inspiration prophétique l'annonce : la discorde régnera entre les différentes tribus bretonnes, jusqu'à la confédération que formera le chef des héros, Léménik,

---

[1] *Les Bardes bretons*, p. 114.

revenu au monde. Comme l'aurore, il se lèvera de sa retraite mystérieuse ; il ordonnera la bataille, il fera autour de lui une large mare de sang rouge ; il anéantira l'étranger ; ses armées s'étendront au loin ; il sera la joie des Bretons[1]. »

Ce cri d'espérance, cet appel à un vengeur de la race bretonne retentit des rives de la Clyde aux rochers d'Armorique où, sous le nom de Léménik, le peuple voulut voir Arthur, le vainqueur de ses oppresseurs.

Mais les plaintes du malheureux Merlin, parvenues jusque sur le continent, semblent y avoir eu plus de retentissement que ses vœux philosophiques ou patriotiques : les poëtes populaires armoricains les traduisirent ainsi aux fils des émigrés de l'île de Bretagne :

« Du temps que j'étais dans le monde, j'étais honoré de tous les hommes.

« A mon entrée dans les palais, chacun poussait des cris de joie.

« Sitôt que ma harpe chantait, des arbres tombaient des fruits d'or.

---

[1] *Ibidem*, cf. *Myvyrian arch.*, t. I, p. 71.

« Tous les rois du pays m'aimaient, j'étais craint des rois étrangers.

« Le pauvre peuple dans le malheur disait : « Chante, Merlin, chante toujours. »

« Ils me disaient, les Bretons : « Chante, Mer« lin, ce qui doit arriver. »

« Maintenant, je vis dans les bois; personne ne m'honore plus maintenant.

« Sangliers et loups, quand je passe, grincent des dents à ma vue.

« J'ai perdu ma harpe; les arbres aux fruits d'or ont été abattus.

« Les rois des Bretons sont tous morts; les rois étrangers oppriment le pays.

« Les Bretons ne me disent plus : « Chante, « Merlin, les choses à venir. »

« On m'appelle *Merlin le Fou*; tout le monde me chasse à coup de pierres [1]. »

Tout affaibli qu'il est, cet écho de l'élégie du barde en conserve l'accent, et il nous a déjà donné la clef de l'allégorie qu'elle présente.

La physionomie de Merlin fugitif a aussi gardé

---

[1] Voir, pour le texte, les Pièces justificatives, n° 111.

son relief dans la tradition d'Armorique ; elle l'a vue et ne l'oubliera jamais :

« O barde Merlin, d'où viens-tu, avec tes habits en lambeaux ? Où vas-tu de ce pas, sans chaussure et la tête nue ? Où vas-tu ainsi, vieux Merlin, appuyé sur ton bâton de houx [1] ? »

Et elle ajouterait volontiers, en manière de consolation, avec un autre barde du sixième siècle, non moins malheureux que lui :

« O dur bâton, soutiens-le bien ; bois fidèle aux pas chancelants, tu ne le porteras plus longtemps [2] ! »

Au nombre de ses malheurs, Merlin, on s'en souvient, compte l'oubli de ses meilleurs amis. Le reproche qu'il leur adresse paraît un peu exagéré, car on rapporte que celui d'entre eux qui s'honorait d'avoir porté le même nom [3], et que Merlin nous montrera tout à l'heure en communion d'esprit prophétique avec lui, Taliésin, vint le visiter dans sa détresse, et lui chanta les chants les plus propres à calmer la douleur d'un barde patriote et prophète.

[1] *Barzaz-Breiz*, t. I, p. 114.
[2] *Les Bardes bretons*, poëmes de Lywarch le Vieux, p. 132.
[3] Voyez plus haut, p. 21.

En le voyant venir, Merlin s'écrie :

« Ah ! dans quelle mer de douleur je suis ! Quelle mer de douleur monte jusqu'à moi, depuis que nos concitoyens ont combattu les uns contre les autres !

« C'était, en plein soleil, un assassinat réciproque ; c'était une trouée de boucliers fraternels ! ô douleur ! »

Taliésin rappelle au barde que la victoire est restée aux leurs :

« L'armée de Maëlgun (le chef du Midi) a eu l'avantage ;

« Arrivés au lieu du combat, nos guerriers ont illuminé, aux éclairs de leurs armes, la plaine ensanglantée. O bataille d'Arderidd, ne t'ont-ils pas livrée en braves ? N'étaient-ils pas bien préparés ? »

Merlin, avec horreur :

« Des milliers de lances ruisselantes de sang ! un lac de sang ! des milliers de fragiles cottes de soie mises en pièces ! En pièces des milliers de javelots ! des milliers de javelots repoussés ! des milliers de retour au combat ! »

Rappelant les noms des sept principaux chefs du parti de Merlin, Taliésin s'écrie :

« Les sept fils d'Elifer, voilà sept héros à l'épreuve ! Leurs sept lances ne reculaient pas à la tête de leurs sept bataillons. »

Mais l'esprit de Merlin quitte tout à coup le champ de bataille et s'élance dans l'avenir :

« Sept feux descendent du ciel ! sept batailles sont livrées pour la défense commune ; dans la septième, Bélen est glorifié au sommet de chaque montagne. »

Emporté par le même souffle prophétique, Taliésin continue :

« Oui, sept lances transpercent ! sept fleuves se gonflent du sang des chefs suprêmes ! sept fleuves débordent ! »

Merlin, faisant allusion au combat d'Arthur dans le Nord, où cent vingt guerriers de renom périrent, parmi les ombres desquels il vit errant :

« Sept-vingts chefs illustres sont maintenant des fantômes dans les bois de la Calédonie, où ils habitent depuis leur mort. »

Et il conclut modestement :

« Quoique moi, Merlin, je ne vaille plus Taliésin, qu'un même esprit de divination nous anime[1] ! »

Deux prêtres de Bélen, de ce dieu du soleil, des combats et des bardes, auraient-ils chanté autrement s'ils eussent eu à célébrer les événements passés ou futurs de la patrie celtique ? Le druide armoricain qu'Ausone eut pour ami

---

[1]
Kanys mi Myrtin
Gueti Taliesin,
Bythaud kyfredin
Fy darogan !

(*Livre noir* de Caermarthen, fol. 3; cf. le *Myvyr. arch.*, t. I, p. 49.)

n'aurait pas désavoué les deux bardes bretons [1].

A coup sûr, les chagrins de Merlin durent être calmés un moment ; mais il aurait eu près de lui une source de consolation plus puissante que l'amitié de Taliésin. Était-ce un être réel, une femme, une sœur du barde, comme l'a prétendu le vulgaire, ou un être idéal ? Elle lui donne les noms les plus tendres, elle l'appelle son sage Devin, son Bien-aimé, son Jumeau de gloire, le Barde dont les chants donnent la renommée ; la Clef avec laquelle la Victoire ouvre les portes de toutes les citadelles. Elle l'interroge sur l'avenir du pays et sur la fortune des futurs rois bretons. Elle l'écoute et recueille respectueusement ses oracles. Elle plaint son sort en le voyant « étendu sur la terre, la joue cruellement amaigrie, et malade à en mourir. » Elle accuse le ciel de l'accabler si rudement. Il aura beau mourir, jamais elle ne l'oubliera :

« Hélas ! mon bien-aimé, ta lutte ici-bas finie, il y aura entre toi et moi une longue et froide sé-

---

[1]   Nec reticebo senem
   Nomine Phæbitium,
   Qui Beleni ædituus...
   Stirpe satus Druidarum
   Gentis Aremoricæ.

   (*Professores*, iv et x.)

paration; mais c'est en vain que le Roi des rois, que le Seigneur vaillant et sans peur te couchera sous le gazon; tant que je vivrai, je me souviendrai de toi, je me souviendrai de toi au delà du jour du Jugement; au delà de la tombe, je déplorerai ton infortune[1]. »

Et comme s'il était déjà dans le tombeau :

« Debout! lève-toi, et consulte les livres de l'inspiration, les oracles de la Vierge fatidique et les songes de ton sommeil[2] ! »

A cette voix chérie, Merlin reprend courage, et se remettant à prophétiser avec elle, il l'appelle sa sœur, son amie, sa consolatrice, l'aube de sa journée[3], l'inspiratrice, le refuge des poëtes[4], et par ce dernier nom, il nous apprend qu'en réalité sa mystérieuse interlocutrice n'est autre que la muse bardique[5].

[1]   Ym byu, n'yth diofrydaf
A hyt Vraut yth goffaaf
Dy fossaut, trallat trymmaf.
(*Myvyr. arch.*, t. 1, p. 149.)

[2] *Ibidem*, p. 148.

[3] Gwen-dydd (de *Gwen*, aube, et de *dydd*, jour).

[4] Atlam kerdau (p. 127).

[5] Le docteur Allen rapporte l'histoire d'un fou qui se parlait à

Pieuse, compatissante, et pensant que de vagues désirs vers Dieu ne suffisent point sans un culte, qu'il faut des ailes plus fortes pour monter jusqu'au ciel, la muse lui dit de sa voix la plus tendre :

« O mon frère, toi dont l'âme est si pure et si belle, je t'en conjure au nom de Dieu, reçois la communion avant de mourir. »

Mais à ces mots le barde, qui jusque-là a satisfait tous les vœux de son Égérie, devient farouche et se révolte. Il se rappelle ces moines *menteurs* et *méchants* dont il a eu à se plaindre; il repousse durement l'inspiration chrétienne :

« Je ne recevrai pas la communion de la main de ces moines aux longues robes; je ne suis pas

---

lui-même comme à une autre personne, faisait les demandes et les réponses, et se figurait qu'un dialogue réel s'établissait entre lui et un être imaginaire. (Laycock, *A Treatise on the nervous Diseases*, p. 521, sqq.) Que de fois, observe M. A. Maury, ne rencontre-t-on pas dans les asiles des maniaques occupés à soutenir avec eux-mêmes de véritables conversations. (*La Magie et l'Astrologie*, p. 267.)

de leur Église. Que Jésus-Christ lui-même me donne la communion ! »

Et celle qu'il aime s'éloigne en le plaignant : « Dieu ait pitié de Merlin ! » dit-elle[1].

Quand elle n'a pu le vaincre, qui donc pourra triompher de son obstination ? Ce sera Dieu, puisque le barde le veut ainsi, ou ceux qui, sur la terre, lui ressemblent le plus.

Dans la triple tradition de la Cambrie, de la l'Écosse et de l'Armorique, trois hommes vraiment saints cherchent Merlin pour le convertir ; à chacun d'eux convient cet éloge adressé à un seul : « Rempli de candeur et de bonté, il n'a jamais condamné personne, jamais il n'a méprisé personne ; il n'a jamais eu que le nom du Christ à la bouche, jamais dans le cœur que la paix, une piété douce, et la miséricorde[2]. »

Le premier arrive d'Irlande ; il est monté sur un cheval noir, son manteau est noir, sa cheve-

---

[1] Gogelit Duw o Vyrdin ! (p. 149.)

[2] O vere beatum virum in quo dolus inventus non fuit, neminem injuste judicans, neminem contemnens... nunquam in illius ore nisi Christus ; nec in corde nisi pax et patiens cum misericordia pietas. (*Vita S. Cadoci* : *Lives of the Cambro-British saints*, p. 80.)

lure est noire, sa figure est noire, toute sa personne est noire. Merlin reconnaît le grand docteur de l'Église irlandaise, Colomban.

Répondant à la pensée secrète du barde, qui a refusé de s'humilier et de courber le genou devant les ministres du ciel, il lui dit doucement ce simple mot : « Je plains la faible créature qui s'élève contre le Seigneur. » Le barde incline la tête et confesse ses fautes; mais elles sont grandes, peut-il en espérer le pardon ?

« J'ai brûlé une église, dit-il, j'ai enlevé les vaches d'un monastère, j'ai jeté dans l'eau le Livre sacré. »

Il ajoute pourtant de suite : « Créateur des créatures, suprême soutien des hommes, remets-moi mon iniquité. » Puis, avouant qu'avec toute sa science il a manqué du vrai savoir, en ignorant que les plus grands génies ne sont pas à l'abri des coups de la fortune :

« Ah! si j'avais su d'avance, s'écrie-t-il, ce que je sais maintenant, comment le vent tourbillonne à son aise dans les plus hautes cimes des arbres, jamais, non jamais je n'aurais vécu comme j'ai vécu¹. »

Tel est l'honneur que la tradition des bardes chrétiens de la Cambrie fait à saint Colomban.

La tradition bretonne des bords de la Clyde n'est ni aussi maigre, ni aussi dénuée d'ornements; cependant elle ne paraît pas moins fondée.

Elle nous a été conservée par un clerc de l'église de Glasgow, qui l'écrivit en l'année 1147, sous la dictée des fidèles de cette église, où on la chantait, et en se servant en même temps, dit-il, d'anciens documents historiques².

A travers les forêts de la Calédonie, voyageait un évêque appelé Kentigern. Le peuple lui attribuait la même origine qu'à Merlin : on le disait né d'une vierge et d'un esprit³. Comme Merlin, il avait le don de prophétie, et s'en servait

---

¹ *Myvyrian*, t. I, p. 132. Cf. mes *Notices* des principaux manuscrits des Anciens Bretons. (*Archives des Missions scientifiques*, 5ᵉ vol., p. 252, et le *Fac-simile*. p. 3, n° v.)

² De materia codicellis reperta et viva voce fidelium mihi relata... composui. (*Vita S. Kentigerni*, col. 76, mss. Musiæ Britann. Tit. A. 19.)

³ Populus diœcesis S. Kentigerni stultus et insipiens ipsum de virgine conceptum et natum adhuc extruere non veretur. (Cf. Bolland., t. I, Jan., p. 816.)

dans un intérêt patriotique et national. Un jour qu'il avait pleuré pendant son oraison, et que ses disciples lui en demandaient la cause, il leur répondit : « Je vous l'annonce, mes très-chers enfants : le Seigneur livrera la Bretagne à des nations étrangères qui ne connaissent pas Dieu : les païens chasseront de l'île les légitimes propriétaires [1]. »

Ami de son pays, il l'était aussi des bardes nationaux; c'est pour l'un d'eux qu'il fit un de ses plus gracieux miracles. Un chef voulant récompenser royalement un poëte celte qui avait charmé sa cour, lui avait promis de lui accorder la faveur qu'il lui demanderait. Le chanteur indiscret (on était au cœur de l'hiver) demanda une corbeille pleine de mûres nouvelles [2]. Fort embarrassé de tenir parole, le roi s'adressa au saint qui, après avoir prié un moment, sortit avec le barde, et le conduisit à un buisson tout noir de mûres au milieu des neiges; là prenant un panier, il les cueillit et les lui offrit. Touché de tant de condescendance, le barde s'attacha

[1] Tradens tradet Dominus Britanniam exteris nationibus Deum ignorantibus, sed et a paganis ab indigenis evacuabitur insula. (Cf. Bolland, t. I. Jan. p. 818.)

[2] Detur mihi discus moris recentibus plenus. (*Ibid.*, p. 820.)

au saint, et avec sa harpe il déposa sur l'autel du Seigneur les fruits qu'un rayon de la grâce avait fait mûrir dans un cœur plus glacé que l'hiver.

Mais ce n'était pas seulement à la cour que Kentigern donna des preuves de sa puissante bonté. Sur toutes les contrées du nord habitées par les Bretons, le Cumberland, la Clyde, le Galloway, l'Alban, il fit, dit son biographe, descendre la rosée céleste, et produire à la terre les plus riches moissons. A son arrivée au nord de l'Humber, le ciel était d'airain, continue-t-il, et le sol, autrefois cultivé, était tout couvert de ronces et d'épines. Pour parler sans figure, l'idolâtrie renaissait dans le pays : l'eau, le feu, tous les éléments qu'autrefois les Bretons croyaient animés par quelque divinité, avaient retrouvé leurs adorateurs. La foule innombrable des esprits de toute espèce, chassés dans les rochers des montagnes ou la profondeur des forêts par les premiers missionnaires chrétiens, avait reparu. Le saint expliqua aux peuples la nature des éléments, en leur faisant comprendre qu'ils avaient été créés pour leur usage [1]. Les esprits, au nom de Jésus, s'évanoui-

---

[1] Elementa, quibus inesse credebant numina, creaturas esse

rent d'eux-mêmes [1]. Il baptisa ceux qui avaient refusé ou qui différaient de recevoir le baptême, ramena les apostats dans le sein de l'Église, et apprenant qu'il restait au fond des forêts de la Calédonie une dernière moisson d'âmes à faire, que les esprits y avaient cherché un refuge avec un petit nombre de dévots, il s'y rendit. Mais il ne prit point de cheval pour le porter comme le docteur irlandais. Il s'en allait à pied à la manière des Apôtres. C'est ainsi que son biographe nous le représente voyageant [2].

Or, un jour qu'il priait dans un des bosquets les plus retirés de la solitude, un être étrange, tout nu, couvert de poils, et n'ayant presque rien d'humain, bondit à travers les halliers, pareil à une bête furieuse [3]. Ne sachant que penser de cette apparition, le saint lui adressa ainsi la parole :

docuit, ex conditoris expositione, ad usum hominum. (Bolland, id., p. 820.)

[1] Ingens larvarum multitudo... auffugit. (*Ibid.*)

[2] Ubique lucrum animarum quærendo proficiscens, non equo vectus, sed more Apostolorum, pedes ire volebat. (*Ibid.*, p. 818.)

[3] Quidam demens, nudus et hirsutus ab omni solatio mundiali destitutus, quasi quoddam torvum furiale. (*Vita S. Kentigerni*, mss. Mus. Britann., *loc. sup. cit.* Cf. citat. Johan. Fordun. *Scotichronicon*, lib. III, c. xxxi, p. 155, ed. Edimburg, 1759.)

« Qui que tu sois, créature de Dieu, je t'adjure par le Père et le Fils et le Saint-Esprit, si tu viens de la part de Dieu et si tu crois en Dieu, de me dire qui tu es, et pourquoi seul et errant tu habites ce désert en compagnie des animaux. »

Aussitôt le sauvage s'arrêtant, répondit :

« Je suis chrétien, quoique peu digne de ce grand nom; j'étais barde autrefois devant Guortigern. On m'appelle communément Merlin. J'accomplis dans cette solitude une cruelle destinée[1]. Mon étoile me réservait pour châtiment cette vie au milieu des bêtes, ne méritant pas de le subir parmi les hommes. Je suis la cause de la mort de tous ceux qui ont été tués dans la bataille bien connue de tous les chefs de guerre bretons, livrée dans la plaine située entre Lidel et Carvanolow[2]. Durant cette bataille, je vis le ciel s'ouvrir, et

---

[1] Ego sum christianus, licet tanti nominis reus, olim Guortigerni vates, Merlinus vocitatus, in hac solitudine dira patiens fata. (*V. S. Kertigerni, loc. sup. cit.*)

[2] Eram enim cædis omnium causa interremptorum qui interfecti sunt in bello, cunctis in hac patria constitutis satis noto, quod erat in campo inter Lidel et Carvanolow situato. — C'est la plaine d'Arderidd. (*Ibid.*)

j'entendis comme un roulement de tonnerre; une voix d'en haut m'appela par mon nom, disant : « Parce que toi seul as été la cause du « sang versé par tous ceux-ci, toi seul seras puni « pour tous. Livré à un esprit méchant qui te « châtiera jusqu'au jour de ta mort, tu passeras « le reste de ta vie parmi les animaux des bois [1]. »

« Et, comme je regardais d'où venait la voix qui me parlait ainsi, je vis une si grande lumière, que l'œil de l'homme n'en pourrait supporter de pareille. Dans l'air, les bataillons innombrables d'une armée plus éblouissante que la foudre brandissaient des lances de feu et des javelots d'éclair, en les dirigeant contre moi. Puis, l'esprit qui devait me châtier m'a saisi, et m'a jeté parmi les bêtes sauvages où tu me vois maintenant, accomplissant ma destinée [2]. »

Il n'avait pas fini de parler qu'il disparut dans les fourrés les plus épais de la forêt.

A la vue d'une telle misère, le bienheureux Kentigern, attendri jusqu'aux larmes, se jeta la

[1] Usque in diem mortis tuam conversationem habebis inter bestias silvestres. (*Vita S. Kentigerni, loc. sup. cit.*)
[2] Spiritus malignus me arripuit, ferisque silvestribus, sicut ipse contemplaris, prædestinavit. (*Ibid.*)

face contre terre en s'écriant : « Seigneur Jésus ! comment cet infortuné, le plus malheureux des hommes, si misérables tous, peut-il vivre dans cette horrible solitude, parmi les bêtes, comme une bête, nu et fugitif, sans autre nourriture que l'herbe? Les hôtes de ces bois ont, pour se couvrir, des poils, des soies ou des plumes; ils ont pour se nourrir des fruits, des racines ou des feuilles; et celui-ci qui est notre frère, qui a notre figure, notre chair, notre sang; qui ressemble à chacun de nous; voilà qu'il va mourir de froid, de misère et de faim [1]! »

Et rappelant d'une voix forte le fugitif : « Mon frère, ne me fuis pas, reviens. Puisque tu m'as fait ta confession, si tu regrettes véritablement les erreurs où tu as pu tomber, et si tu ne te juges pas indigne d'une si grande faveur, voilà le Christ, voilà la victime qui te sauvera. Elle est déjà posée sur cette table; approche avec confiance, reçois-la d'un cœur humble, afin que le Christ aussi, lui, daigne te recevoir; je n'ose ni te l'offrir, ni te la refuser [2]. »

[1] Et en, hic, frater noster, formam, carnem, et sanguinem sicut unus quisque nostrum habens, nuditate et fame morietur! (*Vita S. Kentigerni, loc. sup. cit.*, p. 136.)

[2] Quoniam nec ibi dare neque audeo prohibere. (*Ibid.*)

Le malheureux revint, et, après avoir été lavé par le saint dans l'eau d'une fontaine voisine, il dit : « Je crois fermement en un Dieu triple et un[1]. »

Puis il s'approcha humblement de l'autel, et reçut avec une foi vive et un grand amour la consolation que donne le divin sacrement.

Quand il sentit Dieu dans son cœur, étendant les mains vers le ciel, il s'écria : « Je te rends grâces, Seigneur Jésus, d'avoir exaucé mon désir, en te donnant toi-même à moi dans ce saint sacrement[2]. »

Se tournant ensuite vivement vers le saint : « Mon père, je te le prédis, ma vie terrestre aujourd'hui finira, mais dans l'année trois personnages considérables me suivront : le plus grand des rois bretons, le plus pieux des évêques bretons, le plus noble des comtes bretons. »

A cette prophétie inattendue, l'évêque ne put s'empêcher de sourire : « Mon frère, tu seras donc toujours un peu fou? tu n'as donc pas encore

---

[1] Miser confestim aqua lotus. (*Vita S. Kentigerni, loc. sup. cit.*) Les douches d'eau froide étaient très-anciennement employées pour la guérison de la folie. (Du Haldat, notice citée par M. A. Maury dans son livre sur la magie, p. 331.)

[2] Quia, quod optavi, sanctissimum jam consecutus sum sacramentum. (*Vita*, p. 137.)

éprouvé la vanité de tes oracles? Cependant va en paix et que Dieu demeure avec toi ; je te bénis[1]. »

Après avoir reçu la bénédiction de Kentigern, Merlin partit aussi joyeux qu'un jeune faon, et l'on entendit retentir au loin sous les bois ce chant répété d'une voix sonore : « Je chanterai éternellement les miséricordes du Seigneur[2]. »

Saint doux et bon, ami des bardes, vous méritiez bien de consoler le cœur du poëte le plus grand et le plus malheureux de son siècle et de son pays !

Mais une autre branche de la famille celtique dispute aux Écossais le bonheur d'avoir envoyé un consolateur à Merlin.

Dans le temps qu'il subissait sa destinée sur les frontières de l'Écosse, disent les Armoricains, y aborda un prêtre breton nommé Kadok, aussi fameux par sa science et sa sagesse que par son talent pour la musique et la poésie[3]. Le zèle dont

---

[1] « Frater, adhuc permanes in simplicitate tua? non penitus expers irreverentiæ? Vade in pace, et Deus sit tecum. » (*Vita, ibid.*)

[2] Benedictione pontificali suscepta prosiluit velut capreolus promensque canoro jubilo : « Misericordias Domini in æternum cantabo. » (*Ibid.*)

[3] Les œuvres qu'on lui attribue ont été publiées dans le IIIe vol. du *Myvyrian*. Cf. la *Légende celtique*, où j'ai raconté son histoire, p. 217 et suiv.

brûlait le bienheureux Kentigern l'avait conduit en Écosse. Une des préoccupations constantes de ce cœur tendre et indulgent était aussi le bonheur éternel de ces hommes inspirés qui traversent la vie en chantant. On ajoute même qu'il avait entrepris le voyage de la Calédonie dans le dessein exprès de chercher Merlin, qu'on y disait caché. Il n'aimait pas moins les poëtes profanes que Kentigern ne les aimait, et un jour Gildas, leur adversaire déclaré, l'avait trouvé pleurant à la pensée que l'âme de Virgile était peut-être dans la douleur.

Le Jérémie breton le railla de sa sensibilité avec l'amertume qui était dans son caractère : « *Peut-être* dans la douleur, dites-vous ; c'est *assurément* qu'il faut dire ! Sans aucun doute il est damné. Est-ce que vous croyez que Dieu a d'autres poids pour ces conteurs de fables que pour le reste des hommes ? »

Le bon Kadok ne répondit rien, mais, rentré le soir dans sa cellule, il se parla ainsi à lui-même : « Je ne boirai ni ne mangerai que je ne sache au juste quel sort Dieu réserve à ceux qui chantent dans le monde comme chantent les anges dans le ciel. »

Là-dessus il s'endormit, et, tandis qu'il dormais en poussant des soupirs, tel qu'une harpe qui résonne encore quelque temps après qu'on a cessé d'en toucher les cordes, il entendit une voix argentine qui traversait l'air en murmurant : « Prie pour moi, prie pour moi, ne te lasse pas de prier afin que je chante éternellement les miséricordes du Seigneur [1]. »

Ces paroles, qu'on vient d'entendre répéter à Merlin converti, avaient, en rassurant Kadok sur le sort du Cygne de Mantoue, redoublé son ardeur à rechercher le grand poëte de sa race.

Il le découvrit d'une manière si semblable à celle de Kentigern, qu'on ne peut guère douter que le récit armoricain et le récit breton-écossais ne soient deux versions d'une même tradition primitive.

Au bruit d'une clochette que le saint agite, en traversant les bois, pour écarter à la fois les mauvais esprits et les animaux dangereux, le vieux Merlin s'éveille et s'enfuit. Comme dans les récits écossais, le barde n'a d'autre vêtement que des poils et de longs cheveux blancs ; sa

---

[1] La *Légende celtique*, p. 205.

barbe est semblable à la mousse qui s'attache au tronc des vieux chênes ; ses yeux sont bouillants comme l'eau d'un bassin sur le feu. Kadok l'adjure au nom de Dieu de s'arrêter et de lui répondre. Le fugitif s'arrête et chante les vers déjà cités : « Du temps où j'étais dans le monde, j'étais honoré de tous les hommes ; » et le reste jusqu'à la strophe : « On m'appelle Merlin le Fou et on me poursuit à coups de pierres. »

Non moins touché de compassion que le bienheureux Kentigern, saint Kadok lui parle ainsi :

« Pauvre cher innocent, revenez au Dieu qui est mort pour vous sauver. Celui-là aura pitié de vous. A qui met sa confiance en lui il donne le repos. »

Merlin ne repousse pas l'ami des affligés.

« En lui j'ai eu autrefois confiance, en lui j'ai confiance encore, à lui je demande pardon. »

Le bon Kadok répond :

« Par moi t'accordent ton pardon le Père, le Fils et l'Esprit-Saint. »

Et le barde, une fois pardonné, jette au vent ce chant de bonheur :

« Je pousserai un cri de joie en l'honneur de mon roi, homme et Dieu tout ensemble; je chanterai ses miséricordes d'âge en âge et au delà des âges. »

Se rappelant avoir entendu déjà, pendant les visions de son sommeil, un autre grand poëte murmurer le même chant consolateur, saint Kadok attendri lui dit : « Pauvre cher Merlin, que Dieu vous écoute ! que les anges de Dieu vous accompagnent [1] ! »

Ne devait-il pas en effet écouter favorablement le poëte malheureux, Celui qui a dit : « Venez à moi, vous tous qui souffrez et qu'on opprime, et je vous soulagerai? »

Mais les sauvages habitants de la Calédonie ne cessèrent point d'outrager Merlin.

Le soir même du jour où la Foi, sous la figure du plus aimable des saints, avait reçu dans ses

---

[1] Paourkez Marzin, Doue r'ho klevo !
Eled Doue r'h:oc'h ambrougo !
Voyez les Pièces justificatives, n° III.

bras le barde infortuné, on le trouva mort au bord d'une rivière. Des pâtres de la race des Pictes avaient tué, à coups de pierres, le noble chanteur qu'ils appelaient le Fou [1].

Depuis l'antique Orphée jusqu'à l'Orphée celtique, combien d'autres sont morts de même ! C'est la lutte éternelle de la force brutale contre l'intelligence, douce et sublime inspirée du ciel, dont le royaume n'est pas de ce monde.

Ainsi paraît avoir fini un homme dont l'histoire ne nous est guère mieux connue que celle de beaucoup d'autres poëtes célèbres qui ont passé sur la terre. Homère et Lucrèce, pour ne citer que deux noms fameux, ont-ils été plus favorisés que Merlin, et n'est-on pas réduit à leur égard à de simples conjectures ?

Il est bien à regretter qu'au lieu de déclamer contre le prophète breton, Gildas ne nous l'ait pas fait connaître tel qu'il était réellement ; nous n'aurions pas été réduits à glaner çà et là, long-

---

[1] Contigit ut eodem die a quibusdam pastoribus usque ad mortem lapidatus ac fustigatus casum faceret in mortis articulo, ultra oram Tuesdæ fluminis præruptam, prope oppidum Dun Meller. (*Vita*, p. 137.)

temps après la moisson, quelques maigres épis qui donnent à peine l'idée de l'abondance primitive; nous aurions pu tracer le portrait en pied, et non la silhouette d'un personnage considérable des temps barbares, dont on peut dire, comme on a dit d'Arthur, qu'il était vraiment digne d'être célébré par l'histoire, ayant défendu longtemps sa patrie contre l'oppression étrangère.

Mais, après tout, la biographie d'un grand homme a moins d'importance que l'idée qu'il a représentée; et, si la vie de Merlin offre bien des incertitudes, on peut affirmer que la foi politique dont il a été l'apôtre, que l'espérance nationale dont il a été le prophète, que la cause patriotique qu'il a soutenue n'offraient pas plus de doutes aux nobles âmes de son temps qu'aux cœurs généreux de nos jours; car cette foi, cette espérance et cette cause sont celles de la justice, du droit et de la liberté.

III

MERLIN, PERSONNAGE LÉGENDAIRE.

C'est seulement lorsqu'un homme a exercé sur son époque une action réelle qu'il en a sur la postérité, et nul n'a d'histoire fabuleuse qui n'ait obtenu cet honneur par une histoire véritable d'une certaine importance.

Le patriotisme de Merlin, ses incontestables services envers son pays, sa confiance imperturbable dans un avenir libérateur, ses promesses de résurrection nationale répétées d'âge en âge par des générations toujours opprimées et espérant toujours ; telles sont les principales causes de sa renommée légendaire. Elle était déjà établie et regardée comme ancienne moins de deux cents ans après sa mort: *Vires acquirit eundo ;* elle était même donnée et acceptée pour vraie de la meilleure foi du monde, et jouissait de l'autorité de l'histoire près des hommes les moins crédules du huitième et du neuvième siècle.

Le barde, au reste, avait le sort que la tradition orale avait fait subir à tous les personnages considérables de son époque, devenus de plus en plus grands à mesure qu'ils s'étaient éloignés du temps où ils avaient vécu. Les figures historiques de Germain, évêque d'Auxerre, de Guortigern, d'Ambroise Aurélien, d'Hengist et d'Arthur, parmi lesquelles il apparaît, n'ont pas été différemment enluminées par la légende. Le poëte national n'est pas plus transformé que ne l'ont été le saint évêque, le tyran parjure, le roi patriote, le chef saxon, et le libérateur des Bretons.

Prenant Merlin au moment où l'histoire le laisse, la tradition a trouvé le devin non-seulement converti, mais comme sanctifié par le martyre. En lui conservant l'espèce d'auréole qu'il doit à sa mort funeste, elle lui prête les idées, les sentiments, les actions d'un véritable prophète juif. Elle fait de lui l'idéal chrétien du génie prophétique et national chez les Bretons. L'analogie entre la situation de ces derniers sous la domination anglo-saxonne, *in captivitate Saxonum positi*, comme s'expriment les auteurs contemporains, et celle des Juifs pendant la captivivité de Babylone, porta naturellement à donner à Merlin enfant les traits du jeune prophète qui s'asseyait en pleurant au bord des fleuves étrangers, à le représenter comme un autre Daniel, sans lui ôter toutefois la puissance des anciens enchanteurs de serpents, dont il gardait le nom.

Voici comment la légende le met en scène, au huitième et au neuvième siècle[1].

Le tyran Guortigern règne, menacé par trois ennemis à la fois : les Romains, qui peuvent revenir l'attaquer; les Pictes, dont les ravages renaissent chaque année avec le printemps; les partisans d'Ambroise Aurélien, auquel le vœu des vrais Bretons décerne le pouvoir suprême[2].

---

[1] Dans cette légende, rédigée vers l'année 822, comme M. Schœll l'a démontré, celui qui tenait la plume avait évidemment sous les yeux des textes bretons qu'il a mis en latin. Il dit lui-même: Coacervavi omne quod inveni... ex traditione veterum nostrorum, quod multi doctores atque librarii scribere tentaverunt. (Nennius, ed. Stevenson, p. 4.)

[2] Guorthigernus regnavit in Britannia, et urgebatur a metu Pic-

86 MERLIN, PERSONNAGE LÉGENDAIRE.

Pour échapper à ce triple danger, il a recours à l'expédient que nous connaissons : il appelle à son aide des étrangers, des païens ; et, au prix de la nourriture et du vêtement d'abord, puis de terres plus ou moins considérables, ils le servent si bien contre ses ennemis, qu'il leur accorde son amitié et va même jusqu'à prendre pour femme, au grand scandale des chrétiens, la fille de leur chef Hengist, une princesse idolâtre. Un jour qu'elle lui versait à table le vin et l'hydromel, Satan était entré avec l'amour dans le cœur du roi, et il l'avait demandée en mariage à son père, disant : « Tout ce que tu voudras je te l'accorderai, fût-ce la moitié de mon royaume[1]. » Hengist voulut avoir la côte orientale de l'île, et le roi du pays, dépouillé, sans qu'il s'en doutât, au profit des païens, leur fut traîtreusement livré avec tous ses sujets[2].

Guortigern met le comble à la répulsion qu'il inspire par un attentat odieux envers une personne

---

torum Scottorumque et a Romanico impetu, necnon et a timore Ambrosii. (Nennius, p. 23).

[1] Omne quod postulas a me impetrabis, licet dimidium regni mei. (*Ibid.*, p. 28.)

[2] Et inscius erat quia regnum ipsis tradebatur paganis, et ipse solus in potestatem illorum clam dari. (*Ibid.*, p. 29.)

de sa famille. Il déshonore sa propre fille, et ose accuser de ce crime le grand et saint évêque d'Auxerre, aussi aimé que vénéré des Bretons, qui lui ont dû la victoire sur les Saxons dans une circonstance récente. Couvert de honte et réduit au silence, le tyran quitte l'assemblée de prêtres convoquée pour le juger, et s'enfuit poursuivi par les malédictions de tout le peuple[1].

Abandonné en même temps des étrangers ses amis, devenus de jour en jour plus exigeants, et qu'il ne peut plus satisfaire, il ne sait quel parti prendre entre des alliés mécontents et des sujets exaspérés. Alors, il se décide à demander à la magie un conseil qu'il ne demanderait pas à Dieu.

Il fit donc venir ses magiciens (c'est le légendaire qui parle) pour les interroger sur ce qu'il devait faire, et ils lui répondirent :

« Va jusqu'au fond de ton royaume, et tu y trouveras une forteresse qui te défendra de tes ennemis. »

S'étant mis en route avec ses magiciens pour découvrir cette forteresse, et ayant parcouru beau-

---

[1] Ille siluit et tacuit sed surrexit et iratus est valde ut a facie sancti Germani fugeret, et maledictus est et damnatus a sancto Germano et omni Brittonum consilio. (Nennius, p. 50.)

coup de contrées sans réussir, ils arrivèrent enfin à la montagne des Neiges, dans le nord de la Cambrie, où ils remarquèrent un lieu très-propre à construire une citadelle.

Et ses magiciens lui dirent : « C'est ici qu'il faut bâtir; la position est imprenable. »

Il réunit donc une foule d'ouvriers avec une grande quantité de bois et de pierres; mais, quand tous les matériaux furent rendus sur place, ils disparurent dans une nuit. Trois fois on en rassembla de nouveaux, et trois fois ils s'évanouirent[1].

Le roi dit alors à ses magiciens :

« Quel mauvais génie s'oppose à mes desseins, et comment le conjurer? »

Ils lui répondirent :

« En trouvant un enfant sans père, en le tuant, et en arrosant avec son sang la citadelle. Jamais, sans cela, tu ne parviendras à l'élever[2]. »

D'après cet avis, le roi envoya des messagers par toute la Bretagne pour chercher un enfant sans père, et comme, après beaucoup de recher-

[1] In una nocte ablata est materia, et tribus vicibus jussit congregari et nusquam comparuit. (Nennius, p. 31.)

[2] Nisi infantem sine patre invenies et occidetur et ille, et arx a sanguine suo aspergatur, nunquam ædificabitur in æternum. (Ibid.)

ches, ils arrivaient dans la plaine des Saules, au bord de l'Ebwith, au pays des Silures, ils trouvèrent deux enfants qui jouaient à la balle. Une dispute s'était élevée entre eux, et l'un disait à l'autre : « O fils sans père ! tu ne gagneras pas, va ! »

Les messagers interrogèrent les autres enfants au sujet de celui qu'on traitait ainsi, et, s'adressant à la mère elle-même, ils lui demandèrent si vraiment il n'avait pas de père.

La mère leur ayant juré qu'il n'en avait point, ils emmenèrent l'enfant et le présentèrent au roi [1].

Et, le lendemain, une grande assemblée avait lieu pour le sacrifice.

Comme on se disposait à l'immoler, l'enfant dit au roi :

« Pourquoi tes gens m'ont-ils conduit vers toi ?

— Pour te tuer, répondit le tyran, et pour que ton sang soit versé autour de ma citadelle, afin qu'elle tienne debout. »

---

[1] Unum scio quia virum non cognovi unquam. Et juravit illis patrem non habere. Et illi eum secum duxerunt usque ad Guorthigernum regem. (Nennius, p. 52.)

L'enfant reprit :

« Qui t'a fait accroire cela?

— Ce sont mes magiciens, répondit le roi.

— Qu'ils viennent me parler ! » dit l'enfant.

Les magiciens s'étant approchés :

« Qui vous a fait connaître, à vous autres, que cette citadelle doit être arrosée de mon sang, et que si mon sang ne coule point on ne la bâtira jamais; je voudrais bien savoir cela. Qui vous a conté mon histoire [1] ? »

Et comme ils restaient muets :

« O roi! tout à l'heure je parlerai pour toi, et je t'instruirai de ce qui me concerne. Mais laisse-moi d'abord demander à tes magiciens ce qu'il y a sous cette plate-forme. Je voudrais que tu l'apprisses d'eux. »

Interrogés par le roi, ils répondirent :

« Nous l'ignorons.

— Si vous l'ignorez, je le sais, moi, dit l'enfant; il y a là une grande nappe d'eau. Qu'on vienne, qu'on creuse, et on la trouvera. »

On vint, on creusa, on trouva ce que l'enfant avait annoncé [2].

---

[1] Quis vobis de me palam fecit? (Nennius, p. 52).

[2] Venerunt et foderunt, et fuit. (*Id., ibid.*)

Alors, il parla ainsi aux magiciens :

« Apprenez-moi maintenant ce qu'il y a au fond de l'eau ! »

Mais ils se turent comme la première fois, ne sachant que répondre.

Les voyant silencieux, l'enfant leur dit :

« Eh bien, je vais encore vous l'apprendre : il y a là une grande conque[1]; faites écouler l'eau, et vous la trouverez. »

L'eau écoulée, on vit apparaître la conque.

« Que renferme ceci ? » demanda l'enfant aux magiciens.

Ils ne surent que répondre.

« Je vous le dirai donc encore. Au milieu de la conque, il y a un pavillon; ouvrez-la, et vous en jugerez[2]. »

Le roi ordonna qu'on ouvrît la conque, et on trouva au milieu un pavillon.

L'enfant continuant son interrogatoire :

« Dites-moi, magiciens, qu'y a-t-il d'enveloppé dans ce pavillon ? »

---

[1] Nennius rend par *duo vasa* deux mots cambriens qui sont évidemment *dau-vasgl* et qui signifient bivalve. (Voy. le Dict. angl. gallois de Richards, p. 29.)

[2] In medio eorum tentorium est; separate ea, et sic invenietis. (Nennius, p. 53.)

Mais ils ne le savaient point.

Alors il leur dit :

« Il y a deux serpents : l'un rouge, l'autre blanc. Déployez le pavillon [1]. »

On le déploya, et on y trouva deux serpents endormis.

« Attendez, continua l'enfant, et considérez ce que vont faire les deux serpents. »

Or les monstres commencèrent à s'attaquer l'un l'autre, et le rouge faisait tous ses efforts pour repousser le blanc jusqu'au milieu du pavillon. Trois fois il essaya mais, en vain ; il était le plus faible. A la fin cependant, réunissant toutes ses forces, il chassa le dragon blanc du pavillon, et il le poursuivait vainqueur à travers le lac quand le pavillon s'évanouit avec les deux dragons. Alors l'enfant, se tournant vers les magiciens :

« Que signifie ce qui vient de se passer dans le pavillon ?

— Nous n'en savons rien, dirent-ils encore.

— Eh bien, c'est un mystère qui m'a été révélé, et je vais te l'expliquer, ô roi ! Le lac est l'image

---

[1] Duo vermes in eo sunt, unus albus et unus rufus ; tentorium expandite. (Nennius, p. 35.)

de ce monde; le pavillon, celle de ton royaume; les deux serpents, de deux étendards nationaux. Le rouge, c'est le tien; le blanc, celui du peuple qui s'est emparé de tant de contrées de la Bretagne; il la possédera presque entièrement de la mer à la mer, mais à la fin notre nation se relèvera et elle chassera les Saxons par delà l'Océan [1].

« Quant à toi, fuis loin d'ici, tyran, tu ne pourras jamais bâtir cette citadelle; va chercher dans d'autres pays un lieu plus sûr où te réfugier; moi, je ne quitterai pas cette terre; elle m'a été donnée par ma destinée [2].

— Qui donc es-tu ? demanda l'ami des étrangers; quel est ton nom ? »

L'enfant répondit :

« On m'appelle Ambroise [3]. »

Et en parlant ainsi il avait l'air du roi de ce nom [4].

---

[1] Et postea gens nostra surget et gentem Anglorum trans mare viriliter dejiciet. (Nennius, p. 33.)

[2] Et ego hic manebo quia mihi Fato hæc mansio tradita est. (Ed. de Gunn, p. 72.)

[3] Ambrosius vocor, britannice, Embreis. (Gunn, *ibid.*; cf. Stevenson, p. 34.)

[4] *Guletic* ipse videbatur. (*Ibid., ibid.*)

Le tyran fut sans doute frappé de cette ressemblance, car il ajouta vivement :

« De quelle race es-tu sorti ?

— Mon père, répondit l'enfant, est un des consuls de la nation romaine. »

En entendant parler de la nation romaine, le tyran, de plus en plus épouvanté, abandonna au jeune prophète sa citadelle et toutes les provinces du côté droit de l'île de Bretagne, et il se retira du côté gauche avec ses magiciens confus [1]. Là, il vécut errant, humilié, maudit de tous les amis de la patrie bretonne, du puissant comme du faible, de l'esclave comme de l'homme libre, du prêtre comme du laïque, du pauvre comme du riche; et, tandis qu'il errait ainsi de place en place, son cœur se brisa, et il mourut, mais non avec gloire [2].

La gloire était réservée à l'enfant inspiré qui aimait son pays et prédisait sa délivrance.

---

[1] Et arcem dimisit illi Rex, cum omnibus regnis occidentalis plagæ Britanniæ, et ipse cum Magis suis ad sinistralem plagam pervenit. (Stevenson, p. 34; cf. Gunn, p. 72.)

[2] Exosi fuerunt illi omnes homines genti suæ, pro piaculo suo, inter potentes et impotentes, inter servum et liberum, inter monachos et laicos, inter parvum et magnum, et ipse dum de loco ad locum vagus erat, tandem cor ejus crepuit et defunctus est, non cum laude. (Ed. Stevenson, p. 39.)

Il la trouva auprès du successeur de Guortigern, auprès de cet Ambroise dont il portait le nom, avec lequel il semblait ne faire qu'un, et qui devint roi, un grand roi s'il en fut, entre tous ceux de la nation bretonne [1].

A ce premier degré, où elle offre une véritable épopée nationale, la légende est plus vraie, ou du moins plus vivante que l'histoire. Les faits ont beau y être obscurcis, l'idée y brille d'un éclat qui replace le prophète chrétien dans l'atmosphère lumineuse dont son prototype mythologique était enveloppé. Le merveilleux n'est lui-même ici que la traduction, dans le style ordinaire aux bardes, de la réalité puissante attribuée à Merlin, et de l'autorité que le peuple lui reconnaissait dans le passé comme dans l'avenir. Tout est combiné pour amener et mettre en relief sa prédiction au tyran, que je n'hésite pas à regarder comme authentique ; si jamais un cri d'espérance s'échappa de son cœur, ce dut bien être celui-ci :

« A la fin, notre nation se relèvera, et elle chassera les Saxons ! »

[1] Qui fuit Rex inter omnes reges britannicæ gentis. (Stevenson, p. 39.)

On se tromperait fort en ne voyant dans le récit précédent qu'un conte destiné à amuser un peuple malheureux, et à le distraire sous le joug de l'étranger. La poésie, il est vrai, a la voix de l'ange qui console, mais elle a aussi bien souvent l'épée de l'ange qui délivre ; elle a son cri : elle appelle à la liberté les opprimés dans le langage qui lui convient, et toutes les armes lui sont bonnes, pourvu qu'elles atteignent le but. Celui qu'elle poursuit dans cette circonstance est, à ses yeux, tout providentiel : Dieu suscite le prophète breton comme il suscita autrefois les saints prophètes juifs pour le salut d'un peuple privilégié ; il met sous les pieds d'un enfant un monarque superbe ; et les plus grands magiciens, malgré toute leur science, sont muets devant son envoyé. De l'enfant, ami des Bretons, il fait un chef de guerre, comme saint Germain avait fait un roi de l'esclave qui l'accueillit, quand le tyran le repoussa [1].

La même moralité ressort de la légende de Taliésin, vainqueur aussi, dès le berceau, d'un chef oppresseur et de ses conseillers [2].

---

[1] Rex de servo factus est. (Stevenson, p. 27.)
[2] Les *Bardes bretons*, introduction, p. xlvii.

Ai-je besoin d'ajouter qu'elle est tout évangélique ? La croyance à l'intervention de la Providence en faveur du faible contre le fort était une de celles qui soutenaient le plus les peuples dans ces temps de calamité.

L'anecdote suivante éclaire la légende des plus vives lumières de la vérité.

A l'époque où l'on commençait à raconter dans les monastères bretons du continent l'histoire de la victoire du jeune Merlin sur les magiciens qui voulaient le tuer, histoire non moins intéressante pour les écoliers que pour leurs maîtres, un pédagogue en train d'enseigner à ses élèves les noms latins des mots celtiques les plus vulgaires, tels que selle, hache, marteau, couteau, francisque et autres, plus convenables à des soldats qu'à des clercs, interrompit tout à coup sa leçon pour leur adresser ces touchantes et patriotiques paroles :

« On vient de m'apprendre une grande nouvelle : une bataille terrible a eu lieu entre le roi des Bretons et le roi des Saxons, et le Seigneur a donné la victoire aux Bretons, parce qu'ils sont petits et pauvres et qu'ils ont mis en Dieu leur confiance. Les Saxons, au contraire, sont des orgueilleux, et, à cause de leur orgueil, Dieu les a humiliés, car Dieu résiste aux superbes, et il donne sa grâce aux petits avec la victoire. Oui, un grand carnage des Saxons a eu lieu ; de leur côté, une multitude d'hommes a péri ; du côté des Bretons, très-peu [1]. »

Le maître annonçait à ses disciples une éclatante victoire remportée en Cornouailles, l'an 722, par le roi Rodri, chef des Bretons cambriens, sur Œthelbert, roi des Saxons [2].

Quel fut l'effet de cette nouvelle dans l'école du pédagogue, et le cri des Armoricains? Une rature du manuscrit empêche de le dire expressément ; mais de jeunes Cambriens n'auraient pas manqué de s'écrier : « Merlin l'avait prédit [3] ! »

Transportée de leur pays au delà de la Manche, la légende de Merlin y subissait alors une seconde

---

[1] Audivimus aliquos viros enunciantes nobis veraciter factum fuisse inter regem Britonum et regem Saxonum bellum ingens, et dedit Dominus victoriam Britonibus, ideo quia humiles sunt et pauperes, et in Deo confidunt... Saxones autem superbi sunt, et propter superbiam eorum humiliavit eos Dominus. (Vocabulaire latin-breton ms. de la bibliothèque Bodléienne, n° 572, fol. 46, v°.)

[2] *Archives des missions scientifiques*, V^e vol., p. 247.

[3] « Disgogan Merdin ! » (*Myvyrian*, t. I, p. 150.)

phase; elle s'y développait, et, en même temps
que ça tige prenait une nouvelle vigueur, elle
se couvrait de fleurs nouvelles. Sous l'influence
des lieux, des circonstances et des passions, le récit primitif subit des additions où la vanité armoricaine trouvait son compte [1].

Le récit populaire primitif, pas plus que l'histoire authentique, ne disait mot de la généalogie
du royal patron de Merlin. L'un et l'autre lais-
saient une lacune à cet égard ; les chanteurs armoricains la comblèrent au plus grand honneur
de leur pays. Ils firent d'Ambroise Aurélien l'ar-
rière-petit-fils d'un conquérant fabuleux allié
des Romains, le descendant direct de Konan Mériadek, prétendu fondateur de la monarchie bretonne d'Armorique. Dans l'abandon des légions

---

[1] La version continentale, écrite en *brythanek* au dixième siècle,
n'a pas encore été publiée ; nous n'en pouvons juger que par la
rédaction en *kymraek*, qui date des premières années du douzième
siècle, et a dû son succès européen à Geoffroi de Monmouth, son amplificateur latin. Les éditeurs du *Myvyrian* ont imprimé cette dernière, d'après une copie du quinzième siècle du collége de Jésus à
Oxford, sous le titre de *Brut Tyssilio*. Je demande la permission
de renvoyer à l'examen critique que j'en ai fait dans mes *Notices
des principaux manuscrits des anciens Bretons*, p. 27, 28, 29,
30, 31 et 32, et à ce que j'ai répété dans un autre ouvrage, les
Romans de la Table Ronde, p. 26 et 27.

romaines, c'était désormais aux rois bretons armoricains, selon les chanteurs du continent, que les rois de l'île demandaient secours contre les barbares. Un jour, à leur requête, le chef de la péninsule leur avait envoyé trois mille hommes et trois mille chevaux avec son frère Constantin, pour les délivrer des Pictes et des Scots. Ce dernier, ayant donné la victoire, avait reçu la couronne, et de lui étaient nés trois fils : l'un qui fut assassiné, à l'instigation de Guortigern, son ministre; les deux autres, appelés Ambroise et Uter, qui cherchèrent leur salut à la cour de leur oncle, l'Armoricain Budik ou *le Victorieux*.

A tous les torts que la tradition primitive reproche à Guortigern, la haine des saints, l'amour des étrangers, son alliance avec des païens, son mariage avec une princesse idolâtre, il joignait donc les crimes d'usurpation et d'assassinat. C'est pour arrêter un pareil scélérat et pour ranimer le courage de ceux qu'il opprime, que Dieu a suscité Merlin.

La mère du jeune devin est conduite devant le tyran, tenant son enfant par la main :

« O roi ! que voulez-vous faire de mon fils ?

Voir la suite après la page 110

nœuvre, il souleva les pierres sans effort et les fit transporter à bord des navires, qui reprirent triomphalement le chemin de l'île de Bretagne¹.

A la nouvelle de leur arrivée, le roi Ambroise convoqua ses sujets dans la plaine de Salisbury pour l'inauguration du monument funèbre. Et le jour venu, tout le monde étant rassemblé et le roi sur son trône, Merlin soulevant les rochers du cercle des géants avec autant d'aisance qu'il les avait remués déjà, les rangea en Bretagne de la même manière qu'ils l'étaient en Irlande. Il prouva de la sorte au monde que l'intelligence vaut mieux que la force ².

Telle est la tradition la plus répandue; mais il en est une autre qui, bien que postérieure, est plus belle, et je ne veux pas l'oublier.

Lorsque la lune eut paru, et que Merlin vit les travailleurs découragés, il entra dans le cercle des géants, sa harpe à la main, et, montant sur la table de pierre dressée au milieu, il se mit à chanter une incantation que les bardes ont appelé l'*Enchantement des pierres précieuses* :

---

¹ *Myvyrian*, t. II, p. 279.
² Bot yn well kyvraindeb na kryfder. (*Idem.*, cf. avec le *Brut Tysilio*, ms.)

« Voici l'heure! il s'éveille le chœur des pier-
« res précieuses; elles se meuvent en cadence,
« elles se balancent lumineuses sur le sol de
« l'enceinte funèbre; chacune d'elles saluant
« d'abord celui qui conduit la danse. »

Quel fut l'étonnement des guerriers! Les géants de pierres, entraînés par les chants du nouvel Amphion, s'avançaient en cadence vers le rivage, déroulant devant l'armée bretonne une longue spirale colossale.

Ravi en extase, le barde poursuivit, en évoquant le souvenir de la conférence où les Bretons avaient péri sous les longs couteaux des Saxons :

« Voyez! le tyran! l'orgueil! la présomption!
« l'iniquité! le cheval de guerre! la vérité outra-
« gée! la justice sous les pieds des chevaux! une
« mêlée générale d'hommes armés, et quiconque
« hurle le plus haut, jugé le plus sage!

« Voyez! quelle foule de guerriers! Ici, là-bas,
« ils tombent d'inanition, ils manquent de pain,
« ils meurent en braves sans une parole.

« Voyez! ils meurent ensemble, ô sort fatal!

— Mêler son sang avec de l'eau et de la chaux pour cimenter ma forteresse, » répond brutalement le barbare [1].

Les entrailles maternelles se déchirent à ces mots.

« Ah! seigneur, s'écrie-t-elle, tuez-moi, mais ne tuez pas mon enfant [2]! »

Le tyran, sans l'écouter, faisait signe au sacrificateur de saisir l'innocente victime, lorsque Merlin prend la parole avec l'accent d'un maître parlant à des esclaves. Il révèle sa puissance en indiquant la cause qui s'oppose au dessein du roi : le lac souterrain, une caverne, et dans cette caverne deux dragons dont les soubresauts ébranlent le rocher, le lac et la terre, et renversent la citadelle qui doit protéger le méchant. Puis, quand le tyran lui demande le sens des deux dragons en lutte, — ces dragons bien connus d'un ancien fascinateur de serpents [3], — il satisfait cruellement sa curiosité, et met le comble à ses terreurs.

[1] Kymysgu, heb ef, y waet ar dwfyr ac ar kalc'h y geissiau gan y gweith sevyll. (Ms. de la bibliothèque Cottonnienne, cléop. B. v, n° 138. fol. 60, v°.) Cf. *Myvyrian*, t. II, p. 260.
[2] Oc'h, Arglwyd, heb hi, llad vi, ac na lad vy mao ! (*Ibid*
[3] Voyez plus haut, p. 19.

« Tremble, tyran, dit-il, les fils de Constantin arrivent; aujourd'hui même ils mettent à la voile, ils sont déjà partis des côtes d'Armorique; demain ils descendront ici pour reprendre leur héritage aux Saxons; demain Ambroise et Uter arriveront avec douze mille hommes, et ils rendront les joues saxonnes rouges de sang saxon. Après avoir puni les étrangers que tu as appelés à ton aide et qui sont venus pour ta perte, ils te châtieront pareillement, ils te brûleront vivant dans une tour de pierre, vengeant ainsi la mort de leur frère que tu as détrôné et fait assassiner. »

Le jeune prophète ajouta :

« Mais, toi mort, ta postérité n'aura pas plus de bonheur que tu n'en as eu toi-même; du fond des forêts de la Cornouailles je vois venir un sanglier qui la dévorera [1]. »

Telles sont les prophéties terribles que les chanteurs armoricains, développant celles des poëtes populaires gallois, prêtaient à Merlin contre l'usurpateur et contre ses amis les païens. La dernière concerne Arthur, figuré par le san-

---

[1] A baed Kerniw a dial hyn oll yn oll. (*Myvyrian*, t. II, p. 267, et le fol. 95, v° du Ms. d'Oxford.)

glier de Cornouailles¹ ; elle sera amplifiée au siècle suivant; ici, c'est surtout d'Ambroise et de son frère que s'occupe la tradition continentale; le premier, qui rebâtira les églises de l'île de Bretagne, dévastées par les adorateurs d'Odin; le second, qui sera père d'Arthur.

Quand la prophétie de Merlin s'est réalisée par le retour des chefs nationaux ; quand la justice a triomphé de la force, grâce à l'épée des Armoricains, et quand la patrie bretonne et la religion leur ont dû leur salut, quel rôle reste-t-il à jouer à Merlin ?

Si la légende primitive ne le dit pas, la tradition postérieure supplée encore son silence.

Tandis que le roi relève les autels renversés, les prêtres songent à célébrer les funérailles des guerriers morts en les défendant.

Entre les champs de bataille de l'île, il en est un tout blanchi de leurs ossements. Victimes d'un odieux guet-apens, il ont péri, non vaincus, mais assassinés ; ils sont tombés dans une conférence pacifique, au milieu d'un banquet, sous les longs couteaux des Saxons ².

¹ Baed Kernyw, sef ew hunnu Arthur. (Ms. cité, *ibid.* et le *Myvyr.*, p. 268.)

² *Myvyrian*, t. II, p. 255.

Les Bretons avaient pour archevêque un saint venu d'Armorique, qu'ils appelaient pour cette raison Tramor. Il n'avait pas été moins frappé que ses contemporains de la mission providentielle de Merlin ; il partageait l'admiration qu'il leur inspirait.

Comme le roi, après bien des recherches, désespérait de trouver en Bretagne des architectes assez habiles pour élever un monument digne d'eux aux Bretons morts pour leur pays, l'archevêque lui indiqua Merlin.

« Envoyez-le chercher, dit-il, je ne crois pas qu'il y ait sur terre un homme doué d'un génie pareil. S'il est bon prophète, il n'est pas moins bon architecte [1]. »

Le devin, qui préférait la solitude au monde, habitait souvent alors au fond d'une vallée retirée, sur les frontières de la Cambrie, au milieu des bois, au bord d'une fontaine. Informé du dessein du roi, Merlin quitta sa chère solitude pour se rendre à la cour.

Quoiqu'un motif purement national y eût amené le prophète breton, le roi voulut profiter

---

[1] *Myvyrian*, t. II, p. 276.

de sa science dans un intérêt personnel ; mais, à la demande indiscrète d'Ambroise Aurélien, Merlin devint triste, et, ne craignant pas de donner à celui qu'il aimait une leçon de nature à lui faire comprendre qu'il savait distinguer l'homme du souverain, il lui répondit d'un ton grave :

« On ne doit révéler l'avenir que lorsque l'intérêt national le demande. Si la vanité personnelle, ou tout autre motif futile allégué par les rois, me faisait ouvrir la bouche, l'Esprit qui m'inspire m'abandonnerait quand j'aurais besoin de lui [1]. N'adressez donc plus à votre devin de questions indiscrètes, et pensons à l'affaire pour laquelle vous m'avez mandé. »

Le roi, confus de la leçon, cessa donc de presser Merlin et lui parla du monument qu'il avait le projet d'élever.

« Il y a en Irlande, dit le devin, au sommet d'une haute montagne, des pierres d'une prodigieuse grandeur, rangées en cercle, et formant comme une ronde, appelées pour cela la *Danse*

---

[1] Yr yspryd ym dysgu ai odiwrth im pan vai rait ymi wrt ho. (*Myvyrian*, t. II, p 276.)

des Géants[1]. Personne de notre âge ne connaît leur histoire ; aucune force humaine ne les a mises debout ; seule, la puissance de l'esprit a pu les élever. Or voici ce que je vous propose : envoyez-les chercher, et dressons-les ici dans le même ordre qu'elles le sont là. Nul monument plus convenable ne pourrait être bâti en l'honneur de nos guerriers, nul ne durera plus longtemps. »

En entendant Merlin parler ainsi, le roi ne put s'empêcher de sourire.

« Y pensez-vous ? Faire venir de tels blocs de granit de si loin ! Est-ce que notre île manque de pierres ?

— Ne riez pas, seigneur, répondit Merlin, car je vous parle sérieusement. Ces pierres-là sont des pierres mystérieuses [2].

« Elles ont la vertu de guérir bien des maladies. L'eau que le ciel verse dans leurs cavités ferme les blessures et rend la vue aux yeux malades. A leurs pieds croissent des plantes douées de mille vertus salutaires. Il y a de cela bien longtemps, des géants venus du fond de l'Afrique apportèrent ces pierres précieuses, et les

---

[1] Kor y Kewri. (*Myvyrian*, t. II, p. 277.)
[2] Main rinvedaul. (*Ibid.*)

rangèrent en cercle en Irlande, comme elles l'étaient dans leur pays. »

En entendant parler Merlin, les guerriers bretons s'écrièrent :

« Ne tardons pas plus longtemps, partons ! »

Et quinze mille hommes se présentèrent pour prendre part à l'entreprise. Le roi mit à leur tête son frère Uter ; les navires furent bientôt prêts, et on les vit s'avancer vers l'Irlande, leurs voiles gonflées par le vent, et Merlin debout à la barre du vaisseau amiral.

En ce temps-là l'Irlande était gouvernée par un jeune et vaillant roi du clan de Killianmor, qui n'était pas d'humeur à se laisser rien enlever de précieux. Apprenant le débarquement et le projet des Bretons, il marcha à leur rencontre, jurant sur son âme que, tant qu'il vivrait, on n'enlèverait pas la plus petite pierre de la *Danse des Géants*. Mais les Bretons n'étaient pas non plus d'humeur à renoncer à leur entreprise. Attaqués vigoureusement, ils répondirent de même, et se battirent si bien, qu'ils mirent en fuite les Irlandais ; puis ils gagnèrent la montagne où s'élevait le fameux monument. Cette victoire toutefois ne suffisait pas. Il fallait maintenant en remporter une autre sur les pierres elles-mêmes ; et, quand ils virent les quatre énormes cercles qu'elles formaient, quand ils considérèrent leur hauteur, leur largeur, leur épaisseur, leur poids et leur nombre, ils restèrent pétrifiés d'étonnement.

Pour Merlin :

« A l'ouvrage, enfants! s'écria-t-il; des pioches! des échelles! des câbles! des leviers! des rouleaux! rassemblez toutes vos forces, unissez tous vos bras, attaquez vaillamment ces rochers, et voyons si la force vaut mieux que l'intelligence, ou si l'intelligence vaut mieux que la force.

— A l'ouvrage! » répondirent les Bretons. Et pioches de creuser, leviers de gémir, câbles de tirer, rouleaux d'avancer. Mais l'ouvrage n'avançait pas. Depuis l'aube jusqu'à midi, malgré les bras des quinze mille hommes, pas une pierre n'avait bougé. Depuis midi jusqu'au soir, en dépit d'efforts redoublés, pas une n'avait pu être enlevée.

Voyant tous les fronts ruisselants et tous les bras lassés, Merlin se mit à rire et dit :

« Montrons donc que l'intelligence vaut mieux que la force. » Et, commandant lui-même la ma-

« entre nos bras. Et l'oppression nous force à
« prendre le chemin de l'exil.

« Mais la biche blanche lève la tête au sommet
« des montagnes d'Asaph, et l'aigle fond sur les
« guerriers du haut des rochers de Ganna.

« Maudit soit le pays des Silures, parce qu'il a
« été trahi! Béni soit le pays de Powys, parce qu'il
« est devenu plus sage!

« Les étrangers errent sans demeure; l'es-
« pérance renaît après une longue tyrannie. Les
« otages nous arrivent traînés en échange; le bâ-
« ton d'ormeau les pousse en avant.

« Voyez! l'Irlande visite notre terre : l'Irlande
« se dirige vers la grande plaine des héros. La
« joie éclate sur la hauteur de l'enceinte funèbre,
« et de notre pays le Saxon disparaît[1]. »

A ce moment en effet l'Irlande, représentée par
ses « Géants de pierre, » visitait la Bretagne; en-
chantés par Merlin, ils avaient continué à travers
l'océan leur farandole gigantesque.

[1] *Gorchan y main gwyrth,* Mss. de Hengwrt, cf. le *Myvyrian,* t. I,
p. 551. Ce remarquable poëme a été attribué à d'autres bardes qu'à
Merlin, notamment à Taliésin ; M. Stephens, avec sa science ordinaire d'investigation, en retrouvera le véritable auteur parmi les
poëtes gallois du moyen âge.

De retour dans leur pays, les guerriers les trouvèrent debout, dans le même ordre qu'en Irlande, pour la cérémonie funèbre.

Merlin pouvait donc dire avec la vierge fatidique des Armoricains : « Je sais une chanson qui fait tressaillir la grande mer et la terre trembler[1]. »

Il eût pu ajouter :

« Qui fait fendre les cieux[2]. »

Car les cieux n'avaient pas de secrets pour lui, et il y lisait à livre ouvert l'histoire des rois de son pays.

Peu de jours après les fêtes auxquelles donna lieu l'érection du monument funèbre de Salisbury, un signe parut dans le ciel. C'était une comète d'une grandeur et d'une splendeur incomparables. Elle ressemblait à un dragon, et de sa gueule sortait une langue rouge à deux fourches, dont l'une s'agitait vers le nord, l'autre vers l'orient. Le peuple était dans l'effroi, chacun se demandant ce que cela présageait. Uter, en l'absence du roi Ambroise son frère, occupé à poursuivre un des fils de Guortigern, consulta tous les sages de la nation bretonne; mais aucun ne put lui ré-

---

[1] *Barzaz-Breiz*, t. I, p. 226.
[2] A lak ann envou da frail a. (*Ibid.*)

pondre. Alors il songea à Merlin, qui était retourné auprès de sa fontaine. Ayant si bien expliqué l'apparition du dragon rouge et du dragon blanc, le devin ne pouvait manquer de savoir ce que signifiait ce dragon nouveau. Il fut donc mandé à la cour.

« Que présage ce signe? lui demanda le roi.

Il ne s'agissait plus ici d'un intérêt privé : la nation tout entière était intéressée aux grands événements que la comète annonçait; Merlin se mit à pleurer [1] :

« O fils de la terre bretonne, vous venez de faire une grande perte : le roi est mort! »

Après un moment de silence, il ajouta :

« Mais vous avez encore un roi : hâte-toi, Uter, attaque l'ennemi. Toute l'île te sera soumise, car c'est toi que figure le dragon de feu. Le rayon allant vers la Gaule représente un fils qui doit naître de toi, qui sera grand par ses exploits, et non moins grand par sa puissance. Le rayon allant vers l'Irlande représente une fille dont tu seras le père, et ses fils et ses petits-fils régneront tous sur les Bretons [2]. »

---

[1] Wylo a oruc Merdin. (*Myvyrian*, t. II, p. 283.)

[2] A maibion hono ai hwyron a vedianant oll ol yn oll. (*Ibid.* p. 284.)

Couronné roi, après avoir suivi le conseil de Merlin et vengé son frère, Uter, pour obéir au barde, fit couler en or deux dragons dont l'un devait être porté en tête de son armée, l'autre consacré à Dieu, dans la principale église du royaume.

C'est à cause du dragon expliqué par Merlin qu'il fut nommé Penn-dragon ou *Chef-dragon*, à en croire les Armoricains[1]. Ils prétendent de plus, — pour avoir ignoré le sens d'un autre symbole, confondu le roi Uter avec Jupiter, Merlin avec Mercure, et voulu faire naître Arthur du triple sang armoricain, gallois et cornouaillais, — ils prétendent, dis-je, que le sévère prophète, voyant son jeune maître près de mourir d'amour pour une reine de Cornouailles, consentit à jouer près de lui le rôle que joue Mercure auprès de Jupiter, dans *Amphitryon*, et participa de la sorte à la naissance du roi Arthur.

La gloire du devin n'avait pas besoin d'un

---

[1] *Myvyrian*, t. II, p. 286. Un autre manuscrit d'Oxford ajoute : « Mais, en gallois, on l'appelle *Uthyr Pen dreic* » sef yw hynny yn Gymraec Uthyr pen dreic. (*Ibid.*, Var.) Les Cambriens, comme les Armoricains, avaient donc perdu la clef du symbole figuré par le dragon ou le serpent, qui représentait la souveraineté. (Voy. Gildas; éd. de Stevenson, p. 12, et les *Bardes bretons du sixième siècle*, p. 43.)

rayon parti de si bas, et les bardes gallois ont grandement raison de protester contre les conteurs d'Armorique.

Du reste, il faut le dire, c'est moins sur la part de Merlin à la naissance d'Arthur, et sur les sortiléges qu'il opère en cette occasion, que sur ses prophéties concernant la fin du héros, que la légende armoricaine appuie.

Si, pendant le règne d'Uter Penn-dragon, elle ne fait apparaître Merlin à l'armée qu'une seule fois[1]; si pendant le règne d'Arthur elle ne le montre à la cour qu'une seule fois encore[2], si elle semble plus souvent le laisser dormir dans son bois, au murmure de sa fontaine; elle ne se lasse pas de répéter la prophétie du barde concernant son royal ami, le sanglier de Cornouailles, et en la répétant elle l'amplifie ainsi :

« Le sanglier Cornouaillais viendra au secours des Bretons;

« Sous ses pieds il pressera la gorge de l'étranger;

« Les îles de l'Océan lui seront soumises; les

---

[1] Merdyn en e llu et oed (*Myvyrian*, t. II, p. 291.)
[2] Daroganaud Merdyn rac bron Uther Bendragon a rac bron Arthur. (*Ibid.*, p. 386.)

pays Franks lui obéiront ; il fera trembler Rome elle-même ;

« Les peuples l'admireront; le récit de ses exploits donnera du pain aux bardes ;

« Sa vie aura une fin douteuse[1]. »

Repassée, sous la forme qu'on vient de voir, du continent dans l'île, son berceau, après la bataille d'Hastings et l'asservissement tant prédit de la race saxonne, la légende armoricaine, d'abord mise en gallois, puis en latin élégant, fit une brillante fortune à la cour des rois conquérants, grâce aux prophéties de Merlin, par des raisons politiques que j'indiquerai en leur lieu.

Mais cette légende n'est pas finie; il nous reste à montrer quels développements lui ont donnés les imaginations des Bretons-Écossais.

---

[1] Baed Kernyw a vyd kanhorthwy ; — a mynygleu yr estronyon a sathyr dan y drayd ; — ynyssed yr eigawn a darystygant idau ; — A gwladoed Freink a vedhaud ;— Gw Rufein a ofynhaa ;— Popyl yd anrydedir ; ae weithredoed a vyd bwyt yrae datgano. (*Myvyrian*, T. II, p. 262, cf. avec le *Ms. rouge*.) Il est à remarquer que la version galloise omet la tradition bretonne, citée par Geoffroi de Monmouth, concernant l'immortalité d'Arthur; elle se borne à dire : « Pour ce qui regarde la mort d'Arthur, il n'en est point question ici, » Ni ddiwedir yma am angau Arthur. (*Brut Tysilio*, ms., fol. 123, v°.; cf. le *Myvyrian*, t. II, p. 357.)

IV

MERLIN, PERSONNAGE POÉTIQUE.

Les Écossais reçurent avec d'autant plus d'empressement le portrait embelli de Merlin qu'ils avaient lieu de croire que le devin breton leur appartenait, sinon par son berceau, du moins par sa tombe. Ils trouvaient d'ailleurs son nom gravé dans leur propre mémoire, et, en réunissant les traits qu'elle leur offrait, à tous les traits épars dans les souvenirs des Gallois, des Armoricains et des Cornouaillais, ils en firent un personnage moins légendaire que poétique.

On ne peut se tromper de beaucoup en plaçant vers le milieu du douzième siècle cette nouvelle phase de la tradition, quoique le monument qui l'atteste date d'une cinquantaine d'années plus tard[1].

A cette époque, Merlin règne en souverain dans l'empire des songes celtiques.

Il est vieux comme le roi de Pylos; sous ses yeux se sont écoulés les règnes glorieux d'Ambroise Aurélien, d'Uter et d'Arthur. Il a vu s'accomplir tout ce qu'il a prédit; son nom est fameux dans tout l'univers. Il continue de donner des lois au peuple de la côte méridionale de l'île de Bretagne, que le tyran Guortigern lui a autrefois abandonnée. Il prédit toujours l'avenir aux chefs bretons qui viennent le consulter sur les destinées du pays. Il est barde et roi comme par le passé[2].

Il ne lui resterait plus qu'à se reposer dans sa gloire, lorsque la guerre malheureuse que nous connaissons éclate entre les Bretons du Nord et

---

[1] Ce monument, tout celtique de fond, est intitulé *Vita Merlini*. On ignore le nom de l'auteur, mais on sait maintenant qu'il n'est pas postérieur à l'an 1217. Il a été publié par MM. Michel et Wright en 1837, et réédité par San-Marte en 1853.

[2]   Ergo peragratis, sub multis regibus, annis,
    Clarus habebatur Merlinus in orbe Britannus;
    Rex erat et vates, Demetarumque superbis
    Jura dabat populis; ducibusque futura canebat.
            (*Vita Merlini*, éd. de 1837, p. 2.)

ceux du Midi, et il s'y engage. L victoire se déclare pour le Midi, mais les Bretons méridionaux la payent chèrement : Merlin voit tomber à ses côtés trois de ses plus chers frères d'armes ; le désespoir s'empare de lui ; il fait sonner la retraite : c'est en vain que les autres clefs le consolent, il repousse toute consolation.

On le voit se rouler dans la poussière, s'arracher les cheveux, déchirer ses habits. On entend de loin ses cris désespérés. Pendant trois jours il refuse toute nourriture. Enfin la folie, une folie furieuse, s'empare de lui; il quitte secrètement l'armée et s'enfonce dans les forêts de la Calédonie. Là, nourri des racines et des fruits que produit le bois, il devient un sauvage[1].

L'été passe, l'hiver arrive; plus de fruits aux arbres, plus de feuilles, plus même d'herbes sur la terre. Si par hasard il rencontre encore quelques châtaignes, quelques glands ou quelques noix cachés sous le feuillage, les truies avides et les sangliers voraces accourent pour les lui disputer.

---

[1] Utitur herbarum radicibus, utitur herbis,
Utitur arboreo fructu, morisque rubeti;
Fit silvester homo, quasi silvis editus esset.
(*Vita Merlini*, p. 4.)

Autrefois, il possédait dix-neuf arpents de pommiers aux fruits rouges; où sont-ils? « Qui donc me les a enlevés? dit-il. Je les avais encore hier, je ne les ai plus. Tel est le destin, il donne et reprend; mais ce ne sont pas mes seules pommes qui me manquent : je manque de tout, aussi bien de fruits pour me nourrir que de feuilles pour me couvrir. La pluie et le vent les ont emportés [1]. »

De tous ceux qui l'aimaient lorsqu'il était heureux et qu'il avait à offrir les pommes rouges de son verger, un seul lui est resté fidèle, c'est son loup familier :

« O cher loup, mon fidèle compagnon, toi qui m'as suivi dans ces bois, la cruelle faim te presse comme moi, tu ne trouves plus rien à manger; avant moi tu as habité les forêts, avant moi, l'âge a blanchi ton poil; la vieillesse odieuse a rendu ton pas lourd et amolli tes nerfs; il ne te reste plus comme à moi que la force de hurler étendu sur la terre [2]. »

[1] Tres quater et juges septenæ poma ferentes
Hic steterant mali; nunc non stant. (*Vita Merlini*, p. 4.)
[2] Tu lupe, care comes?......
Et te dura fames et me languere coegit.
Tu prior has silvas coluisti; te prior ætas
Protulit in canos...... (*Ibid.*, p. 5.)

MERLIN, PERSONNAGE POÉTIQUE. 121

Ainsi chante le barde insensé quand quelqu'un qui passe l'entend et fait part de sa découverte à un serviteur de Gwendoloèna, épouse de Merlin, que cette princesse et la reine Ganiéda, sa sœur, ont envoyé pour le chercher [1].

Le messager royal, qui sait comment on apaise les fous, et qui d'ailleurs est barde, a porté sa harpe avec lui [2].

Se glissant à travers les coudriers, il aperçoit Merlin assis au sommet d'une colline, au bord d'une fontaine d'où celui-ci promène ses regards sur la vallée.

Comme le fugitif, en observant les jeux des animaux dans la vallée, poursuivait son chant de tristesse, le messager des deux reines, accordant sa harpe, lui donna ainsi la réplique à demi-voix, sans se montrer [3] :

« Oh! les gémissements cruels que pousse Gwendoloèna!

« Oh! les larmes pleines d'amertume que répand Gwendoloèna!

---

[1] Cette sœur est l'être idéal qu'il appelait Gwendydd. (V. plus haut, p. 64.)

[2]   Cum modulis cithara quam secum gesserat ultro
    Ut sic deciperet demulceretque furentem. (*Vita Merl.*, p. 7.)

[3]   Talia, ponc latens, demissa voce canebat. (*Ibid.*)

« Oh ! pitié pour la malheureuse, pour la mourante Gwendoloèna ! »

Merlin dresse l'oreille, il écoute. Le jeune barde continue :

« Elle se meurt, Gwendoloèna, car elle ignore où son mari est allé et même s'il est encore en vie.

« Et Ganiéda pleure aussi ; les deux reines pleurent ensemble, l'une, son époux ; l'autre, son frère[1]. »

Merlin s'était levé, ravi par les sons de la harpe ; il s'approche du jeune barde, il lui fait répéter son chant. Aux noms de sa femme et de sa sœur, il se met à pleurer ; il a recouvré la raison, et bientôt il est de retour à la cour[2].

Mais à peine y a-t-il mis les pieds que la vue de la foule accourue sur son passage l'effarouche, et il veut s'échapper. On l'arrête, on lui donne une garde, on lui rend ses habits de pourpre, ses faucons, ses chiens, ses chevaux, ses colliers

---

[1] Hæc fratrem flet, et illa virum. (*Vita Merlini*, p. 8.)
[2] Ocius assurgit vates, juvenemque jocosis
Afflatur verbis, iterum que movere precatur
Cum digitis cordas.......
Et gemit ad nomen, motus pietate, sororis
Uxorisque simul, mentis ratione recepta. (*Ibid.*, p. 9.)

d'or et de perles, ses coupes de prix. Le nouveau David, avec sa harpe, a ordre de calmer le nouveau Saül. Merlin repousse tout. Sa fontaine, ses chênes, ses bois, ses rochers, sa vie libre et sauvage, voilà ce qu'il aime, voilà ce qu'il préfère au luxe des cours.

Comment donc le retenir? On le charge de fers; il reste morne et silencieux, dans l'angle de la salle du palais [1].

Mais si ses bras sont enchaînés, son esprit est toujours libre, et il donne des preuves de sa puissance divinatoire.

Un jour, on est tout surpris de le voir éclater de rire, lui qui n'a pas ri depuis longtemps.

La reine Ganiéda rentrait avec une feuille dans les cheveux. On dit qu'elle aimait à s'asseoir à la lisière des bois pour causer avec les jeunes pages.

Le roi, son mari, demanda à Merlin pourquoi il avait ri.

« Délivre-moi de ma chaîne, et je te le dirai, » répondit le devin.

Rex... forti vincire catena
Jussit, ne peteret nemorum deserta solutus.
Protinus indoluit tacens tristisque remansit (vates.)
(*Vita Merlini*, p. 11.)

Une fois délivré, Merlin parla au mari de sa sœur de façon à lui faire comprendre que la reine ne devait plus aller se promener seule dans les bois.

« Vous savez bien qu'il est fou, dit Ganiéda, et plus fou que lui encore est celui qui pourrait le croire. Faites-en l'épreuve. »

Et appelant un de ses pages :

« De quelle manière mourra ce jeune homme?

— Il se brisera la tête contre un rocher, » répondit Merlin.

On introduisit de nouveau le page, après l'avoir déguisé et lui avoir coupé ses longs cheveux.

— Et celui ci, quelle sera sa fin?

— Il se pendra à un arbre, dit Merlin. »

Alors Ganiéda fit prendre au même page des habits de jeune fille, et le ramena vers Merlin :

« Comment mourra cette jeune fille?

— Cette prétendue fille se noiera, » répondit Merlin.

Ce fut au tour de la reine et du roi de rire; mais le devin avait prédit juste, car plus tard, devenu grand, le page étant à la chasse, au haut d'une montagne, fit une chute de cheval, se brisa le crâne contre un rocher, rebondit sur un arbre placé au-dessous, où il demeura un moment suspendu, puis roula dans une rivière où il se noya, mourant ainsi d'un triple genre de mort [1].

Rendu à la liberté et à ses bois, le devin reparut pourtant de lui-même à la cour, à l'occasion que voici.

Sa femme, ennuyée d'être veuve, tout en étant mariée, lui avait demandé la permission de prendre un autre mari. Merlin le lui avait permis ; même il avait poussé l'indulgence jusqu'à lui promettre son présent de noces : « Seulement, que ton nouvel époux, dit-il, se garde bien de paraître devant mes yeux ; il lui arriverait malheur. »

Prévenu du jour des noces par l'étoile de Vénus, Merlin arrive, suivi d'un grand troupeau de cerfs, de biches et de daims, à cheval sur un cerf, monture ordinaire de plusieurs grands personnages de la tradition celtique [2].

Laissant son troupeau aux portes de la ville :

[1] Sicque ruit, mersusque fuit, lignoque pependit.
(*Vita Merlini*, p. 17.)
[2] Cervorumque greges agmen collegit in unum,
Et damas capreasque simul ; cervoque resedit,
Et veniente die, compellens agmina præ se,
Festinans redit, quo nubit Guendoloena. (*Ibid.*, p. 18.)

« Gwendoloëna, s'écria-t-il, arrive, je t'apporte ton présent de noces; » et il lui montrait le grand troupeau qui le suivait.

La reine accourt : à la vue de son mari à cheval sur un cerf, et auquel un troupeau de bêtes sauvages obéit, comme des brebis au berger, elle reste stupéfaite d'étonnement.

Cependant le nouvel époux, debout à une fenêtre, riait aux éclats de l'étrange monture, et du cavalier plus étrange encore.

Merlin le remarque; il frémit, il arrache un des bois de la tête de son cerf, le lance au front du rieur insolent, le tue, et, donnant de l'éperon à sa monture, il s'enfuit emmenant le présent nuptial.

Si toujours il s'enfuit, toujours on le ramène. Pour le retenir plus sûrement qu'avec des chaînes, on essaye de le distraire, en lui faisant visiter la ville, ses places publiques et ses marchés. Dans cette promenade, il donne de nouvelles preuves de divination.

En sortant du palais, un homme déguenillé attire son attention. Cet homme est le portier même de la cour, et son maître, à ce qu'il paraît, ne le paye guère, car il tend la main à ceux qui vont et viennent, en leur demandant de quoi s'acheter un habit.

Merlin sourit et passe.

Plus loin, à la foire, il voit un jeune homme marchandant des chaussures et ce qu'il faut pour les réparer quand elles seront usées. Devant cette action très-simple, il rit une seconde fois.

Pourquoi rit-il ainsi? Le mari de Ganiéda veut encore le savoir, et il lui promet de nouveau la liberté pour prix de sa réponse.

« Hé bien ! dit Merlin, j'ai ri à la vue du portier mendiant, en songeant qu'il était riche sans s'en douter, attendu qu'il avait sous les pieds un trésor qui l'eût dispensé d'importuner les passants.

« J'ai ri à la vue de l'acheteur de souliers, sachant qu'il ne les mettra pas longtemps, mais surtout qu'il ne les usera pas, car il est déjà noyé. »

En effet, cet homme, au retour de la foire, était tombé dans l'eau et avait péri.

Quant au portier, il regretta bien de n'avoir pas été aussi habile que Merlin, lorsque le roi déterra devant lui, en rendant mille grâces au devin, le trésor enfoui sous ses pieds[1].

---

[1] Suffodit, et vertit terram, reperitque sub ipsa
Thesaurum positum, vatemque jocosus adorat.
(*Vita Merlini*, p. 21.)

Mais le trésor ne servit pas plus au beau-frère de Merlin que sa chaussure nouvelle n'avait servi à l'homme de la foire, car il ne tarda pas à mourir.

Restée veuve, restée seule aussi par suite de la mort de Gwendoloèna (dont on n'entend plus parler), Ganiéda ne veut pas quitter son frère et le suit dans les bois; mais comme il s'obstine à vivre en sauvage, et qu'elle redoute pour lui pendant l'hiver la faim et le froid, elle lui fait bâtir au fond de la forêt un beau palais percé de soixante portes et d'autant de fenêtres[1].

Pendant que durent le printemps, l'été et l'automne, et que le barde court les bois en compagnie de son loup gris, elle ne s'inquiète pas de lui; mais aux premières gelées elle le ramène sous son toit. Là, il trouve près d'elle bonne table, bon gîte et le reste, et quand l'inspiration le prend, quand il observe les astres du haut d'une de ses soixante fenêtres, ou au seuil d'une de ses soixante portes, cent vingt secrétaires amenés par la reine

[1] Ante domos alias unam compone remotam
Cui sex dena decem dabis ostia totque fenestras.
(*Vita Merlini*, p. 22.)

qui l'écoute avec admiration, prennent note de ses prophéties [1].

C'est aussi là que Taliésin, récemment arrivé d'Armorique, où il était allé s'instruire à l'école chrétienne de Gildas, cet ennemi des bardes, maintenant réconcilié avec eux, rend visite à son vieil ami. L'objet de son voyage dans le Nord est de s'entretenir avec Merlin sur les merveilles de la création [2]. Ils chantent ensemble les éléments, l'origine des vents, des nuages, de la pluie; les trois cieux, le ciel supérieur, le ciel intermédiaire et le ciel inférieur. Ils chantent la mer et ses trois couches d'eau, de température différente. Ils chantent les îles, les fleuves, les poissons; tout ce que l'air, la terre et les mers offrent de singulier [3].

[1] Inspiciamque polo labentia sidera noctu
Quæ me de populo regni ventura docebunt;
Totque notatores quæ dicam scribere docti
Adsint, et studeant carmen mandare tabellis;
Tu quoque sæpe veni, soror, o dilecta.(*Vita Merlini*, p. 23.)

[2] O dilecta soror, Telyesinoque venire
Præcipe; namque loqui desidero plurima secum.
Venit enim noviter de partibus armoricanis
Dulcia quo didicit sapientis dogmata Gildæ. (*Ibid.*, p. 28.)

[3] Ces chants cosmogoniques sont imités d'une série d'anciens poëmes gallois sur le même sujet attribués à Taliésin, et publiés dans le *Myvyrian*, t. I, p. 22, 23, 24 et 25.

Puis ils parlent du passé. O jours heureux d'autrefois, comme ils vous rappellent avec larmes !

« J'étais jeune alors, disait Merlin ; je paraissais devant Guortigern au bord du lac desséché ; j'expliquais la lutte mystérieuse du dragon rouge contre le dragon blanc[1]. Puis je vis arriver d'Armorique nos deux jeunes princes fugitifs, je les vis punir l'oppresseur de notre malheureux pays, je je les vis repousser l'étranger avec l'aide du Christ. J'assistai plus tard aux débuts d'Arthur, ce héros qui n'eut pas son pareil au monde. Il était trop jeune et trop faible d'abord pour combattre nos ennemis. Nous appelâmes à notre secours les guerriers d'Armorique. Hoël, leur roi, Hoël que les liens du sang et de l'amitié attachaient au nôtre et rendaient son allié naturel, vint à nous. Ses vaillants soldats, réunis à nos guerriers donnèrent la victoire au jeune Arthur[2].

[1] De Vortigerno cecini prolixius olim
Exponendo duum sibi mistica bella draconum.
In ripa stagni, quando consedimus hausti.
(*Vita Merlini*, p. 27.)

[2] Et puer Arturus fuerat, nec debilitate
Ætatis poterat tantas compescere turmas.
Armorico regi mittens mandavit Hoelo
Ut sibi præsidio festina classe rediret :

« La victoire pendant quarante ans lui est restée fidèle. Le dragon rouge a fait avec lui le tour de presque toute l'Europe; les Scots, les Irlandais, les Norwégiens, les Daces, les Gaulois, les Romains le connaissent : un fatal amour et la trahison devaient nous perdre. Mordred, uni aux Saxons contre notre roi, causa sa chute et celle de notre pays. Oh! l'affreux carnage! Oh! que de larmes versèrent les mères le lendemain de la bataille où notre roi tomba blessé mortellement! Conduit par toi, Taliésin, à travers l'Océan, il se rendit à la cour des Vierges de la mer : t'en souviens-tu, Taliésin ?

— Oui, je m'en souviens, répondit son ami ; je vois encore cette terre lointaine pour laquelle nous nous embarquâmes tous les deux après la bataille de Camblann; Barenton tenait le gouvernail; Barenton, cet habile pilote, qui connaissait les écueils de la mer comme les étoiles du ciel[1].

> Sanguis enim communis eos sociabat amorque.
> Venit, et Arturo sociatus, perculit hostes.
> (*Vita Merlini*, p. 43.)

[1] Duximus Arturum, nos conducente Barynlho
Æquora cui fuerant et cœli sidera nota (*). (*Ibid.*, p. 37.)

(*) Barenton ou Barynthe, que les Irlandais appellent généralement

« Nous visitâmes cette terre verdoyante et féconde, qui chaque année a deux moissons, deux printemps, deux étés, deux récoltes de fruits ; cette terre où l'on trouve des perles, où les fleurs renaissent à mesure qu'on les cueille, cette île des Pommiers appelée l'île du Bonheur [1]. Là, point de culture, point de fer pour déchirer la terre : elle offre sans travail le blé et le raisin. Là, on vit cent ans, et plus longtemps encore. Là, neuf sœurs, dont la joie est la seule loi, règnent sur ceux qui viennent de notre pays. L'aînée est très-habile dans l'art de la médecine et surpasse en beauté les autres : elle s'appelle Morgan, et connaît la vertu de toutes les herbes des prés ; elle sait pour quelle maladie chacune d'elles doit être employée ; elle possède l'art de changer de figure et de s'élever dans l'air comme un oiseau. Quand elle le veut, elle est dans un instant à Brest, à Chartres ou même à Pavie. Quand elle le veut, elle descend du haut des airs sur nos côtes. Ses sœurs connaissent

---

saint Brendan, est une des figures les plus originales de la légende celtique. La fameuse fontaine magique de la forêt de Brocéliande a été placée sous son invocation et appelée de son nom *Baranton*.

[1] Insula Pomorum quæ fortunata vocatur. (*Vita Merlini*, p. 36.)

toutes, grâce à elle, la science des nombres. L'une d'elles, Thiten, est très-renommée pour son talent à jouer de la harpe. Nous leur conduisîmes Arthur. Morgan nous reçut avec honneur; elle fit déposer le roi dans sa propre chambre, sur un lit d'or. Puis, découvrant d'une main délicate la blessure du héros, elle la considéra longtemps. Enfin elle lui dit qu'elle pourrait le guérir, s'il restait près d'elle tant que cela serait nécessaire, et s'il voulait se soumettre à ses soins [1].

« Heureux de cette bonne nouvelle, nous lui avons confié le roi, et nous avons remis à la voile.

— Depuis lors, que de malheurs! répondit Merlin, que de changements funestes! que de dissensions civiles! que d'émigrations! que de triomphes des Saxons! Ils nous opprimeront longtemps! »

---

[1] Cum Principe venimus illuc;
Et nos quo decuit Morgen suscepit honore
Inque suis thalamis posuit super aurea regem
Strata, manuque sibi detexit vulnus honesta,
Inspexitque diu ; tandemque redire salutem
Posse, sibi dixit, si secum tempore longo
Esset, et ipsius vellet medicamine fungi.
(*Vita Merlini*, p. 37.)

Taliésin reprit :

« Il faudrait faire savoir nos malheurs à Arthur. S'il est guéri, il s'empressera de s'embarquer, il reviendra vers nous, il repoussera nos ennemis avec sa vigueur ordinaire, et rétablira parmi nous la paix qui régnait autrefois[1].

— Le moment n'est pas encore venu, dit Merlin; il faudra que les étrangers dominent notre pays pendant bien des années encore. Dieu a condamné les Bretons à perdre pour un temps l'empire. Ils ne recouvreront leur puissance que le jour où trois de nos chefs, reprenant les armes, soumettront définitivement les Saxons; le jour où viendront d'Armorique un puissant Konan et un Kadwalader, en compagnie de notre vénérable roi cambrien, qui tous trois uniront par une ferme alliance les Bretons d'Écosse, les Gallois, ceux d'Armorique et de Cornoüailles, et rendront à leur nation le diadème perdu. Alors l'ennemi disparaîtra; le temps des vieux Bretons recommencera; nos chefs soumet-

---

[1] Ergo necesse foret populo transmittere quemdam
Et mandare Duci festina classe redire
Si jam convaluit, solitis ut viribus hostes
Arceat, et cives antiqua pace reformet. (*Vita Merl.*, p. 38.)

tront de nouveau les rois des contrées lointaines, et par de glorieux combats, ils leur enlèveront leurs couronnes[1]. »

Les cent vingt secrétaires du prophète achevaient à peine d'écrire cette mémorable prédiction nationale, que des serviteurs de la reine Ganiéda accouraient disant qu'une fontaine venait de jaillir au sommet de la montagne voisine, et déjà répandait à travers la vallée ses flots plus purs que le cristal. Tout le monde accourut pour voir le prodige. Merlin voulut goûter l'eau, et comme, après y avoir puisé à longs traits, il y plongeait son front brûlant et le retirait rafraîchi :

« O Dieu! s'écria-t-il, d'où revient ma raison? comment ma folie s'est-elle envolée? Il n'y a qu'un moment, j'étais un insensé.

« Tandis que, semblable à un esprit, je savais

---

[1] Tres tamen ex nostris magna virtute resistent
Et multos periment et eos in fine domabunt.
Sed non perficient,.....
Donec ab Armorica veniet temone Conanus
Et Cadwalladrus, Cambrorum dum Venerandus,
Qui pariter Scotos, Cambros et Cornubienses
Armoricosque viros sociabunt fœdere firmo,
Amissumque suis reddent diadema colonis.
(*Vita Merlini*, p. 39.)

l'histoire du passé, je prédisais l'avenir, je connaissais tous les secrets des choses, j'expliquais le vol des oiseaux, le mouvement des astres, les jeux des poissons ; la douleur m'accablait, je manquais du repos naturel à l'homme. Je reviens à moi, mon esprit retrouve sa vigueur. Soyez-en béni, ô père souverain des hommes, vous à qui je dois ce bienfait[1] ! »

Et unissant sa voix à celle de Merlin, Taliésin chanta la vertu de l'eau des fontaines qui rend si souvent la santé[2].

A la nouvelle de la guérison du roi-barde, les chefs bretons méridionaux accoururent dans le Nord, pour le féliciter et le prier de venir reprendre le gouvernement de son peuple[3]. Mais il ne put y consentir :

« O jeunes chefs, dit-il, je suis bien vieux; c'est à peine si, comme mon vieux loup, je peux franchir la limite de ces champs. Mes jours de

---

[1]   Quasi spiritus acta sciebam
    Præteriti populi, prædicabam quæ futura.....
    Id me vexabat, naturalemque negabat
    Humanæ menti districta lege quietem.(*Vita Merlini*, p. 46.)

[2] Cf. dans le *Mabinogion*, t. III, p. 528, son poëme commençant par ce vers : « L'eau possède des qualités dignes de mille bénédictions. »

[3] Atque rogaretur sua sceptra resumere rursus. (*Ibid.*, p. 49.)

gloire sont passés. Il y a dans cette forêt un chêne séculaire à qui la séve manque et qui pourrit déjà. J'ai vu le gland dont il est sorti tomber du bec d'un pivert perché sur la branche d'un arbre; je l'ai vu pousser peu à peu, je me suis assis à son ombre. Dès ce temps-là déjà j'étais honoré des Bretons[1] Vous le voyez donc bien, je suis trop vieux pour recommencer à régner. Rien ne pourrait m'arracher à ma forêt. Toujours elle me plaît et je l'aime. C'est ici que je veux finir mes jours, nourri de fruits et de légumes, et purifiant pieusement ma chair afin que mon âme puisse jouir d'une vie qui ne finira pas[2].

— Et moi aussi, je resterai avec ta sœur et toi, dit alors Taliésin. Tous trois, nous habiterons ensemble. Je renonce au monde. Je suivrai ton exemple[3]. »

[1] Roboris annosi silva stat quercus in ista...
Hanc ego cum primum cœpisset crescere vidi
Et glandem de qua processit forte cadentem
Dum super astaret picus ramumque videret...
... Tunc et verebar. (*Vita Merlini*, p. 50.)

[2] Hic ero dum vivam pomis contentus et herbis,
Et mundabo meam pia per jejunia carnem
Ut valeam fungi vita sine fine, perenni. (*Ibid.*, p. 50.)

[3] « Sic et ego faciam vobiscum tertius auctus, »
Telyesinus ait, « despecto themate mundi. » (*Ibid.*, p. 57.)

Et s'adressant aux chefs bretons :

« Pour vous, amis, allez défendre vos cités. Laissez-nous habiter en paix dans cette solitude. Celui que vous aimez vous doit assez d'applaudissements. »

Les chefs s'éloignent. Merlin, Taliésin et Ganiéda demeurent. Depuis la mort de son mari, la reine porte une robe noire; désormais elle n'aime plus que les bois, non pas à cause des jeunes pages qu'elle y rencontrait autrefois, mais à cause de Dieu, de son frère et de son ami; et elle chante souvent avec eux et guidée par eux, les destinées futures de la patrie bretonne[1].

Ainsi, désabusé du monde, sinon de sa science astronomique; trouvant le bonheur dans le sein de Dieu, d'une sœur, d'un ami, Merlin finit en ermite, ou plutôt il continue à jouir, avec ceux qu'il aime, du calme de ses bois, de la vertu de ses fontaines, du parfum de ses fleurs utiles, de l'éclat de ses chères étoiles tant de fois consultées avec fruit dans l'intérêt de son pays.

Ce portrait traditionnel ne manque pas d'une

---

[1] Nunc cum fratre sibi silvis nil dulcius exstat.
Hanc etiam quandoque suus rapiebat ad alta
Spiritus, ut caneret de regno sæpe futura.
(*Vita Merlini*, p. 57.)

certaine grandeur, à part quelques traits extravagants que la folie du héros fait, du reste, excuser. Dans l'ensemble, il conserve assez bien la majesté presque épique de la tradition primitive.

Mais sur le continent breton, il a un peu perdu de sa dignité, et fait présager l'enchanteur enchanté dont nous parlerons plus tard.

C'est sous cet aspect nouveau que nous l'offre un vieux chant populaire cornouaillais, et il n'y figure peut-être que par suite de l'influence de la tradition écossaise. Dans cette tradition en effet, il y a un épisode où, aussitôt après l'éruption de la fontaine qui guérit Merlin, paraît un personnage appelé Maëldin, dont le nom se rapproche beaucoup, on le voit, de celui de notre devin. Étant à la chasse, Maëldin trouve, au bord d'une fontaine, des pommes enchantées par une magicienne. Il les mange et subit un charme réservé à Merlin lui-même [1].

Dans la ballade cornouaillaise, Merlin, cherchant sa harpe et son anneau de barde qu'on lui a dérobés, passe devant la porte d'une vieille sorcière plus puissante que lui. Elle le prie d'en-

[1] Hæc mihi, non illis, velut æstimo, poma dabantur.
(*Vita Merlini*, p. 56.)

trer, lui promettant de les lui faire retrouver. Il entre, il mange trois pommes rouges que lui offre la vieille, et aussitôt il tombe dans un sommeil magique dont il ne sortira que pour suivre malgré lui la sorcière à la cour du roi de Cornouailles, d'où il s'échappera dès qu'il le pourra [1].

La tradition trégorroise ne relève pas Merlin. Il ne prédit plus dans un intérêt national, mais toujours dans un intérêt privé, et encore quelles prédictions! Une fois, il arrive à la cour d'Arthur, trois pommes à la main, vraies pommes de discorde, comme celles d'Apollon :

« Voici trois pommes d'or brillant; elles seront le partage des trois plus belles dames. C'est moi, Merlin, qui prédis cela [2]. » Et il disparaît.

La légende, on le voit, prenait, avec les années, des rides chez la race celtique. La France devait les effacer; elle devait, en adoptant l'enchanteur breton, le présenter au reste de l'Europe, rajeuni et transfiguré.

[1] *Barzaz-Breiz*, t. I, p. 115.
[2] *Les romans de la Table Ronde*, p. 397 et 398.

V

MERLIN, PERSONNAGE ROMANESQUE.

On s'imaginait, il n'y a pas encore longtemps, que nos romanciers français du moyen âge sont des inventeurs. Leurs noms auraient dû indiquer ce qu'ils étaient en réalité : troubadours et trouvères ont peu créé, ils ont *trouvé*. Il y avait de riches mines poétiques déjà ouvertes; ils ont continué à les exploiter. Je ne prétends pas qu'ils n'aient point mêlé un certain alliage au métal de la tradition, mais je soutiens que l'alliage est aussi reconnaissable dans leurs ouvrages que l'était l'argent dans la couronne d'or que le roi Hiéron soumit à l'examen d'Archimède.

Du reste, la façon y surpasse la matière. En ce qui regarde Merlin, je ne voudrais pas plus gâter cette façon qu'Archimède ne voulut gâter celle de l'orfèvre syracusain. Je me garderai donc de décomposer, par une analyse barbare, l'ouvrage finement ciselé des trouvères. Il me suffira de le peser. Sachant quel est le poids de l'or de la tradition celtique, nous verrons aisément quelle quantité de matière étrangère l'artiste français y a mêlée.

Jusqu'au moment où nous sommes arrivés, Merlin a été un héros purement national et local. Il a vécu tour à tour en Cambrie, en Cornouailles, en Écosse, en Armorique, et chacune des branches de la famille bretonne, en le revendiquant comme un fils, a vu en lui, avec raison, le prophète de la race commune. C'est ainsi, d'ailleurs, qu'il se pose lui-même dans sa dernière prédiction, si large et si complète, où il convie à une ferme alliance, à une confédération puissante, les Écossais, les Cambriens, les Cornouaillais, les Armoricains, tous les Celtes de l'Occident, pour la délivrance nationale, pour l'expulsion de la race étrangère [1].

[1] Voyez plus haut, p. 134 et 135.

Mais, en l'accueillant, la muse française devait le traiter comme les majordomes de la cour de nos rois traitaient les étrangers de distinction qui se présentaient pour faire partie de la maison royale de France. Elle lui fit quitter ses habits de province et l'habilla à la mode du jour.

Soyez débonnaire et courtois,

aurait elle pu lui dire avec les trouvères des bords de la Seine;

Sachez aussi parler françois,
Car moult est langage alosé ;
De gentilhomme est moult aimé [1].

Dans le Midi, elle lui aurait dit avec les troubadours, toujours en l'engageant à changer de langage :

« *La parladura francesca val mais et es plus avinens a far romanz* [2]. La langue française vaut mieux et est plus convenable dans un roman, ou à un héros de romans. »

Avec la langue et le costume français; avec la

---

[1] Le *Dictié d'Urbain* (manuel de civilité) attribué à Henri Ier, roi d'Angleterre et duc de Normandie. (Delarue, *Trouvères*, t. II, p. 3.)

[2] Raymond Vidal. (Fortoul, *Études*, t. II, p. 68.)

courtoisie, c'est à-dire les belles manières des cours ; avec la débonnaireté, autrement dit une bonté magnanime et inépuisable, elle lui donna ce qui devait le rendre particulièrement agréable aux dispensateurs de la renommée dans tous les temps et dans tous les pays. En ajoutant une légère pointe de malice à la bonne humeur qu'il commence à montrer dans la tradition écossaise, elle le doua de la qualité la plus propre à enchanter l'esprit gaulois.

Ai-je besoin de dire qu'en lui faisant jouer, dès sa naissance, un bon tour au diable, elle mit adroitement de son parti tous les ennemis du malin Esprit, tous les pieux chrétiens, le clergé, les rois, les barons, chevaliers, bons bourgeois, dames et demoiselles de France, et avec la France l'Europe civilisée, dont elle a toujours été et sera toujours la capitale.

Mais il est temps de donner la parole au noble collecteur et amplificateur français des traditions bretonnes sur Merlin [1].

---

[1] Je prends pour guide messire Robert de Borron « du sang des gentils paladins des Barres. » C'est du magnifique manuscrit de *Merlin*, de la grande bibliothèque de Paris, n° 6769, aux armes de France, de l'écriture du treizième siècle, que je me suis généralement

I

Il était furieux, l'Ennemi, de ce que Notre-Seigneur était descendu aux enfers, et avait délivré Adam et Ève et des autres autant qu'il lui avait plu. Il assembla donc son conseil; et ses conseillers dirent entre eux :

« Nous ne pensions pas que nul homme pût naître de femme qui ne fût nôtre : celui-ci cause notre perte.

« Comment pourrons-nous en trouver un qui pense, parle, agisse comme nous, et ait la connaissance que nous avons des choses faites, dites et passées ? Si nous avions quelqu'un qui eût notre pouvoir et notre savoir, et qui fût avec les autres hommes sur la terre, il nous pourrait aider à les engiñer. Sachant les choses qui seraient faites et dites de loin et de près, beaucoup de gens croiraient en lui. Celui qui pourrait nous créer un tel homme accomplirait un bien bel exploit.

servi; mais je n'ai cru devoir négliger ni le n° 6958, de la même bibliothèque, recommandé par un maître excellent (P. Paris, *Catalogue*, t. II, p. 343), ni quelques autres de même date, notamment le ms. de l'Arsenal, n° 235.

— Je m'en charge, dit un des Ennemis ; j'ai le pouvoir de prendre la figure humaine. »

Et il entreprit de créer un homme à sa manière, et ayant son esprit pour enginer l'homme sauvé par Jésus-Christ.

Là-dessus, le conseil se sépara d'accord sur ce qu'il y avait à faire.

II

En ce temps-là vivait un prud'homme riche comme Job, et qui fut aussi malheureux sans être aussi patient que lui. Sa femme, qui avait fait un pacte avec le diable, attira l'Ennemi dans sa maison. Celui-ci jeta un sort sur les troupeaux et les chevaux du prud'homme qui périrent. Et le riche, dans sa colère, ayant donné au diable tout ce qu'il possédait ; son fils s'étrangla, sa femme se pendit, une de ses filles fut enterrée vivante pour un grand crime, et lui-même mourut de chagrin.

De toute la famille, il ne restait plus que deux jeunes filles, deux sœurs.

Un bon ermite, appelé Blaise, apprenant leur

malheur, vint les voir et les consoler[1]. Il leur demanda comment cette aventure était arrivée.

« Nous n'en savons rien, dirent-elles, sinon que Dieu nous hait, puisqu'il nous a fait tant de chagrins. »

Le bon ermite répondit :

« Vous ne dites ni vrai ni bien. Dieu ne hait personne, mais au contraire il est marri quand le pécheur se hait lui-même. Sachez donc que c'est l'Ennemi qui a perdu votre famille. Gardez-vous de ses œuvres, elles sont mauvaises, et conduisent ceux qui les commettent à une mauvaise fin. Venez souvent à moi, je vous conseillerai de mon mieux, à l'aide de Dieu Notre Seigneur. »

En l'entendant parler ainsi, la plus jeune se moqua de lui et ne tarda pas à s'en repentir, étant morte de mort violente, peu de temps après, comme le reste de sa famille. L'aînée, au contraire, écouta les conseils de Blaise, et eut lieu de s'en applaudir.

[1] Ce personnage n'est autre que saint Loup, évêque de Troyes, l'apôtre des Bretons du cinquième siècle, dont le nom latin, Lupus, est traduit par *Blaidd* (qu'on prononce Blaiz) dans la légende galloise (*Myvyrian*, t. II, p. 249), et s'écrit *Bleiz*, en dialecte armoricain. Mais évidemment Robert de Borron ne s'en est pas douté.

Si l'Ennemi profita d'une lampe éteinte, d'une prière oubliée, et surtout d'un accès de colère de la jeune fille pour l'enginer, le bon ermite, qu'elle alla bien vite trouver, la releva en la bénissant, et plus tard il engina à son tour le diable en lui enlevant son fils par la force de l'eau du baptême.

« Ainsi advient-il à plusieurs, devait dire un jour Merlin (car c'est de lui qu'il s'agit), qui pensent enginer autrui, et qui s'enginent eux-mêmes. »

III

Tout en ayant le sang et le pouvoir du diable, l'enfant n'eut pas la méchanceté de son père. Grâce à la vertu du baptême, et pour l'amour de sa pauvre mère innocente, il fut doué d'un heureux naturel, et au lieu de tromper les hommes, il fut destiné à les servir.

La première preuve qu'il en donna eut lieu (c'était trop juste) en faveur de sa mère elle-même.

L'Ennemi, furieux d'avoir été pris dans son propre piége, avait trouvé un prétexte pour la faire brûler toute vive : le bûcher était déjà allumé, et on y conduisait la jeune femme dépouillée de ses vêtements, excepté de sa chemise, quand elle trouva sur sa route son petit enfant. Elle le prit entre ses bras, et marcha ainsi à la mort. Mais, à la vue du bûcher, Merlin entra dans une grande colère, et, quittant les bras maternels, il s'élança vers le juge, le convainquit d'injustice, et fit éteindre le bûcher.

Le bon ermite, témoin de cette délivrance, revint avec la mère et l'enfant, s'émerveillant de voir tant de puissance dans une si petite créature ; et comme il faisait allusion à l'origine attribuée par le vulgaire à cette puissance mystérieuse, Merlin lui dit très-sagement : « C'est la coutume de tous les mauvais cœurs de voir plutôt le mal que le bien dans les choses de ce bas monde. »

Puis, sentant que son rôle allait commencer, il demanda une grâce à Blaise :

« Fais un livre, lui dit-il, où tu écriras mon histoire à mesure qu'elle se passera ; je t'apprendrai, pour que tu les y mettes, des choses que nul excepté Dieu ne te pourrait dire. Beaucoup de ceux qui liront ou entendront lire ce livre en seront meilleurs, et se garderont du péché. »

Blaise répondit :

« Je ferai volontiers le livre, mais tu vas me jurer par le Père et le Fils et le Saint-Esprit en qui je crois, et qui sont une même chose en Dieu en trois personnes ; tu vas me jurer par la bienheureuse Dame qui porta le Fils de Dieu, et par tous les apôtres et par tous les anges, et par tous les saints et saintes du Paradis, et tous les prélats de l'Église, et tous les bonnes gens, hommes et femmes, et toutes les créatures qui servent et aiment Notre-Seigneur, de ne me tromper ni engigner, et de ne rien faire qui soit contre la volonté de Jésus-Christ. Réponds-moi, le jures-tu ? »

Et Merlin dit : « Je le jure. »

Alors, l'ermite prit la plume, et commença à écrire l'histoire de Merlin, à partir du roi qui régnait alors dans la Grande-Bretagne.

IV

Ce roi était Vertigier, que nous avons connu jusqu'ici sous le nom de Guortigern.

Ayant contraint à fuir en Berry Uter et Ambroise, fils du légitime souverain de la Grande-Bretagne, Vertigier faisait son plaisir de toute l'île comme si elle eût été à lui, et aimait les Saxons *lesquels étaient des Sarrasins venant des parties de Rome*[1], en guerre contre les Chrétiens. Même il avait épousé une de leurs princesses, ce qui affligeait les fidèles, qui s'en allaient disant : « Tel a perdu la foi pour avoir pris femme qui ne croit pas en Jésus-Christ. »

On lui disait en face à lui-même : « Tu n'es pas notre roi, toi; le royaume ne t'appartient pas. » Les parents des deux jeunes princes ajoutaient : « Non, tu n'es pas notre seigneur, roi Vertigier, et tu ne tiens pas cette terre justement. Tu l'as contre Dieu et contre sainte Église et contre raison; tu nous menaceras tant que tu voudras; mais, aussi longtemps que nous aurons un seul ami en ce pays, nous te ferons la guerre. »

Voyant que tout le monde le haïssait, et craignant que les fils du roi légitime ne revinssent, Vertigier consulte ses magiciens. Ceux-ci lui

---

[1] La critique me fait un devoir de maintenir au romancier ses opinions en ethnographie et géographie comme en tout le reste.

conseillent de bâtir une tour pour se mettre en sûreté; et, comme elle ne peut rester debout, d'occir un enfant né sans père, dont le sang la rendra solide.

V

A l'approche des messagers du roi, Merlin, qui sait ce qui doit lui arriver, va trouver le bon ermite Blaise, et lui apprend comment il sera emmené devant Vertigier, comment il confondra ses magiciens, comment il expliquera pourquoi la tour ne peut tenir, et ce qu'il y a sous la tour, et le sens de deux grands dragons aveugles, un rouge et un blanc, qui sortiront du fond de l'eau pour se combattre, et de qui le rouge est la figure, et qui représente le blanc, et pourquoi l'un finit par vaincre l'autre.

L'enfant ajouta : « Tu ne viendras pas avec moi; va de ton côté, marche vers le Nord, et demande une terre qui a nom Northumberland. Cette terre est pleine de grandes forêts, elle est inconnue aux gens du pays eux-mêmes, car il y a telle partie où nul n'a encore été.

« Vas-y et restes-y. Je reviendrai te trouver quand ma besogne sera finie, car je veux que tu saches que Notre-Seigneur m'a donné la faculté et le moyen de la bien faire dans tout le royaume où je vais aller travailler. O Dieu! que j'aurai d'ouvrage! Oh! les nobles cœurs que j'y trouverai! Mais apprends et mets en écrit que mon plus grand travail ne commencera qu'avec le quatrième roi, lequel aura nom Arthur. Apprends que jamais nulle histoire de roi ou de sage ne fut écoutée aussi volontiers que le sera celle d'Arthur et des gens qui vivront de son temps. »

Merlin alla donc d'un côté avec les messagers du roi Vertigier, et le bon ermite d'un autre, et tout se passa de la manière que Merlin l'avait annoncé à Blaise, car Vertigier fut brûlé dans une tour par les deux jeunes princes dont il retenait injustement la terre.

VI

Après leur victoire sur l'usurpateur, comme Uter et Ambroise songeaient à mettre le siége devant un château occupé par les étrangers, et qu'on racontait devant eux l'histoire de Merlin, le plus grave de leurs conseillers leur dit : « Celui-là vous enseignera bien le moyen de mettre les Saxons hors de notre pays; car c'est le plus sage homme du monde. »

Apprenant que Merlin demeurait dans les forêts du Northumberland, les jeunes princes l'y envoyèrent chercher.

Leurs messagers étaient depuis trois jours en route pour cette mission moins désagréable que celle des messagers de Vertigier, quand ils rencontrèrent au coin d'un bois un bûcheron qui avait une barbe si longue, des cheveux si hérissés, des vêtements si peu suffisants, et un aspect si farouche, qu'ils le prirent pour un sauvage. La voix du personnage, au moment où il ouvrit la bouche, n'était pas faite pour les détromper : « Ah! ah! mes seigneurs, s'écria-t-il de loin, je sais bien qui vous cherchez, c'est le devin Merlin; mais vous ne le cherchez pas bien; si j'étais à votre place, je le trouverais plus tôt que vous. »

Les messagers surpris lui demandèrent : « Vous savez donc où il est? l'avez-vous vu?

— Si je l'ai vu? reprit le sauvage; oui, vraiment

je l'ai vu, et même il m'a dit que vous le cherchiez pour savoir de lui comment prendre le château où demeure Hengist, et comment mettre les Saxons hors du pays. Mais, quand bien même vous le trouveriez, dit-il, il n'irait pas avec vous; il ne veut aller qu'avec le roi, et si le roi en personne ne vient le chercher, on ne l'emmènera pas. Quant à la ville assiégée, aussi vrai que celui qui a conseillé d'aller chercher Merlin est mort, on ne pourra la prendre tant qu'Hengist sera vivant. »

En achevant ces mots, le bûcheron s'enfonça dans le bois.

Les messagers revinrent vers le roi : « Sire, nous avons rencontré un homme sauvage qui nous a fait rebrousser chemin : il nous a dit de la part de Merlin que si on veut trouver le devin, il faut que vous alliez le chercher vous-même; quant à la ville on ne la prendra pas, assure-t-il, tant que Hengist vivra. Pour preuve de la vérité de ses paroles, il nous a annoncé que nous trouverions mort celui qui a conseillé d'envoyer quérir Merlin. »

Le roi demeura interdit : son conseiller venait effectivement de mourir. Résister à un signe pareil n'eût pas été sage; il dit donc à son frère : « Continue le siége, il faut que je parte. Mais bientôt, je l'espère, je serai de retour avec celui qui nous fera prendre la ville et mettre les Saxons hors du pays. »

Arrivé avec sa suite dans le bois où ses premiers messagers avaient rencontré le bûcheron : « Voyez! voyez! seigneur, cet idiot si laid et si contrefait, à qui des bêtes sauvages obéissent! » s'écrièrent ses compagnons; et ils lui indiquaient un personnage singulier, à l'air hébété, vêtu d'une robe de bure, une grosse massue à la main en guise de houlette, et gardant un troupeau de daims.

— Si je suis idiot, je ne le suis pas assez pour ne pas savoir qui vous cherchez, ô roi Ambroise! dit le gardeur de daims. Continuez votre route; Merlin n'est pas loin d'ici; demandez de ses nouvelles au premier mendiant que vous rencontrerez. » .

Sans s'arrêter à écouter le pauvre sot, le roi poursuivait son chemin, quand le mendiant annoncé parut. Alors il eut bien du regret d'avoir dédaigné moins sage que lui, en apparence, et, ne considérant ni la condition misérable, ni les vêtements déchirés du mendiant, mais ce qu'il pouvait savoir, il l'interpella :

« Au dire d'un idiot que nous venons de rencontrer, tu peux nous donner des nouvelles du fameux devin Merlin, que je cherche depuis longtemps.

— Merlin! répéta le mendiant en secouant ses haillons, sans vergogne; Merlin! mais c'est lui qui vient de vous parler; c'est lui le sot que vous avez rencontré gardant les daims du bois; c'était lui le bûcheron que vos messagers ont pris pour un homme sauvage; c'est lui-même qui m'envoie vers vous pour vous apprendre une bonne nouvelle : Hengist est mort, votre frère Uter l'a tué.

— Est-ce possible! s'écria le roi émerveillé.

— C'est certain, répondit le pauvre; » et comme le roi le regardait attentivement, l'autre le tira par son manteau et l'entraîna à l'écart dans le bois. Là, au lieu d'un misérable déguenillé, le roi eut devant lui un enfant charmant.

Et l'enfant lui dit : « Je veux être bien venu de vous et de votre frère Uter. Sachez que je suis ce Merlin que vous êtes venu chercher. »

Merlin parlait encore qu'on vint annoncer à Ambroise que dans une sortie Hengist avait été pris par Uter et décapité. Le roi se hâta donc de retourner vers son frère pour le féliciter et mettre à profit l'événement.

VII

A la vue du roi, suivi du bon devin, les assiégeants coururent au-devant d'eux : de tous côtés on entendait crier: « Voilà Merlin! voilà le meilleur devin qui soit au monde! il va nous dire comment prendre la ville. » Quelques-uns s'adressaient au roi : « Sire, demandez-lui qui de nous ou des Saxons l'emportera ; sachez que, s'il le veut, il vous le dira bien. »

Le roi interrogea donc Merlin, et le devin répondit :

« Pour que les Bretons recouvrent leur terre et leur couronne, il faut que les étrangers disparaissent ; qu'ils soient donc sommés de retourner dans leur pays et qu'on leur fournisse pour cela des vaisseaux. »

Mais cette sommation n'agréa point aux assiégés ; ils demandèrent à rester et à conserver leur ville, consentant à la tenir du roi et à lui payer tous les ans un tribut de deux chevaliers, dix demoiselles, neuf faucons, cent lévriers, plus cent destriers et cent palefrois.

Avant que leur proposition eût été transmise au roi, elle était connue de Merlin : « nous offrir un tribut pour avoir le droit de rester chez nous ! s'écria-t-il indigné ; leurs chevaliers, leurs filles, leurs faucons, leurs chiens, leurs chevaux, qu'avons-nous besoin de tout cela ? qu'ils s'en aillent ! qu'ils quittent la terre de nos pères ! voilà ce que nous voulons d'eux ; sinon, nous les ferons périr par la famine ou par l'épée : qu'ils le sachent et qu'ils acceptent nos propositions et nos vaisseaux ; ils sont trop heureux que nous leur laissions la vie, car ils croient déjà être morts. »

Les étrangers finirent, en effet, par accepter les propositions des Bretons, s'estimant heureux de quitter l'île sains et saufs ; et l'on vit bientôt avec joie s'éloigner les navires qui les emportaient.

C'est ainsi que, par le conseil de Merlin, le roi Ambroise et son frère renvoyèrent les étrangers. Comme il se disposait à partir, les deux frères le conjurèrent de rester près d'eux ; mais il résista à leurs prières.

« Par ma nature, leur dit-il, je ne puis vivre dans le monde; cependant, soyez-en certains, partout où je serai, ce sera de vous plutôt que des autres hommes que je me souviendrai, A peine serez-vous en péril que vous me verrez venir pour vous aider et vous conseiller; mais, je dois vous le dire, si vous voulez jouir quelquefois de ma compagnie, ne vous inquiétez pas de moi quand je m'en irai : seulement, à mon retour, faites-moi beaucoup de joies devant le monde; ils m'en aimeront mieux, les bonnes gens qui vous aimeront, et les mauvaises gens, ceux qui vous haïront, me haïront. »

VIII

En effet, malgré sa bonté, Merlin avait des ennemis à la cour, et Ambroise faillit les croire. Ils dirent un jour au roi : « Laissez-nous le mettre à l'épreuve, et vous verrez clairement qu'il ne sait rien. »

Alors ils usèrent du stratagème que nous connaissons : ils firent subir trois déguisements à la même personne, et prédire au devin qu'elle mourrait de trois morts différentes, savoir : en se cassant le cou, en se pendant et en se noyant. L'événement les confondit, mais Merlin n'eut pas moins de chagrin d'avoir été mis à l'épreuve, et il quitta la cour.

Les deux frères furent bien affligés de son départ; ils le crurent fâché contre eux, et craignirent qu'il ne revînt plus. C'était mal connaître le bon devin et peu compter sur sa parole : au bout de quelque temps il reparut.

« Je vous aime trop pour ne pas revenir auprès de vous, leur dit-il, je veux votre bien et votre honneur : or voilà qu'ils sont en péril. Vous souvenez-vous des Saxons que vous chassâtes de cette terre après la mort d'Hengist? Eh bien, ceux qui s'en sont allés ont porté en *Saxonie* cette nouvelle, et comme il était de grand lignage, ceux de son pays disent qu'ils n'auront pas de joie qu'ils n'aient vengé sa mort; et ils espèrent reprendre notre terre. »

Quand les deux frères l'entendirent, ils furent bien étonnés, et ils lui demandèrent : « Ont-ils donc tant de soldats pour pouvoir résister aux nôtres? »

Merlin répondit : « Pour un que vous avez ils

en ont deux, et, si vous n'agissez sagement, ils ravageront et conquerront votre royaume.

— Nous ferons ce que vous commanderez, » répliquèrent les jeunes princes.

IX

Alors le devin leur proposa un stratagème qui devait perdre les ennemis. Il fallait les laisser débarquer sans obstacle et s'avancer dans la plaine de Salisbury. Une fois engagés bien avant dans les terres, les chrétiens, sortant d'une embuscade, leur couperaient le chemin de leurs vaisseaux. Un dragon paraîtrait dans l'air, qui serait le signe de la défaite des païens.

Comme les chrétiens étaient en route pour aller surprendre l'ennemi, les deux frères demandèrent à Merlin :

« Pour Dieu, Merlin, dis-nous si nous mourrons dans cette bataille. »

Il leur répondit :

« Tout ce qui a eu un commencement doit avoir une fin; nul homme ne peut éviter la mort, chacun le sait; et vous mourrez vous-mêmes comme les autres hommes. L'important est de bien mourir. Bonne vie aide beaucoup à avoir bonne fin. »

Le roi Ambroise, voyant sa demande éludée :

« Je te prie de me dire si je mourrai de la main des Saxons. »

Merlin continua :

« Jurez-moi, sur les reliques des saints, que vous serez en cette bataille loyaux et preux envers vous-mêmes; et sachez que nul ne peut être loyal et preux envers lui-même s'il ne l'est envers Dieu; et je vais vous apprendre le moyen de l'être : mettez ordre à vos consciences. Vous le devez aujourd'hui plus qu'en toute autre circonstance, parce que vous allez combattre vos ennemis, et si vous êtes tels que je le voudrais, soyez sûrs que vous les vaincrez, car ils ne croient pas à la sainte Trinité, non plus qu'à la passion que Jésus-Christ, Notre-Seigneur, souffrit en terre. Celui qui meurt en défendant son droit, d'accord avec Jésus-Christ et avec la sainte Église, ne doit pas redouter la mort. »

Merlin s'arrêta un moment, puis il poursuivit en ces termes :

« Il n'y a pas eu de notre temps, et il n'y aura jamais de plus grande bataille que celle qui va être livrée : l'un de vous deux y mourra ; oui, je vous le répète, un de vous deux y mourra ; mais, comme je veux que chacun de vous soit bien préparé à paraître devant le Seigneur, et que chacun de vous meure en brave, je ne vous dirai pas lequel doit mourir. »

X

Cependant les païens étaient débarqués, et ils s'avançaient sans crainte à travers la plaine de Salisbury. Tout à coup de grands cris s'élèvent derrière eux. C'étaient les chrétiens conduits par Merlin, qui, sortant de leur embuscade, les attaquaient à l'improviste. En ce moment un monstre apparaissait dans l'air ; il avait la figure d'un dragon vermeil, et jetait feu et flammes par les naseaux et par la gueule. Les païens en eurent grand'peur ; les chrétiens, au contraire, sentirent redoubler leur courage.

« Voici le signe prédit par Merlin, s'écria le roi ; courons-leur sus ! ils sont vaincus ! »

Et ils leur coururent sus aussi vite que leurs chevaux purent les porter, et ainsi commença la bataille de Salisbury.

Fallait-il qu'au milieu de la victoire la prédiction de Merlin concernant un des deux frères reçût son accomplissement ? Mais son désir aussi fut exaucé, car, si Ambroise mourut, il mourut en brave, et parut en chrétien devant le Seigneur.

Beaucoup d'autres eurent le même sort, et ce fut, on le sait, pour leur faire honneur que Merlin transporta sur le lieu même de leur martyre les pierres du grand cimetière d'Irlande qu'on appelait la Carolle ou la Danse des Géants.

XI

Après avoir honoré le roi mort, Merlin honora le roi vivant. Il fit fondre pour lui un dragon d'or à cause duquel Uter fut surnommé Penn-dragon ; et désormais il porta lui-même ce signe en guise d'étendard à la tête de l'armée chrétienne

Puis, ayant fait couronner le prince, il retourna vers l'ermite Blaise dans les forêts du Northumberland pour lui raconter ce qu'on vient de lire.

Quand Blaise eut tout mis en écrit, Merlin lui dit :

« Écoute-moi bien : à présent je vais te parler d'un grand mystère, c'est celui de la Table Ronde, la table où Notre-Seigneur Jésus-Christ mangea et but avec ses disciples ; elle était perdue, je l'ai retrouvée, et je la veux rétablir en ce temps du roi Penn-dragon. Il y fera asseoir cinquante des meilleurs chevaliers et hommes de bien du royaume. Mais ceux qui s'y assoieront sous le règne de son fils le roi Arthur, seront encore meilleurs et plus renommés. Je m'en vais à Cardueil, en Galles, pour dresser cette table. »

Merlin vint donc en Galles à la fête de la Pentecôte, où le roi tenait sa cour dans la ville de Cardueil, et il y porta la Table Ronde, à laquelle il fit asseoir les cinquante meilleurs chevaliers du temps ; et le roi commanda qu'ils fussent servis, aimés, et honorés comme son corps. Il vint même les voir à leur table, et il leur demanda s'ils s'y trouvaient bien.

Les chevaliers répondirent :

« Sire, nous nous y trouvons si bien, que nous voudrions y rester toute notre vie, et ne jamais la quitter. Avec votre permission, nous allons faire venir en cette ville nos femmes et nos enfants, et nous vivrons ainsi ensemble dans la paix de Notre-Seigneur Jésus-Christ; car nous n'avons tous qu'un seul cœur. »

Le roi leur dit :

« N'avez-vous vraiment tous qu'un cœur?

— Oui, rien qu'un seul en vérité, répondirent les chevaliers, et nous nous étonnons beaucoup de voir comment cela peut être, car chacun de nous n'est rien à l'autre; nous ne nous étions jamais vus; il y en a peu d'entre nous qui soient de la même famille. Cependant nous nous entr'aimons autant et plus que de bons frères aiment leurs frères, et jamais, ce nous semble, nous ne cesserons de nous aimer; jamais nous ne nous séparerons; la mort seule nous séparera. »

Le roi fut bien joyeux de ce qu'il voyait et entendait, et ainsi fut établie cette table fameuse par Merlin, au temps d'Uter Penn-dragon.

XII

Mais ceux qui n'avaient pas été trouvés dignes de s'asseoir à la Table Ronde en voulaient à Merlin, et, comme il était retourné à ses forêts selon son habitude, ils firent courir le bruit qu'il était mort, qu'un vilain l'avait tué dans un bois du Northumberland.

Une place restait vide à la table, place mystérieuse et réservée. Le devin avait annoncé qu'il arriverait malheur à quiconque serait assez hardi pour s'en emparer sans en avoir le droit.

Or un des ennemis de Merlin, voulant le braver et nuire à sa réputation de prophète, se présenta un jour dans la salle où les cinquante chevaliers étaient attablés :

« Vous allez voir, s'écria-t-il d'un air fanfaron, si ce siége est dangereux, comme vous le croyez sur la foi du prétendu devin Merlin. »

Et, s'avançant, la tête haute, vers le siége qui se trouvait vide entre deux dignes chevaliers de la Table Ronde, il s'en empara, et s'y installa insolemment. Mais à peine y était-il assis qu'à la vue de tout le monde il fondit comme fond un morceau de plomb au feu, et nul ne sut jamais ce qu'il était devenu.

En ce moment, Merlin reparaissait dans la salle, et c'est alors qu'il dit au roi cette parole devenue célèbre :

« Ainsi advient-il à plusieurs qui cuident enginer autrui, et qui s'enginent eux-mêmes [1]. »

Il ajouta :

« Et tu peux bien savoir si c'est vrai, sire, puisqu'il disait et faisait entendre qu'un vilain m'avait occis. »

Le roi répliqua :

« C'est la vérité qu'il l'a dit; » et il allait continuer quand il s'aperçut que le devin n'était plus là.

XIII

Merlin était retourné près du bon ermite; mais cette fois il ne lui annonça pas quels nouveaux services il allait rendre à Penn-dragon, et com-

[1] Cf. Lafontaine, *la Grenouille et le Rat*, lib. IV, fable IX.

ment, grâce à des herbes magiques dignes d'un meilleur usage, le roi devait prendre la ressemblance d'un duc de Cornouailles et devenir père d'Arthur. Le saint ermite lui aurait reproché sa faiblesse, comme de manquer à sa promesse en participant au péché.

Lorsqu'il revint de nouveau vers l'ermite, ce fut à la suite d'une catastrophe dont Blaise devait sans scrupule mettre par écrit le récit.

Le roi était malade, les païens de retour, et ses barons refusaient d'obéir à celui qu'il avait chargé de défendre le royaume à sa place, sous prétexte qu'ils étaient aussi nobles que lui, et aussi riches, sinon plus.

On vint lui annoncer cette nouvelle, et que les païens avaient mis sous leur obéissance une grande partie du pays. Presque en même temps, on lui apprit un autre événement qui ne le consterna pas moins.

Un petit vieillard appuyé sur une béquille, les yeux cachés sous son capuchon, et vêtu d'une robe brune, comme un ermite, s'était présenté à la porte du palais, avait pris dans ses bras le petit Arthur sous prétexte de le caresser, et s'était enfui avec l'enfant.

Alors, vint souvenir au roi du Seigneur-Dieu qui l'éprouvait, et il pleura.

Il pensa ensuite à Merlin :

« Merlin, mon bon conseiller, où es-tu? Pourquoi ne viens-tu pas me visiter dans mes malheurs? Tu m'avais promis que partout où tu serais, tu te souviendrais de moi, qu'à peine j'aurais besoin de toi, je te verrais accourir; mais certainement tu es mort, car si tu vivais tu viendrais me consoler. »

XIV

— « Me voici, » dit une voix douce; et le roi vit Merlin debout près de son lit.

« J'ai entendu tes plaintes, continua le bon devin, et mon cœur n'a pu y tenir.

— Ah! Merlin, que de malheurs depuis ton départ! les païens vainqueurs! moi malade! mon fils enlevé! sais-tu qui a enlevé mon fils? sais-tu où est Arthur? le sais-tu? »

Merlin sourit:

« Ne te mets pas en peine de cela; sache

que l'enfant est en bon lieu, qu'il est beau, qu'il grandit, qu'il est bien nourri. Quant aux païens n'en aie nulle peur. Tu feras réunir tous les gens que tu pourras, et, quand ils seront rassemblés, tu te feras porter sur ton lit, à leur tête, et tu iras ainsi combattre l'ennemi. Sois-en sûr, tu auras la victoire. Elle vient du cœur et non du bras. Elle vient de Dieu et non de l'homme. Mais aussi, après la victoire, tu feras pour l'amour de Dieu ce que je te commanderai. »

Le roi promit de suivre le conseil de Merlin. Il fit rassembler autant de soldats qu'il en put trouver, et donna ordre qu'on le portât dans son lit à la tête de son armée.

XV

Les païens, le voyant venir, se mirent à rire·

« Quel roi que celui-ci, qui guerroie du fond de sa bière, et qui en bière va à la bataille ! »

Mais leur orgueil leur coûta cher. Le roi, les entendant, se redressa sur son lit :

« Mieux vaut être couché dans sa bière qu'être

bien portant et vaincu ; mieux vaut mourir avec honneur que vivre longtemps dans la honte; mais montrons-leur qu'un homme à demi mort saura vaincre des hommes vivants. »

Et les chrétiens, animés par la parole et par l'exemple de leur prince, assaillirent si fièrement les païens qu'ils les taillèrent en pièces et les chassèrent du pays.

Le lendemain de la bataille, comme Merlin était assis près du lit du roi victorieux, Penn-dragon lui dit :

« Merlin, je sens que je n'ai plus longtemps à vivre. Me quitterez-vous avant que je meure, et ne vous reverrai-je plus ? »

Merlin répondit :

« Une fois seulement.

— Alors, pour Dieu, Merlin, apprenez-moi ce que je dois faire maintenant que j'ai eu la victoire et que je vais paraître devant le Seigneur.

— Partage tes richesses entre les pauvres et les indigents, pour l'amour de Dieu, dit Merlin, car je veux que tu saches que ceux qui ont de grands avoirs, sans en faire part aux pauvres, ne se conduisent pas en bons chrétiens; répands en ce monde, tandis que tu vis, les biens que Dieu t'a donnés, afin que tu trouves là-haut la joie du paradis. Il convient à l'homme sage de se servir de ce qu'il a en cette vie mortelle pour acquérir le bonheur dans l'autre ; et toi qui as eu tant de bonheur ici-bas, tant de biens, tant de richesses et tant d'honneurs, qu'as-tu fait pour Dieu, ton créateur, de qui tu as reçu ces grâces? Toutes les choses de la vie ne peuvent valoir une bonne fin; tu n'emporteras rien de ce siècle, sinon tes œuvres. Je t'ai bien aimé et t'aime encore; mais, n'en doute pas, nul ne peut t'aimer autant que toi-même. »

Le roi fit donc apporter devant son lit les coffres où étaient ses trésors, puis il manda les pauvres et les indigents du pays, les femmes veuves, les orphelins, tous ceux qui avaient eu le plus à souffrir de la part des païens sous son règne, et, devant eux, il fit ouvrir ses coffres, et leur distribua son trésor pour l'amour de Dieu.

Ainsi fit le roi par le conseil de Merlin, et il montra si bien à tous qu'il aimait Dieu, et la sainte Église et son peuple, que ceux qui étaient là pleuraient. Merlin, en s'en allant, pleurait comme les autres.

Le bon devin n'était pas encore loin du palais,

quand le roi malade, ayant partagé tout son trésor entre les pauvres, s'affaiblit tout à fait, perdit la parole, baissa la tête; et l'on entendit répéter d'un bout à l'autre du palais : « Le roi est mort! »

XVI

Au bout de trois jours, Merlin reparaissait. Chacun l'entoura :

« Hélas! hélas! Merlin, il est mort le roi que vous aimiez tant! »

Merlin répondit :

« Vous ne dites pas vrai. Nul ne meurt quand il fait une aussi bonne fin que lui. Mais je sais bien qu'il n'est pas encore mort. »

Ils répliquèrent :

« Cela n'est que trop certain; il y a trois jours qu'il ne parle plus.

— S'il plaît à Dieu, il parlera, dit Merlin en souriant; menez-moi où il est. »

On conduisit le bon devin dans la chambre mortuaire. Les fenêtres en étaient fermées. Au milieu était couché le roi, dans le même lit qu'au jour de la victoire.

Voyant tous les signes du deuil autour du lit du roi, Merlin parut étonné, et allant à la fenêtre, il l'ouvrit. L'air et le jour entrèrent, et un rayon vint éclairer le visage du roi.

Ceux qui veillaient près du lit s'approchèrent du prince et lui dirent :

« Sire, voici Merlin que vous aimiez tant. »

Le roi, se retournant, ouvrit les yeux et reconnut son ami.

Alors Merlin dit aux assistants :

« Que celui qui veut entendre les dernières paroles du roi s'approche; » et s'approchant lui-même du chevet du roi, il lui dit à l'oreille :

« Tu fais une bien belle fin si ta conscience est ce qu'elle paraît. Sache en vérité que c'est moi qui ai enlevé ton fils et qui le fais élever. Ton fils Arthur sera roi après ta mort par la vertu de Notre-Seigneur Jésus-Christ, et il achèvera l'œuvre de la Table-Ronde que tu as fondée. »

Quand le roi entendit Merlin parler de son fils, ses yeux brillèrent de joie :

« Arthur! mon fils, mon pauvre enfant! pour Dieu, qu'il prie Jésus-Christ pour moi! »

Ceux qui étaient présents étaient tout ébahis de voir que Merlin avait fait parler le roi;

mais, n'ayant pas entendu la prophétie de Merlin :

« Que lui avez-vous donc dit? » lui demandèrent-ils.

Merlin ne répondit pas, et, quittant brusquement la cour, il retourna près de l'ermite Blaise, dans les forêts du Northumberland.

XVII

Si le roi Penn-dragon s'était endormi plein d'espoir en Dieu et dans les promesses de Merlin, ses peuples étaient dans un grand trouble par suite de sa mort.

Ils envoyèrent chercher Merlin pour le consulter.

« Vous êtes très-sage, lui dirent les envoyés, et vous avez toujours bien conseillé nos rois, nous le savons. Voilà que le royaume est sans héritier; enseignez-nous ce que nous devons faire, et apprenez-nous le moyen de trouver un roi qui soit pour le salut, pour le bien et pour le profit du peuple. Puisse Dieu vous donner bon conseil ! »

Merlin écouta leurs prières et les suivit dans la ville, où le peuple l'attendait. Quand tout le monde eut fait silence, il se leva, et parla ainsi :

« J'aime bien ce royaume et tous les hommes qui y demeurent : puisque vous voulez avoir mon conseil, je vous le donnerai bon et loyal, selon Dieu et selon le monde. Voici que le grand jour approche où naquit le Roi des rois. Or, je vous annonce, et à tous ceux du royaume, que si dans ce jour vous voulez dévotement prier Notre-Seigneur, il fera un miracle pour vous faire trouver un roi. Adressez-lui donc cette prière :

« Seigneur, Dieu tout-puissant, qui à tel jour
« daignâtes naître de la vierge Marie, roi des rois
« et seigneur des seigneurs, qu'il vous plaise de
« montrer lequel de nous est digne d'être roi, pour
« bien gouverner et entretenir le peuple en la
« foi chrétienne ; faites qu'un signe apparaisse
« devant tous, montrant quel est le plus digne de
« régner sur nous. »

« Si vous priez avec ferveur, continua Merlin, vous verrez, très-certainement, l'élu de Jésus-Christ lui-même. »

En prononçant ces mots, il s'éloigna.

XVIII

Quand la fête de Noël arriva, saint Dubriz, archevêque de Carlion, chanta trois messes, et à la messe de minuit il monta en chaire pour rappeler aux chrétiens qu'ils devaient faire trois prières.

La première, pour le salut de leurs âmes ;

La seconde, pour l'amour du peuple et le bien du pays ;

La troisième pour le miracle que Dieu, selon la promesse de Merlin, devait faire cette nuit-là pour l'élection du nouveau roi.

Le miracle ne se fit pas attendre.

Comme l'archevêque finissait la messe de l'aurore, la foule, en sortant de la cathédrale, fut surprise de voir devant le portail de l'église un perron de marbre de trois degrés, et sur ce perron une large enclume d'acier, et dans cette enclume une épée enfoncée. Or, sur la garde de l'épée on lisait écrit :

Celui qui me retirera,
De par Jésus-Christ roi sera.

XIX

L'archevêque lut l'inscription au peuple, et engagea les grands du royaume à faire l'épreuve l'un après l'autre. Mais aucun des six rois de la Grande-Bretagne ne put, malgré tous ses efforts, parvenir à tirer l'épée. Les barons tentèrent aussi vainement l'aventure. Les chevaliers vinrent ensuite sans plus de succès, puis les écuyers et les sergents, puis les bons bourgeois du pays. Tous perdirent leur temps.

L'archevêque, voyant que les grands et les forts ne pouvaient réussir, voulut que les petits et les faibles fussent admis au concours, et il appela les enfants.

Ils avaient échoué comme les autres; il n'en restait plus qu'un seul dont personne ne connaissait le père, et qui était venu à la messe avec un vieillard appelé Antor, qui l'avait adopté et nourri. Saint Dubriz ne crut pas devoir l'oublier, et malgré les rires des seigneurs, il lui fit signe d'approcher.

O prodige ! à peine la petite main de l'enfant toucha l'épée qu'il la tira aussi légèrement de l'enclume qu'une flèche d'un carquois.

Voyant cela, l'archevêque le prit dans ses bras, l'embrassa tendrement, et l'élevant au-dessus de sa tête pour le montrer au peuple, il commença à chanter : *Te Deum laudamus*.

Les barons ne riaient plus. Les uns disaient tristement : « Est-il possible qu'un si jeune garçon devienne notre roi ! »

D'autres ajoutaient : « Encore ne sait-on qui est son père. Nous ne ferons jamais notre seigneur de quelqu'un qui n'a pas été loyalement engendré; non jamais, s'il plaît à Dieu, nous ne laisserons gouverner par un bâtard un aussi beau royaume que celui de la Grande-Bretagne. »

Mais l'archevêque alors dit tout haut cette hardie parole :

« Sachez que quand le monde entier serait contre cette élection, l'enfant sera roi; Dieu le veut! »

Et s'adressant à l'enfant :

« Va, mon fils, tu es roi. »

Quand le menu peuple entendit les paroles de l'archevêque, il en fut réjoui, et se mit à maudire ceux qui voulaient empêcher l'élection. Se rangeant donc du parti du clergé, il disait : « Honnis soient ceux qui voudront nuire au roi nouveau. Celui qui l'a élu le connaît mieux que nous. »

XX

Alors il arriva que Merlin vint à Carlion. Les barons le mandèrent au palais, et en le voyant approcher ils allèrent au-devant de lui avec de grands semblants de joie. Puis ils le menèrent à leur conseil, et se mirent à le raisonner, lui demandant ce qu'il lui semblait de ce nouveau roi que l'archevêque Dubriz voulait couronner sans leur permission.

« Certes, dit Merlin, l'archevêque fera bien, car sachez que cet enfant est plus grand qu'aucun de nous, et qu'il n'est pas fils d'Antor, si ce n'est de nourriture.

— Comment ! s'écrièrent les barons, qu'est-ce que vous dites là ?

— Je dis, reprit Merlin, que si vous voulez

causer quelque dommage à mon seigneur Arthur, vous y perdrez plus que vous n'y gagnerez, car Dieu, le grand roi, à qui est la puissance sur toute la terre, en tirera vengeance, et vous serez honnis. »

Les barons se mirent à rire et à se moquer de Merlin :

« Ah ! l'enchanteur ! comme il parle bien, l'enchanteur ! »

XXI

Cependant la Pentecôte était arrivée, et l'archevêque de Carlion ne crut pas devoir retarder plus longtemps le sacre du jeune roi. Il lui posa donc la couronne sur la tête, en sa cathédrale, en présence de tout le peuple, lui mit le sceptre à la main, et, prenant sur l'autel l'épée qu'Arthur avait tirée de l'enclume, il la lui ceignit. Or, elle jeta une grande clarté. Son nom était Escalibor, *lequel est un mot hébreu qui signifie en français tranche-fer*[1], et Merlin la connaissait bien.

[1] Bien entendu le mot n'est pas hébreu, il est d'origine celtique, mais il a réellement le sens que lui donne le romancier. (V. les *Romans de la Table-Ronde*, p. 29.)

Alors le nouveau roi dit aux barons :

« Je vous pardonne de bon cœur; que Notre-Seigneur vous pardonne aussi. » Puis il fit distribuer à tous des armes, des chevaux, des robes de pourpre et de soie, de l'or et de l'argent autant qu'il en restait dans le trésor royal.

Les barons virent bien qu'ils ne pourraient trouver en lui aucun mal. Leur jalousie n'en diminua pourtant nullement, et ils ne tardèrent pas à se révolter. Mais ils devaient en être punis, comme leur avait prédit Merlin.

XXII

Assiégé dans sa capitale, Arthur eut recours au bon devin :

« J'ai ouï dire que vous avez rendu de grands services au roi Uter Penn-dragon, mon père; vous m'avez déjà beaucoup aidé moi-même. Je vous prie donc, au nom du ciel, de me donner conseil, et d'avoir pitié de moi et de mon peuple. Nous serons exterminés, si Dieu ne nous vient en aide, car ils sont six rois contre moi, et les chevaliers de la Table-Ronde sont allés guerroyer en de lointains pays. »

Merlin prit le roi par la main, et l'ayant conduit à l'écart, il lui dit :

« Ne vous effrayez pas, cher seigneur; vous n'avez rien à craindre d'eux; vous serez délivré de vos ennemis; avec l'aide de Dieu, l'archevêque Dubriz et moi nous les affaiblirons. »

Il n'avait pas fini de parler que l'archevêque, du haut des murailles de la ville, excommuniait les assiégeants.

De son côté, Merlin donnait au roi une bannière de la forme de celle qu'il avait fait faire à Penndragon, mais encore plus admirable car le nouveau dragon avait la queue encore plus longue et plus tordue que l'autre. Il était plus léger, plus facile à manier, et jetait feu et flammes par la gueule. En le voyant élevé dans l'air, au bout d'une lance, on n'osait le regarder, et on se demandait où Merlin l'avait pris.

Lorsque Merlin eut arboré cette bannière, et que le roi Arthur fut prêt à repousser l'ennemi dont les tentes et les pavillons couvraient au loin la plaine, il monta au sommet de la plus haute tour, et fit un tel enchantement que tout l'air se remplit de flammes et de fumée, si bien que les assiégeants ne savaient où se réfugier, et auraient bien voulu être à cent lieues de là.

Les voyant dans ce désarroi, Merlin descendit vers Arthur et lui dit :

« A eux maintenant ! »

Et les portes ayant été ouvertes, le roi chargea si vivement les barons, déjà étourdis par l'enchantement de Merlin, qu'il les rejeta de l'autre côté de la rivière. Mais, dans cette charge, son cheval s'abattit, et les barons, le croyant mort, reprirent courage et recommencèrent le combat.

XXIII

Les barons allaient avoir la victoire, et les chevaliers d'Arthur reculaient déjà, quand le menu peuple, apercevant du haut des murailles le roi démonté, accourut armé de haches et de massues, en criant : « Nous aimons mieux mourir que voir le roi souffrir le moindre mal. Nous ne serons joyeux que lorsque nous l'aurons vengé ; pas de quartier pour les barons ! pas d'autre rançon que leurs têtes ! »

Et ils frappèrent si fort sur les gens des six rois, avec leurs haches et leurs massues, qu'ils en massacrèrent un grand nombre, et mirent le reste en déroute.

Pendant ce temps, Merlin, du haut de sa tour, continuait à faire pleuvoir le feu du ciel sur les pavillons ennemis; tout y fut brûlé, hormis la vaisselle d'or et d'argent, dont le vainqueur fit de grandes largesses à ceux qui l'avaient secouru.

En voyant tant d'amour, les pauvres gens du pays jurèrent qu'ils continueraient à servir le roi jusqu'à la mort.

XXIV

De grandes fêtes furent célébrées à la suite de la victoire; mais Merlin n'y voulut point assister; et comme Arthur l'en priait, il lui fit la même réponse qu'au défunt roi son père :

« Je veux que tu saches que par la nature de celui qui m'a engendré ma coutume est d'habiter les bois (ce n'est pas que j'y demeure pour jouir de sa compagnie, car il ne se soucie d'aucun compagnon ami de Dieu); mais tu peux être sûr, comme l'était le roi ton père, que tu ne seras jamais en danger sans que j'arrive aussitôt pour te conseiller.

« Ne sois pas surpris cependant si je me montre souvent à toi sous une autre forme que celle que j'ai d'ordinaire : je ne veux pas, vois-tu, que tout le monde me reconnaisse. Mais il faut que tu me promettes de ne rien découvrir à personne de ce que je pourrai te dire. »

Le roi le lui promit, et Merlin s'en alla en l'assurant de son amour.

XXV

Le bon prophète avait prédit aux barons que s'ils guerroyaient Arthur, ils auraient plus de perte que de gain, et les barons venaient de l'éprouver. Mais ils l'éprouvèrent mieux encore une fois arrivés chez eux. Les Saxons, profitant de leur absence et de leurs démêlés avec Arthur, avaient fait venir trente mille de leurs compatriotes, et ils étaient entrés sur les terres des six rois, où ils avaient tout brûlé et ravagé, emportant un riche butin vers la capitale de la Cornouailles, qu'ils espéraient prendre d'assaut.

Arthur apprit le danger où étaient ses barons, et voulant leur rendre le bien pour le mal, il vint à leur secours. De son côté, Merlin, admirant la bonté du roi, ne tarda pas à le rejoindre. Du plus loin qu'il aperçut les tentes des Saxons, il excita contre eux une telle tempête que les pavillons ennemis, soulevés par les tourbillons d'un vent furieux, tombèrent sur la tête de ceux qui étaient dedans, et les écrasèrent presque tous. Arthur y trouva le butin fait sur les terres de ses barons, et il le distribua entre les plus pauvres de leurs chevaliers et sergents, d'après le conseil de Merlin.

XXVI

Le roi était de retour à sa cour et Merlin à ses bois, quand un jour, du haut de la fenêtre du palais, d'où il regardait les jardins, les prés et la rivière, Arthur vit venir un grand paysan le long de l'eau, un arc à la main, et un faisceau de flèches sur l'épaule.

Trois oies sauvages au plumage blanc allaient se baignant dans la rivière ; le paysan bande son arc ; la flèche part, une oie sauvage tombe, puis une seconde, puis une troisième. Le manant va les ramasser, les pend par le cou à sa ceinture de peau de chèvre, et se dirige vers le palais où le roi se trouvait. Malgré la mauvaise mine du rustre et son air cruel et félon, Arthur, qui causait volontiers avec les gens de toutes conditions, l'appela et lui dit :

« Vilain, veux-tu me vendre un de ces oiseaux ?

— Je le veux bien, seigneur.

— Combien les vends-tu ? »

Le paysan ne répond mot.

« Je te demande combien tu les fais ? »

— Combien je les fais, répète l'autre en grommelant. Je ne les fais d'aucun prix. Je n'estime pas un roi qui aime son argent. Maudit soit le roi *regrattier* qui n'ose faire d'un pauvre homme un homme riche, quand il le pourrait aisément. Je vous les donne pour rien, mes oies, tout gueux que je suis. Mais ce n'est pas, sachez-le bien, pour votre honneur, à vous qui avez un si grand trésor enfoui.

— Qui vous a dit cela? demanda le roi.

— Un sauvage comme moi, répondit le paysan; un sauvage qui a nom Merlin. »

Et entrant dans la cuisine, où il trouva Keu le sénéchal, frère de lait du roi :

« Tenez, faites plumer ces oiseaux, lui dit-il, et que votre maître les mange avec autant de plaisir que je les lui donne. »

Arthur étant survenu, le paysan ajouta entre ses dents : « Et ce n'est pas le premier don que je lui fais !

— Que dis-tu ? » demanda le roi étonné.

L'autre se mit à rire :

« Comment! vous ne reconnaissez pas Merlin? car c'est Merlin lui-même qui vous parle, Merlin qui vous a tant aimé, Merlin qui vous a tant servi ! »

Le roi se signa tout émerveillé :

« Jamais je ne vous vis en pareil équipage!

— Ne vous en étonnez pas, sire : Merlin vous fera voir bien d'autres changements, et il prendra bien d'autres formes par force d'art et de nécromancie. S'il se change ainsi, c'est qu'il y a dans ce pays beaucoup de gens qui voudraient le voir mort. »

Le roi Arthur lui dit :

« Je sais bien que vous m'aimez, Merlin; vous m'avez donné de si bon cœur vos oiseaux que je les mangerai de même pour l'amour de vous. »

Merlin était venu pour prémunir le roi contre les ruses de ses barons, que ses bontés n'avaient pas encore gagnés. Ils se disaient souvent l'un à l'autre : « Sachez que le dommage que nous éprouvons de la part d'Arthur est le fait des conseils de Merlin. Tant que Merlin sera contre nous, nous ne pourrons rien contre Arthur. Nul n'est ni si grand ni si sage qu'il se puisse défendre de l'enchanteur. Prenons donc garde à nous, et fortifions nos châteaux. »

Ils fortifièrent donc leur meilleur château, qui était Nantes en Bretagne.

XXVII

Tandis que Merlin se trouvait encore auprès d'Arthur, Léodogan, roi d'Écosse, envoya demander du secours au roi et aux chevaliers de la Table-Ronde, de retour depuis peu de leur expédition lointaine. Il était attaqué par le géant Rion, roi d'Islande, de Danemark et de Saxonie, et sur le point de voir sa capitale prise d'assaut.

Arthur ne se fit pas prier, et Merlin l'accompagna.

Le bon devin marchait à la tête des chevaliers de la Table-Ronde, portant lui-même la bannière dont il avait fait présent au roi, et tout en marchant il chantait :

« Si vous aimez vos corps, suivez mon étendard en quelque lieu que vous le voyiez. »

Et les chevaliers ne perdaient pas de vue le dragon de Merlin, qui ce jour-là leur semblait bien avoir la queue longue d'une toise et demie, et ouvrait une gueule énorme, et agitait sa langue sanglante avec fureur, et de ses yeux lançait des éclairs.

Merlin chevauchait à grande allure, tant qu'il atteignit une troupe de Saxons qui emmenaient une riche proie, et il la leur enleva. Trois rois, suivis de quinze mille hommes, accourent pour la lui reprendre. Il jette un coup de sifflet, et aussitôt un tel orage éclate, qu'aveuglés par la pluie, la grêle et la poussière, les ennemis prennent la fuite. Malheureusement, en fuyant ils font prisonnier Léodagan, et l'emmènent au roi Rion, qui se tenait assis devant sa tente, sous les murs de la capitale assiégée.

Grand fut l'émoi des chevaliers d'Arthur. Plus grand encore celui de la fille de Léodagan, la belle Genièvre. Du haut du palais, la jeune princesse avait vu emmener son père prisonnier. Le géant Rion était célèbre par ses manies aussi orgueilleuses que cruelles. Il avait entrepris de se faire un manteau fourré avec les barbes des rois qu'il tuerait, et en voyant venir Léodagan prisonnier, il se réjouissait à l'idée d'avancer, grâce à lui, l'ouvrage. Mais sa joie fut de courte durée. Merlin indigné y mit un terme. Enfonçant ses éperons dans le ventre de son cheval, il cria aux siens : « Suivez-moi ! A eux, francs chevaliers ! Vous êtes tous morts si un seul vous échappe. » Ils le suivent ; le roi est délivré, et il reconnaît l'enseigne de celui à qui il doit son salut.

Les compagnons de Merlin avaient un peu ralenti leur course :

« Francs chevaliers, que faites-vous ? » Et il leur montrait sous les murs de la ville assiégée les chevaliers de la Table-Ronde adossés à leurs chevaux morts, et combattant à pied, terribles comme des sangliers. Et toujours en avant du front de bataille, au galop, ses éperons dans les flancs de son cheval, son enseigne à la main, il allait.

Il allait d'une telle allure que tout son coursier dégouttait de sang et de sueur; et son dragon vomissait vers le ciel de tels brandons de feu qu'on en voyait la clarté au loin d'une demi-lieue et plus. Quelle joie que celle des chevaliers de la Table-Ronde à son arrivée! Quels coups ils frappèrent ensemble! Que d'ennemis tombés! Que de coursiers fuyant, la bride entre les jambes! Ah! il en sera parlé longtemps! Ils firent bien leur devoir, les compagnons!

XXVIII

Arthur aussi fit son devoir. Un géant, vassal de Rion, bravait tout le monde. Le roi breton accepte le défi. En vain les vieillards veulent l'en détourner. Merlin l'approuve et l'encourage. Il attaque le géant, et d'un revers d'Escalibor il en fait deux tronçons.

Genièvre, de sa fenêtre, vit le coup, l'admira et demanda qui l'avait fait.

En apprenant que c'était le jeune chevalier qui avait délivré son père, elle trouva le vainqueur doublement admirable, et dit entre ses dents :

« Bienheureuse sera la dame qu'un tel preux requerra d'amour, et honnie soit celle qui l'éconduirait. »

Merlin de son côté avait remarqué qu'Arthur était loin d'être indifférent aux charmes de Genièvre, et il dit un mot à l'oreille d'un des barons du roi, qui demanda à Léodagan pourquoi il ne mariait pas sa fille :

« Ah! je voudrais bien lui trouver un époux comme j'en connais un! répondit le roi d'Écosse; elle serait mariée avant trois jours, et pourrait dire qu'elle aurait le plus beau et le plus preux; mais il est trop puissant pour moi. »

Merlin se mit à rire; toutefois, ne trouvant pas encore le moment venu, il parla ainsi à Arthur :

« Sire, pendant que nous sommes ici à perdre notre temps, votre cousin le roi de la Petite-Bretagne est attaqué par celui du Berry, qui ne veut plus vous obéir; et vos quatre jeunes neveux, Gauvain, Ivain, Galeriet et Galéchin, sont assiégés dans Camalot par les Saxons, qui font endurer le martyre au menu peuple du pays. Il faudrait avoir le cœur plus dur que la pierre pour ne pas pleurer en les voyant massacrer les femmes des chrétiens avec leurs enfants dans leurs bras; et quand il advient que le pauvre peuple se cache en cave ou en souterrain, ils y mettent le feu et brûlent ceux qui sont dedans. Ceux qui échappent s'enfuient avec leurs troupeaux et leurs récoltes vers les grandes forêts du Northumberland. Il me convient d'aller d'abord les aider, et vous irez de votre côté au secours du roi de la Petite-Bretagne près duquel je vous rejoindrai. »

Le roi dit à Merlin :

« Pour Dieu, doux ami, ne nous quittez pas pour longtemps. »

Merlin répondit :

« Je vous aime autant et plus que moi-même. Avant qu'aucun mal vous arrive je serai près de vous. Je vous recommande à Dieu. »

XXIX

Le lendemain matin, le jeune Gauvain, neveu d'Arthur, étant avec ses compagnons sur les murailles de Camalot, occupé à regarder les flammes rouges qui s'élevaient de tous les villages brûlés par les païens, disait :

« Voyez-vous ce pâtre à cheveux blancs qui mène son troupeau vers la ville? Comme il pleure et comme il crie! Que lui est-il donc arrivé? Approche, vilain, et apprends-nous pourquoi tu te lamentes ainsi? »

Le vilain fait la sourde oreille, et, frappant la terre de son bâton, comme un forcené, il continue de crier. Puis il chasse devant lui ses bêtes, comme s'il eût voulu s'enfuir vers la forêt.

Gauvain, l'appelant trois fois d'une voix forte :

« Dis-moi, vilain, qu'as-tu donc? »

A la première fois, le vieillard ne répond rien; à la seconde, il s'écrie :

« Ah! bons chevaliers de Bretagne, qu'êtes-vous devenus? que n'êtes-vous ici pour sauver ces enfants? »

A la troisième fois, il lève vers Gauvain sa grosse tête grise et hérissée, et le regarde, un œil fermé et l'autre ouvert; puis il fait une grimace de la bouche et des dents, et, clignotant, comme quelqu'un que le soleil gêne, il lui répond :

« Que me voulez-vous ?

— Je veux savoir pourquoi tu pleures, et pourquoi tu blâmes les bons chevaliers de Bretagne ?

— Parce qu'ils ne défendent pas bien notre terre, et qu'ils vous laissent tous tuer, mes pauvres enfants !

— Est-ce que tu la défendrais mieux, toi ?

— Donnez-moi un cheval et des armes, et vous verrez ce que je sais faire. »

On lui donna un cheval et des armes; et trois cents chevaliers sortirent qu'il conduisit vers les païens.

Alors, vous l'eussiez vu, hardi et puissant, l'épée à la main, s'élancer; et autour de lui, armes reluire, enseignes flotter, hauberts briller, coursiers hennir et courir, en tirant du feu des cailloux, et tous les cœurs bondir à sa suite.

Les païens furent repoussés, mais qu'était devenu le vainqueur? On ne retrouva que son cheval, qui s'enfuyait tête levée, les arçons tout ensanglantés.

« Il aura été tué, dit Gauvain en pleurant. Cherchons-le. »

Mais ils le cherchèrent en vain. Et comme ils rentraient sur le soir tout découragés dans la ville, ils rencontrèrent à la porte un jeune garçon tenant à la main un tronçon de lance, qui semblait s'être bien battu et qui les salua gaiement.

Comment, sage Gauvain, tu ne devinas pas quel était ce joyeux garçon !

XXX

Peu de temps après, Merlin racontait à Blaise en riant de bon cœur, son aventure de Camalot et toutes celles qui lui étaient arrivées depuis leur dernière entrevue.

Mais quand il eut tout raconté, il devint grave, et l'ermite lui en ayant demandé la raison :

« Je pars, lui dit-il, pour la terre que je dois le plus redouter, si douce et si belle qu'elle soit. La Louve est là dans la forêt. Elle liera le Lion sauvage avec des chaînes qui ne seront ni de fer, ni d'acier, ni d'or, ni d'argent, ni d'étain, ni de plomb, ni de bois, ni de rien de ce que produisent la terre, l'air et l'eau ; et elle le liera si étroitement qu'il ne se pourra plus remuer. »

Le saint ermite comprit bien le sens de cette prophétie.

« Comment, Merlin, la Louve serait plus forte que le Lion ! Explique-moi cela.

— Je ne vous en dirai pas plus long, maître Blaise : c'est la destinée. »

Et Merlin s'en alla en Gaule pour rejoindre Arthur, comme il le lui avait promis ; et quand Arthur eut délivré le roi de la Petite-Bretagne et remis le Berry sous l'obéissance des Bretons, il prit congé de lui pour huit jours, et revint seul vers son pays par les grandes forêts des Gaules.

XXXI

C'était à l'entrée du mois de mai, au temps nouveau et joli ; les oiseaux recommençaient à chanter, les feuilles à s'ouvrir, les fleurs à embaumer les airs de leur parfum, les douces eaux à murmurer, et toute chose à s'enflammer.

Merlin cheminait de grand matin, à la fraîcheur, pour éviter la chaleur du jour; et la pensée lui étant venue de faire comme le temps nouveau, il avait pris l'habit et la figure d'un jeune écolier en vacances.

Tandis qu'il cheminait ainsi sous les bois de Brocéliande, il trouva une belle fontaine. A cette fontaine venait souvent jouer une jeune demoiselle d'une merveilleuse beauté. Elle demeurait dans un manoir, près de là au pied d'une montagne. Son père se plaisait parmi les rochers et les bois, les fontaines et les rivières. Il venait souvent habiter son manoir de Brocéliande pour les belles eaux et les beaux arbres de la forêt, et il était si gracieux que tous ceux du pays l'aimaient. La mère de la demoiselle était une fée de la vallée. A la demande de son père, l'enfant avait été douée, le jour de sa naissance, de trois vertus si grandes qu'elle devait être aimée de l'homme le plus sage du monde : faire faire à cet homme toutes ses volontés, sans qu'il pût jamais la forcer à consentir aux siennes ; apprendre de lui toutes les choses qu'elle voudrait savoir.

Elle avait reçu de ses parents le nom de Viviane, qui signifie, en *chaldéen :* « Je ne ferai rien[1]. »

XXXII

A peine Merlin était arrivé à la fontaine que Viviane y arrivait aussi. Il resta longtemps debout, sans rien dire, à la regarder, pensant en lui-même qu'il n'était pas assez fou pour s'enamourer d'une fillette. Cependant, quand il eut assez longuement pensé, il ne crut pas devoir s'en aller sans la saluer. En personne bien élevée, Viviane lui rendit son salut :

« Que Celui qui connaît les pensées du cœur, dit-elle, vous en envoie de telles que vous vous en trouviez bien, et qu'il vous donne autant de bonheur et d'honneur que j'en voudrais avoir pour moi-même. »

[1] *Viviane*, qui n'est qu'une altération du nom celtique *Chwiblian* ou *Vivlian*, est traduit, avec raison, par *Nymphe*, dans les dict. gallois. (Owen, éd. de 1826, p. 25.) Le romancier l'applique à celle que Merlin a appelée jusqu'ici sa sœur, sa Gwendydd ou sa Ganiéda.

Merlin, en l'entendant si bien parler, s'assit au bord de la fontaine, puis après un moment de silence, il lui demanda son nom.

« Je suis fille, dit-elle, d'un gentilhomme de ce pays; et vous, doux ami, qui êtes-vous?

— Demoiselle, je suis un écolier qui va retrouver son maître.

— Et que vous a-t-il enseigné, votre maître?

— Oh! bien des choses, demoiselle.

— Mais quoi encore? que savez-vous faire?

— Je pourrais bâtir ici devant vous un château, et y mettre tant de chevaliers que ceux qui voudraient l'assiéger ne viendraient jamais à bout de le prendre. Je pourrais faire encore autre chose : couler, par exemple, une rivière où jamais goutte d'eau ne coula, et même je marcherais dessus sans enfoncer ni me mouiller les pieds.

— Certes, dit la demoiselle, vous êtes bien savant, et je donnerais beaucoup pour en pouvoir faire autant.

— Ce ne sont là que des jeux d'enfants, fit Merlin; j'en sais d'autres pour divertir les plus hauts barons et les rois.

— En vérité! seigneur écolier! oh! si cela ne

vous déplaisait, je voudrais bien connaître ces jeux là : je vous offrirais en échange mon amitié sans vilenie.

— Par ma foi, demoiselle, vous me semblez si douce et si gentille que je ne saurais refuser de vous en apprendre une partie, seulement pour votre amitié, sans vous demander rien de plus.

— Je vous l'accorde, » dit Viviane.

XXXIII

Merlin s'éloigne de quelques pas et trace sur la bruyère un cercle du bout de son bâton. Puis il revient vers la demoiselle, et s'asseoit auprès d'elle au bord de la fontaine.

Ils n'étaient pas assis depuis longtemps quand Viviane regarde et voit sortir de la forêt une foule de dames et de chevaliers, de demoiselles et d'écuyers qui, se tenant par la main, s'avançaient en chantant. A leur tête marchaient des joueurs de flûtes, de timbales, de tambourins, de toute espèce d'instruments ; et tous se dirigeaient vers l'endroit où Merlin avait fait son cercle, et lorsqu'ils furent dans le cercle, ils commencèrent à danser le plus joyeusement du monde. Or, comme ils dansaient, apparut sur la bruyère, à la lisière de la forêt, un château magnifique ; et devant ce château un jardin délicieux dont les arbres avaient autant de fleurs que de feuilles, et autant de fruits que de fleurs, et d'où soufflait un air suave qu'on respirait de la fontaine. Viviane était si ébahie de la merveille qu'elle voyait, et si occupée à regarder les danseurs qu'elle ne prit pas garde à leur chanson, dont le refrain était :

L'amour arrive en chantant,
Et s'en retourne en pleurant.

Non moins émerveillés semblaient ceux du manoir du fond de la vallée, à la vue du château et du jardin apparus sur une colline où jamais fleur n'avait poussé, et à la vue des belles dames et des gentilles demoiselles, arrivées on ne savait d'où.

La fête dura depuis le matin jusqu'au soir. Quand vint le moment de se reposer, les danseurs, emmenant leurs danseuses, entrèrent dans le jardin, et allèrent s'asseoir à l'ombre des arbres chargés de fruits et de fleurs, sur l'herbe verte et fraîche.

XXXIV

Alors Merlin prenant la main de Viviane :
Que vous en semble? lui demanda-t-il.

— Beau doux ami, je suis ravie.

— Vous me tiendrez parole, n'est-ce pas?

— Oh! certainement, dit Viviane; mais vous ne m'avez encore rien appris.

— Je vous apprendrai tous ces jeux-là, et vous les mettrez par écrit, vous qui savez si bien écrire.

— Et qui vous a dit que je sais écrire?

— Mon maître lui-même; je sais par lui tout ce qu'on fait.

— Tout ce qu'on fait! Vous possédez là le plus grand savoir dont j'aie jamais entendu parler, et le plus nécessaire en tous pays, et celui que je désirerais le plus avoir; mais des choses qui doivent arriver, n'en savez-vous rien?

— Si fait, douce amie, une bonne partie.

— Dieu merci! et que cherchez-vous donc? Certes, vous pourriez vous dispenser d'aller à l'école, si tel était votre plaisir. »

Tandis que Merlin et Viviane discouraient ainsi, les dames et les demoiselles étaient rentrées en chantant sous le bois, et le château avait disparu. Pour le jardin, il ne disparut pas. A la prière de Viviane, Merlin le conserva, et ils l'appelèrent le *Jardin de joie*.

XXXV

Le soir venu, Merlin dit à Viviane : « Je m'en vais, car j'ai à faire ailleurs.

— Comment! doux ami, et les jeux que vous deviez m'apprendre?

— Ne soyez pas si pressée, douce dame, je vous les apprendrai quand il en sera temps; mais vous ne m'avez encore donné aucun garant de votre amitié.

— Quel garant? demanda Viviane. Dites, et je vous le donnerai.

— Belle amie, jurez-moi de faire ce qui me plaira. »

Viviane savait bien qu'elle ne courait pas grand danger, grâce à la vertu dont sa mère l'avait douée à sa naissance.

Nonobstant, elle réfléchit un peu.

« Doux ami, j'y consens, dit-elle, mais promettez-moi, de votre côté, de m'enseigner d'abord toutes les choses que je demanderai.

— Je vous le promets, » répondit Merlin.

Et Viviane, en échange, lui jura tout ce qu'il voulut.

Merlin allait continuer sa route; elle lui demanda quand il reviendrait.

« Dans un an, douce amie; la veille de la Saint-Jean d'été. »

Viviane trouva le terme bien long; mais il fallut se résigner.

XXXVI

Merlin, comme il l'avait dit à Viviane, avait fort à faire ailleurs. Arthur l'attendait pour épouser Genièvre.

A son retour de la Petite-Bretagne, le roi l'avait obtenue sans peine de son père, et comme Léodagan lui demandait quel jour seraient les noces :

« Le jour qu'il vous plaira, avait répondu Arthur; mais il me faut mon meilleur ami : je ne puis me marier sans celui à qui je dois ma terre et ma couronne. »

Le sage Gauvain avait appuyé les paroles de son oncle, disant que certainement Merlin ne manquerait pas d'arriver à temps, puisque le roi l'attendait; et, sur son avis, on s'était décidé à retarder les noces de huit jours.

Gauvain ne s'était pas trompé; Merlin arriva la veille du mariage.

Comme il avait assisté saint Dubriz quand il s'était agi de l'élection d'Arthur, il l'assista de nouveau quand l'archevêque bénit le mariage du roi; mais il lui rendit dans cette circonstance un autre service qu'on ne doit pas mettre en oubli.

Au moment de coucher la mariée, Genièvre, n'ayant plus de mère, était conduite au lit nuptial par sa vieille gouvernante, et toutes deux traversaient un jardin qui séparait les appartements du roi de ceux de sa fille. Tout paraissait calme au dehors. On n'entendait que le clapotement de l'eau qui battait une nef amarrée au bas du jardin où coulait la rivière, et le bruit du vent dans le feuillage d'un pommier planté près du bord.

Or, au fond de la barque il y avait des hommes d'armes, et dès que Genièvre parut, ils s'élancèrent, la prirent dans leurs bras, et se hâtèrent de retourner, avec la reine, à leur bateau. Mais le pommier cachait aussi des hommes armés sous son feuillage, et Merlin était avec eux. Sachant ce qui devait arriver, il se tenait là aux aguets, et quand les ravisseurs passèrent, il se précipita sur eux, mit les traîtres en fuite, délivra Genièvre ; puis il alla chercher Arthur pour le conduire au lit nuptial.

XXXVII

Le lendemain des noces d'Arthur, Merlin était dans l'ermitage de Blaise.

En apprenant ce qu'avait fait son ami dans la forêt de Brocéliande, le bon ermite le gronda doucement :

« Que le Lion sauvage prenne garde à la Louve ! »

Et parlant sans figure :

« J'ai grand'peur que la prophétie s'accomplisse. »

Merlin répondit brusquement :

« Qu'on reproche la faute quand elle sera faite !

— Ce serait grand dommage qu'elle le fût, dit Blaise, et si je pouvais l'empêcher, j'y mettrais volontiers ma peine. »

Merlin ne répondit pas; mais, changeant de discours, il dit à son maître :

« Aussitôt que je vous quitterai, j'irai vers les rois de la Petite-Bretagne, et vers ceux des deux royaumes de Cornouailles pour les inviter tous à se rendre près d'Arthur; et de mainte autre terre il en viendra de non moins vaillants, pour l'amour de Dieu et de la chrétienté; car sachez qu'une grande bataille se prépare, comme jamais on n'en aura vue, et que réconciliés enfin avec Arthur, les six rois ses vassaux s'uniront à lui pour exterminer les païens. »

Merlin prit ensuite congé de Blaise, qui le recommanda tendrement à Dieu, tremblant et priant.

XXXVIII

Arrivé dans la Petite-Bretagne, Merlin se rendit à Gaël, près du roi Ban le Benoît, puis à Lamballe, près du roi Bohor, et leur dit :

« Passez la mer sans plus tarder, avec autant de gens que vous pourrez en réunir; allez à Salisbury, où vous trouverez beaucoup de chevaliers qui y seront venus pour la même cause que vous, et ne bougez pas avant mon retour. »

Puis, comme la Saint-Jean était le lendemain, il reprit sa figure d'écolier, et alla voir Viviane.

Son amie l'attendait. L'apercevant de loin, elle courut au-devant de lui, le prit par la main et le conduisit dans le *Jardin de joie*, où un joyeux repas était servi sur l'herbe, au bord de la fontaine.

Si Merlin avait trouvé Viviane bien belle la première fois qu'il la vit, il la trouva plus belle encore cette fois. Eût-elle vécu jusqu'à la fin du monde, on ne lui aurait donné que quinze ans; sa peau était si fraîche, si blanche, et si polie! Il se mit à l'aimer d'un amour tellement violent qu'il en était presque fou.

Quand elle fut sûre qu'il l'aimait, elle le pria de lui apprendre les secrets qu'il lui avait promis. Merlin lui en enseigna trois, savoir : à faire couler de l'eau là où jamais eau ne coula ; à changer de forme à son gré ; à endormir qui elle voudrait.

Devinant sa pensée touchant ce dernier point :
« Pourquoi me demandez-vous cela ? dit-il.

— Pour endormir mon père et ma mère toutes les fois que je voudrai venir vous voir, répondit Viviane en rougissant (car elle ne disait pas la raison véritable); sachez qu'ils me tueraient s'ils se doutaient que je vous aime. »

Merlin résista quelque temps ; mais un jour elle lui parla d'une voix si douce qu'il lui apprit les trois paroles à l'aide desquelles on endort. Tout en l'aimant sincèrement, Viviane s'en défiait beaucoup trop ; si elle l'eût mieux connu, elle n'aurait pas pris tant de précautions contre lui, car nous ne lisons pas que Merlin ait jamais aimé personne autrement que d'amour loyale, quoiqu'il ait aimé éperdument, comme Viviane en fit l'épreuve.

Il lui enseigna donc ce secret, et bien d'autres secrets encore ; Dieu, notre seigneur, le voulait ainsi.

XXXIX

Après huit jours passés dans le *Jardin de joie*, Merlin revint trouver Arthur, lui annonçant l'arrivée à Salisbury de cinquante mille chevaliers de la Petite-Bretagne, et, chose encore plus heureuse, celle des six rois ses vassaux ; puis il le conduisit au lieu du rendez-vous.

Arthur, en voyant cette armée, ne savait comment remercier Merlin :

« Doux ami, je ne sais que vous offrir ; mais je veux que vous soyez toujours mon gouverneur et mon seigneur ; c'est par vous que j'aurai ma terre franche et libre. »

Libre et franche en effet fut bientôt la terre du roi. Le matin de la grande bataille qui devait délivrer la chrétienté des païens, Merlin lui ayant fait part de ses projets, et Arthur lui ayant dit de faire ce qui lui conviendrait, qu'il s'en remettait entièrement à Dieu et à lui ; le bon devin visita l'un après l'autre les six rois dans leurs pavillons, et les prévint de se tenir prêts à combattre pour le lendemain.

Le lendemain au point du jour, monté sur son cheval noir, et portant la bannière du roi, il s'avança devant l'armée, et montrant l'ennemi :

« Les voilà, dit-il, ceux qui ont pris et ravagé notre terre. On va voir aujourd'hui comment il en sera tiré vengeance. Aujourd'hui c'est le jour où le pays de Bretagne sera vaincu ou honoré. Que notre douce terre, je vous en conjure, ne perde son prix, son honneur et sa renommée par la faute d'aucun de vous ! »

Tous les chefs s'écrièrent :

« Nous ferons ce que vous voudrez.

— Vous le jurez ?

— Nous le jurons.

— Eh bien, vous venez de promettre fidélité au roi Arthur. Je vous le dis : jamais ces païens n'auraient été chassés, jamais ils n'auraient été détruits tant qu'auraient duré vos discordes. »

Aucun des rois ne contredit Merlin; tous mirent leur main dans sa main, et cette paix fut accueillie par les transports de toute l'armée.

Si la joie fut grande le matin, elle le fut encore plus le soir; culbutés et repoussés jusqu'à la mer, à la voix du bon devin, les païens périrent tous par l'eau ou par l'épée.

« Vous voilà délivré des Saxons cette fois pour toujours, » disait alors Merlin au roi, « toute la chrétienté s'en réjouira ; moi, je retourne à mes affaires. »

Et, montant à bord du navire qui ramenait le roi de la Petite-Bretagne, il dirigea la nef dans la traversée, la main à la barre du gouvernail, et attentif aux vents et aux étoiles.

XL

Ses *affaires*, comme il disait, étaient encore d'aller voir Viviane. Son amie lui fit grande joie, car, malgré sa *cautèle* (quelle est la dame qui n'en ait pas un peu), elle l'aimait d'amour sincère.

Il demeura huit jours près d'elle en fête, et, pendant ces huit jours, il lui raconta son histoire, à commencer par celle de sa naissance, dont elle ne fut pas peu surprise.

Comme au *Jardin de joie*, c'était fête au palais d'Arthur. La mi-août approchant, il avait dit à son neveu Gauvain :

« Beau neveu, je veux tenir une cour si grande et si notable que tous les princes et chefs de l'Occident y viennent de près et de loin, et non-seulement mes vassaux, mais encore les étrangers; non-seulement les riches, mais aussi les pauvres gens. Je veux faire fête et joie à tous, telle qu'il en soit parlé longtemps. »

Gauvain fit si grandement les choses que la ville de Camalot ne put suffire aux invités, et qu'il fallut dresser des tentes sous les murs: repas, tournois, quintaines et danses, rien n'y manqua. On n'avait jamais vu pareille fête en Grande-Bretagne.

Naturellement, les jongleurs et les ménestrels y accoururent en foule. Au banquet, comme le sénéchal, messire Keu, revêtu de sa pelisse d'hermine, servait le premier plat sur la table du roi, arriva un joueur de harpe qui attira l'attention de tout le monde.

Il portait une cotte de satin et une ceinture dorée, ornée de pierres précieuses jetant une telle clarté que les yeux en étaient éblouis. Ses cheveux blonds retombaient en boucles sur ses épaules. Sur la tête il avait une couronne d'or comme un roi; ses chausses étaient de soie d'un brun orangé, ses souliers, en cuir blanc de Cordoue pailleté d'or, se rattachaient sur le coude-pied par des boucles d'or. A son cou il portait une harpe d'argent ciselé, dont les cordes étaient dorées, et où brillaient çà et là des diamants incrustés. Sa figure était la plus belle qu'on pût voir, et toute sa personne charmante. Par malheur, avec de fort beaux yeux, il était aveugle. A sa ceinture pendait une chaîne; cette chaîne retenait un lévrier plus blanc que neige, portant un collier en vermeil; et ce lévrier, de lui-même, l'avait conduit devant le roi.

Or, il chantait sur sa harpe d'une voix si douce un lai breton, que c'était merveille de l'ouïr. Au refrain de son lai, il saluait le roi et la reine et tous les compagnons de la Table-Ronde.

Le sénéchal restait debout, muet d'étonnement, ne se lassant pas d'admirer le harpeur breton.

XLI

En ce moment arriva un messager royal, avec une lettre scellée de dix sceaux. Il la présenta au roi, qui la donna à lire à l'archevêque Dubriz. L'archevêque la déploya et lut :

« Le roi Rion, seigneur et gouverneur de toute la terre d'Occident, au roi Arthur.

« Sachent tous ceux qui ces lettres verront et entendront que j'amène avec moi neuf rois couronnés, et les chevaliers de leurs royaumes. De tous les rois que j'ai vaincus à la pointe de mon épée par mon courage, j'ai pris les barbes avec la peau, et en souvenir de mes victoires, j'ai fait un manteau de satin que j'ai fourré de barbes royales. Ce manteau est prêt et garni de ses attaches, il n'y manque plus que la frange. Or, ayant entendu parler des hauts faits d'armes du roi Arthur, dont la renommée court le monde, j'ai voulu qu'il fût plus honoré que tous les autres rois. Je le prie donc de m'envoyer sa barbe pour faire la frange de mon manteau. Je l'y placerai avec honneur. Qu'il me l'envoie par un des plus vaillants compagnons de sa Table-Ronde; sans quoi, j'irai l'arracher moi-même de mes propres mains. »

Rion voulait prendre sa revanche de l'échec qu'il avait subi en attaquant Léodagan.

On se figure assez l'indignation de l'archevêque et les cris des chevaliers d'Arthur. Ils allaient mettre à mort l'insolent messager, quand le roi, se levant avec calme et caressant sa longue barbe :

« Mon ami, va dire à ton maître qu'il peut venir chercher ma barbe lorsqu'il voudra. »

XLII

Le malencontreux messager une fois parti, le jeune ménestrel aveugle continua de jouer de la harpe et de chanter, d'une table à l'autre, et les convives ne cessaient de l'écouter avec admiration, car ils n'étaient pas habitués à voir un tel joueur de harpe. Pour lui, ramené devant le roi par son lévrier, il lui dit:

« Seigneur, s'il vous plaisait, j'aurais la récompense de mon service.

— Certes, mon ami, c'est bien juste : demande ce que tu voudras : sauf mon honneur, mon royaume, ma femme et mon épée, je ne te refuserai rien.

—Loin de perdre votre honneur, vous en gagnerez, au contraire, répondit le ménestrel.

— Parle donc hardiment, dit le roi.

—Donnez-moi, seigneur, votre enseigne à porter à la première bataille. »

Le roi sourit :

« Mon ami, ce ne serait pas chose à mon honneur ni à celui de mon royaume, et pas davantage à la gloire de mon épée. Quand Notre-Seigneur Jésus-Christ t'a privé de la vue, comment y verrais-tu pour porter l'enseigne royale, qui doit être le refuge et la sûreté de l'armée?

— Ah! ah! fit le harpeur, Dieu saura bien me guider. N'est-ce pas lui le vrai guide? Il m'a conduit en maints lieux dangereux. Je vous le répète, ce serait à votre profit. »

Les barons s'émerveillèrent. Le roi de la Petite-Bretagne regarda de près le ménestrel, et se rappela qu'à l'âge de quinze ans il avait vu Merlin sous cette forme arriver à la cour. Il dit donc au roi :

« Accordez-lui sa demande ; il ne semble pas homme à être rebuté.

— Comment, s'écria Arthur, y pensez-vous?

Donner mon enseigne à une personne qui n'y voit
goutte ! »

A peine il achevait ces mots que le ménestrel
disparut.

XLIII

Alors le roi se souvint de Merlin, et demeura
silencieux, regrettant de ne pas lui avoir accordé
sa demande.

« Par ma foi ! dit le roi de la Petite-Bretagne,
vous deviez bien le reconnaître !

— C'est vrai, répondit Arthur ; mais ce qui
m'a dérouté, ça été de le voir conduit par un
chien, lui qui sait conduire une armée.

— Qui était-ce donc ? demanda Gauvain, surve-
nant.

— Mon neveu, dit Arthur, c'était Merlin, notre
maître à tous.

— En effet, remarqua le sage Gauvain, il se
déguise souvent ainsi pour nous réjouir et nous
divertir. »

Il parlait encore qu'on vit paraître dans la salle
un enfant de huit à dix ans. Il avait le teint

livide, la tête rasée, des yeux hagards à fleur de tête; il était nu-jambes et nu-pieds; il portait un fouet en sautoir; il avait tout l'air d'un fou.

S'agenouillant devant Arthur :

« Le roi Rion, dit-il, arrive; préparez-vous à marcher contre lui; où est votre bannière? qu'on me la donne à porter. »

Ceux du palais se mirent à rire, mais le roi cette fois ne rit pas :

« Vous l'aurez, mon ami, je vous l'accorde de bon cœur.

— Et bien vous faites, répondit le fou; elle ne sera pas en mauvaises mains. »

Merlin, alors reprenant sa figure ordinaire, dit au roi Arthur qu'il allait prévenir les alliés.

XLIV

Cependant le roi des îles, à la tête de son armée, s'avançait contre celle d'Arthur.

Quand elles eurent combattu quelque temps, le géant Rion, voyant la grande tuerie qui commençait de part et d'autre, saisit un drapeau, et alla au-devant de son adversaire :

« O roi, pourquoi cette boucherie? Rendons nos gens joyeux. Qu'ils se retirent, et combattons tous deux. »

Arthur accepta le duel. Quel duel ! on n'en vit jamais de semblable.

Le combat que le roi breton avait soutenu sous les yeux de Genièvre contre un autre géant n'avait été qu'un jeu auprès de celui-ci. La chair des deux rois paraissait à travers les trous de leurs cuirasses d'or; leur sang formait une mare autour d'eux; leurs chevaux n'étaient qu'une plaie.

Comme ils reprenaient haleine, Rion parla ainsi :

« Je n'ai jamais trouvé ton pareil. C'est dommage que tu doives mourir si jeune; prends pitié de toi-même, et conviens que tu n'en peux plus. Je te laisse la vie, et je renonce à finir mon manteau. »

Arthur rougit de colère; pour toute réponse il fit voler, d'un coup d'épée, la tête du cheval du géant, et, renversant sous lui son adversaire :

« Rends-toi, ou tu es mort.

— J'aime mieux mourir, hurla le géant.

— Vis pour achever ton manteau ; tiens, voilà de quoi le finir. » Et Arthur lui coupait la barbe.

« Je suis honni, je veux mourir.

— Relève-toi, te dis-je, finis ton manteau, vis joyeux et bois. »

Le roi des îles ne voulait pas vivre humilié, et comme son généreux ennemi lui tendait la main pour le relever, il lui porta un coup de traître.

Arthur chancela, puis tomba. Mais, dans sa chute, la bonne épée qu'il devait à Merlin avait envoyé la tête du géant perfide baiser celle du cheval mort.

Transporté à Camalot, Arthur fut longtemps à se remettre de ses blessures ; mais enfin, grâce aux soins de Genièvre et de Merlin, elles se fermèrent.

Voyant le roi rétabli, les païens chassés, les grands vassaux réconciliés avec leur suzerain, et la paix rétablie dans tout le royaume, Merlin dit à Arthur :

« Maintenant vous n'avez plus besoin de mes services, permettez-moi de vous quitter. »

A ces mots, le roi devint triste et répondit en soupirant :

« N'ai-je pas toujours besoin de vous ? Puis-je

rien faire sans votre aide? Je voudrais vous garder éternellement près de moi. Pourquoi me quitter? »

Merlin ne fit point connaître ses raisons; il se contenta de répondre :

« Quand il le faudra, je reviendrai.

— Et quand le faudra-t-il? » demanda le roi.

Merlin répondit :

« Quand le Lion, fils de l'Ours et de la Panthère, arrivera dans ce royaume[1]. »

Et laissant le roi ébahi de cette réponse énigmatique, il partit.

XLV

Mais il partit si brusquement que ceux qui le virent s'écrièrent : « Merlin a perdu la raison. » Il partit si vite que ni cheval ni cerf n'aurait pu l'atteindre. Il s'en alla droit à la forêt, et de la forêt à la mer, et à travers la mer, à Rome; et il

[1] Nous verrons effectivement Merlin reparaître, son livre de prophéties à la main, sous le règne du *Lion*, c'est-à-dire d'Henri Ier, pour servir les sujets opprimés d'Arthur. C'est à ce retour idéal que le roman fait allusion.

se montra là sous la forme d'un cerf, puis d'un homme sauvage; y fut pris, enchaîné, conduit devant l'empereur, lui expliqua un songe des plus intéressants pour son honneur conjugal, recouvra la liberté, courut à Jérusalem, où il donna à un autre prince des preuves de sa puissance divinatoire, et, enfin, harassé de sa course furieuse, sinon guéri de la passion qu'il voulait peut-être étourdir, il revint pour se reposer dans l'ermitage de son maître Blaise.

Après être demeuré quelque temps près du bon ermite, et lui avoir fait le récit de ses voyages, il lui dit :

« Il faut que je vous quitte, je veux voir Viviane. »

En vain l'ermite le conjura de n'en rien faire; Merlin persista dans sa résolution :

« Je n'aurai jamais le courage de l'abandonner; cependant je sais bien qu'une fois auprès d'elle, je n'aurai plus la force de revenir vers vous.

— Puisque vous savez ce qui doit vous arriver, n'y allez pas.

— J'irai, car je lui ai promis ; je l'aime d'un tel amour, que je ne me puis retenir. C'est moi, d'ailleurs, moi seul qui lui ai donné son pouvoir, et je l'augmenterai encore. Elle saura tout ce que je sais; je ne m'en pourrais, je ne m'en puis, je ne m'en veux défendre. »

Le bon ermite, le tenant pour fou, se mit à pleurer; il l'embrassa, et Merlin partit, pleurant aussi, lui, de quitter son cher maître.

XLVI

Quand Merlin revint vers Viviane, les églantiers étaient en fleur, au bord de la forêt, comme au jour où il vit son amie pour la première fois. Comme alors, il avait pris sa mine éveillée, ses cheveux blonds bouclés, sa cotte et son chaperon d'écolier.

Viviane le trouva si charmant qu'elle lui témoigna plus d'amour que les autres fois. Cependant elle se désolait à l'idée de le voir la quitter encore, et cherchait comment elle pourrait le retenir près d'elle, ainsi jeune et beau, pour toujours; mais vainement elle imagina vingt moyens, et vainement elle les employa; Merlin seul eût pu lui venir en aide. Voyant cela, elle se mit à lui faire des caresses comme elle ne lui en avait jamais faites.

« Mon doux ami, il y a encore une chose que je ne sais pas, et je l'apprendrais volontiers ; je vous prie de me l'enseigner. »

Merlin, quoi qu'il devinât sa pensée, lui demanda ce que c'était.

« Doux ami, je voudrais savoir comment emprisonner quelqu'un sans pierres, sans bois et sans fer, et seulement par enchantement. »

Merlin hocha la tête et soupira.

« Pourquoi soupirez-vous? dit-elle.

— Douce dame, je vois bien ce que vous pensez, et que vous voulez me retenir, mais je me sens si faible que, bon gré malgré, il faudra que je vous accorde ce que vous demandez. »

Viviane, avec une joie d'enfant, lui sauta au cou :

«Mon doux ami, n'est-il pas juste que vous soyez mien, puisque je suis vôtre? N'ai-je pas quitté père et mère pour vous? Tout mon désir, toute ma pensée, n'est-ce pas vous? Sans vous, ai-je joie ou bonheur? En vous est toute mon espérance, je n'attends de bien que de vous, et puisque je vous aime et que vous m'aimez, j'ai bien droit que vous fassiez ma volonté, comme vous avez droit que je fasse la vôtre. »

Merlin répondit :

« Oui, je la ferai de tout mon cœur, ma douce amie ; c'est justice ; demandez-moi ce que vous voudrez.

— Je veux, reprit Viviane, que ce *Jardin de joie* ne soit jamais détruit, que nous y vivions toujours tous les deux, sans vieillir, sans nous quitter, sans jamais cesser de nous aimer et d'être heureux.

— Je ferai ce que vous désirez, répondit Merlin.

— Ne le faites pas vous-même, mon doux ami ; mais dites-moi comment m'y prendre. »

Merlin lui apprit donc comment elle devait s'y prendre, et Viviane en fut si ravie qu'elle redoubla ses tendresses.

Or, un jour qu'ils se promenaient, seul à seul, la main dans la main, sous les feuilles nouvelles, à Brocéliande, ils trouvèrent un grand buisson d'aubépine tout chargé de fleurs. Ils s'assirent dessous, à l'ombre, parmi l'herbe verte, et Merlin reposa sa tête sur les genoux de Viviane.

Passant et repassant avec amour ses doigts

dans les cheveux blonds de l'enchanteur, Viviane finit par l'endormir. Lorsqu'elle sentit qu'il dormait, elle se leva et tourna neuf fois son écharpe autour du buisson d'aubépine fleurie, en faisant neuf enchantements que Merlin lui avait appris. Puis elle revint s'asseoir près de lui, et remit la tête de son ami sur ses genoux, pensant que ce qu'elle avait fait n'était qu'un jeu, et qu'il n'y avait rien de sérieux dans ces enchantements.

Mais quand Merlin ouvrit les yeux et regarda autour de lui; la forêt, le jardin, l'aubépine, tout avait disparu, et il se trouvait dans un château enchanté, couché sur un lit de fleurs, prisonnier d'amour de Viviane.

« Ah ! Viviane, s'écria-t-il, je croirais que vous avez voulu me tromper si vous me quittiez jamais !

— Mon doux ami, répondit Viviane à son cher captif volontaire, pourriez-vous le croire ? Pourrai-je vous quitter jamais ? »

Et elle lui tint parole.

Ici finit le roman de Merlin, qui, en tous lieux où chevaliers de langue française demeuraient, était aimé et recherché au-dessus des autres ouvrages répandus parmi les peuples; et plaît toujours et plaira tant que le monde durera. « Du grand livre que fit messire Robert de Borron, » — poursuivrai-je avec son parent et compagnon d'armes, le chevalier Élie de Borron, — « j'ai pris quelques fleurs, et de ces fleurs, j'ai fait une couronne à Merlin. »

Je ne franchirai pas le seuil du château où il dort, toujours jeune et beau, dans les bras de Viviane; qu'il me suffise d'en avoir entr'ouvert la porte d'ivoire.

Encore moins suivrai-je l'enchanteur à travers les fantaisies des continuateurs et des imitateurs de son noble panégyriste. L'esprit grivois et goguenard y remplace progressivement l'esprit moral et grave passé de la tradition bretonne dans l'œuvre française primitive. Le sentiment est chassé trop souvent par le rire; ce qui est élevé, par ce qui est plat; le sérieux, par l'amusant. A la fin, Merlin sera plus ou moins moulé sur le type scolastique et vulgaire du savant devenu fou d'orgueil, du sage Salomon que séduisent les femmes étrangères, du poëte Lucrèce que la perfide Lucile empoisonne, du vieillard de la comédie, victime de sa sotte passion. Et la verve de Rabelais, pas plus que l'art de Tennyson, ne parviendront complétement à vaincre la pitié qu'inspirera cette figure tombante.

Après avoir vu comment la plus ancienne tradition romanesque a fait agir Merlin, comment elle a personnifié et idéalisé en lui le dévouement passionné à tout ce que la grande époque chevaleresque jugeait digne de son respect, je veux dire la religion, la patrie, la royauté, l'amour; l'amour pur, discret, délicat; la solitude à deux, éternellement enchantée; nous allons voir de quelle manière on l'a fait parler.

LIVRE II

ŒUVRES DE MERLIN

I

LES PROPHÉTIES DE MERLIN EN CAMBRIE.

En quittant le monde enchanté pour entrer dans celui de l'histoire, il convient de rappeler sommairement les grands événements du onzième et du douzième siècles auxquels le nom et l'autorité de Merlin vont se trouver mêlés : c'est l'époque où sa renommée de prophète arrive à son point culminant, et où, sans cesser d'être un héros national, il devient un héros pour l'humanité.

L'année 1066 fut marquée par une expédition qui causa chez les peuples d'origine bretonne une explosion d'enthousiasme dont il est impossible aujourd'hui de se faire une idée. A la nouvelle des préparatifs de la descente de Guillaume en Angleterre, un long cri d'espoir retentit de la pointe de Cornouailles au golfe du Solway, répété et prolongé par tous les échos de l'Armorique. Ce cri était celui-là même qui partit du cœur de Merlin en présence du tyran de sa race, et que ses compatriotes n'avaient cessé de pousser à chaque lueur d'espérance : « Notre nation se relèvera et elle chassera les Saxons [1] ! »

Les Bretons des deux côtés du détroit regardaient les Normands comme les exécuteurs de la justice divine à l'égard de leurs oppresseurs ; ceux de l'île hâtaient de leurs vœux le départ de Guillaume et des généreux auxiliaires qui devaient les délivrer [2] ; ceux du continent couraient se ranger sous sa bannière, dit un contemporain, avec l'ardeur d'un essaim d'abeilles, pressées de regagner la ruche d'où l'orage les a éloignées. Au ban de guerre de leurs chefs nationaux, qui

[1] Voyez plus haut, p. 93.
[2] God had brought in the Normanes to revenge his anger upon the Angles and Saxons that had traiterously and cruelly slaine the Brytaines. (Caradoc de Lancarvan, trad. de Humphrey Lhoyd, *History of Cambria*. Ed. de 1584.)

les appelaient des quatre coins de l'Armorique à la reprise du patrimoine de leurs ancêtres, ils répondirent par milliers. Trouvèrent-ils dans la plaine d'Hastings les indigènes réunis pour la même cause? On doit le croire, en se rapportant à quelques lointains souvenirs, et surtout en songeant qu'en plein dix-huitième siècle les Gallois et les Armoricains des armées anglaise et française fraternisèrent sur le champ de bataille de Saint-Cast : du moins, après avoir tendu les bras à leurs frères du continent, au départ de l'expédition d'Angleterre, les saluèrent-ils, le lendemain de la victoire, comme des libérateurs. Leur reconnaissance éclata en chants populaires dont le *timbre* résonne encore dans des rimes latines, improvisées par des moines gallois, sous l'impression du moment, en l'honneur de la colonie venant au secours de la mère-patrie.

« O noble contrée! contrée victorieuse! Puissante par les armes, triomphante Armorique! Salut! Quel pays plus chanté que toi par les bardes guerriers[1]?

[1] Dives provincia! victoriosa!
   Potens in armis! victrix Letavia!
   Nulla potentior in laude bellica?

« Fille d'une mère bretonne, ta mère t'a bien élevée; la victoire te suit partout !

« Nos princes bretons, remplis de vaillance; nos nobles chefs, issus de plus nobles encore, autrefois possesseurs de ce pays, puis dépossédés, avaient perdu leur patrie, et y étaient devenus comme des étrangers [1] ! »

Les Normands partagèrent naturellement avec les Bretons d'Armorique la reconnaissance des indigènes; Guillaume était le Cyrus de ces nouveaux Israélites; ils allaient jusqu'à se réjouir de la réputation de férocité qui le précédait, et que ses compatriotes avaient laissée dans tous les pays qu'ils avaient conquis : il ne souffrirait pas, assurait-on, qu'un seul noble de sang anglais restât en Angleterre; le nom d'Anglais même deviendrait une injure pour toute personne bien élevée; il disparaîtrait comme celui d'un peu-

---

[1] Sumpsit originem a matre britannica,
Erudita fuit a matre filia;
Sequitur natam tota victoria!

Britanni principes, vigore pleni;
Nobiles duces, sed nobilissimi
Quondam hæredes, postea exhæredati
Amiserant propria, ut alieni.
(Rees, *Lives of the Cambro-british saints*, p. 158.)

ple maudit des hommes et de Dieu. Mais par quel nom devait-il être remplacé? Les Bretons ne doutaient pas que ce fût par le leur : anciens possesseurs du sol, ils en recevraient une large portion de leur allié royal, qui en héritait du chef d'Arthur, leur vieux roi, dont il avait vengé la race en punissant Harold et ses sujets.

Les événements justifièrent d'abord ces illusions : nantis des fiefs d'un grand nombre d'Anglais du comté d'York dépouillés, les chefs armoricains crurent réaliser la prédiction que Merlin avait faite à leurs pères le jour où les Saxons les chassèrent de la terre natale; et les Bretons insulaires, non moins confiants dans les promesses de leur prophète que dans celles du rusé conquérant normand, virent une délivrance dans un simple changement de joug. Quand leurs yeux s'ouvrirent enfin, quand ils s'aperçurent de leur erreur et des desseins de leurs nouveaux maîtres, il était trop tard : les marches de leur pays étaient envahies, l'antique frontière légale d'Offa perfidement franchie, et la conquête de leur dernier retranchement entreprise à force ouverte pour ne plus s'arrêter.

Alors les populations bretonnes recommencèrent la résistance que leurs ancêtres avaient opposée à la tyrannie anglo-saxonne. La domination des Normands n'était pas plus douce, et la condition des indigènes devint peu à peu intolérable : tributs, exactions, violences, emprisonnements, massacres, vexations de toute nature ; jamais, dit un contemporain, on n'avait vu autant de douleurs et de maux que pendant les années qui suivirent l'arrivée des Normands en Angleterre : plus de commerce dans les villes, plus de labour dans les campagnes ; beaucoup de riches et de nobles mendiaient ; les pauvres gens mouraient de faim ; ceux qui purent fuir s'expatrièrent, comme autrefois leurs aïeux, « et l'on disait tout haut que Jésus-Christ et tous les saints du paradis dormaient [1]. »

C'était bien le cas de veiller pour les chefs indigènes non encore soumis ; leurs auxiliaires dans les temps d'épreuve, les bardes, veillaient pareillement ; une grande renaissance poétique commençait alors en Cambrie : depuis celle du sixième siècle, rien de pareil n'avait eu lieu. Taliésin et Merlin reparaissaient dans de

[1] Orderic Vital, p. 522. Cf. la *Chronique saxonne*. Ed. du Rev. J. Earle.

dignes héritiers de leur inspiration ; l'antique *fautouil bardique* se relevait, entouré d'honneurs et de priviléges : à aucune époque l'homme qui l'avait gagné n'avait été plus considéré. Confident, conseiller, ambassadeur et historiographe du prince, le barde, dans un intérêt national, se prêta souvent à jouer un rôle politique légitimé par les circonstances, et non d'ailleurs sans précédents ; il prophétisa à la manière des anciens voyants de sa nation, et, pour donner plus d'autorité à ses prédictions, il les attribua souvent au plus fameux d'entre eux, à Merlin lui-même, profitant adroitement de celles que le peuple prêtait au devin, et prenant ce qui était vrai ou du moins ancien et traditionnel comme point de départ et comme base de prédictions nouvelles, destinées à exercer sur la foule une influence immédiate. Depuis la victoire d'Hastings et la chute de la tyrannie saxonne, toute expédition nationale projetée, soit en Cambrie, soit en Cornouailles, soit sur les frontières de l'Écosse, soit en Armorique, dans toutes les terres bretonnes, fut plus que jamais annoncée par quelque barde comme devant réussir, d'après l'oracle de Merlin : l'accomplissement de sa prophétie contre les Saxons n'avait-il pas justifié avec éclat la foi qu'il inspirait à la race opprimée? le passé ne garantissait-il pas l'avenir? Ainsi pensaient surtout les Bretons-Cambriens. Leurs chefs nationaux cherchaient l'occasion de mettre à profit la crédulité populaire, et leurs bardes de faire parler Merlin, quand un événement de peu d'importance en lui-même leur offrit ce qu'ils désiraient, six ans seulement après l'arrivée des Normands en Angleterre.

Raoul, seigneur de Gaël, en Bretagne, qui tenait par son père aux Bretons du continent, et par sa mère, princesse galloise[1], à ceux de l'île, où il avait des terres considérables, produit de la conquête, voulut se marier dans ses nouveaux domaines; mais l'alliance déplut au roi Guillaume, et il s'y opposa. Outré du despotisme d'un prince qu'il avait lieu de regarder comme un ingrat, après les services qu'il lui avait rendus, Raoul appela aux armes ses compatriotes du continent, dont Guillaume était détesté pour avoir fait empoisonner leur duc; en même temps, il demandait aide et assistance à ses parents et amis du côté maternel, les Gallois, auxquels le

---

[1] This Radulph's mother came out of Wales. (Caradoc, ap. Lhoyd, p. 82.)

roi normand n'était pas moins odieux qu'aux Armoricains[1]. Malgré les secours empressés des princes et du peuple de Galles, son entreprise ne fut pas heureuse; ses auxiliaires n'en retirèrent qu'un nouveau surcroît d'oppression ; lui-même, dépouillé de ses fiefs du comté de Norfolk, se vit contraint de retourner dans son pays pour y chercher de nouvelles forces, et ceux de ses compagnons gallois, qui purent échapper aux gibets et à la mutilation, ne tardèrent pas à l'y suivre, conduits par un prince de la Cambrie méridionale, Rhys, fils de Théodore, descendant des vieux rois bretons.

Les Normands s'applaudissaient d'avoir « balayé de l'île cette ordure bretonne[2], » comme ils le disaient dans leur langage méprisant ; mais leur joie dura peu : bientôt ce fut le tour des indigènes de se réjouir.

Quatre ans à peine s'étaient écoulés (les poëtes gallois en comptent quatre-vingts ; les années de l'exil ne sont-elles pas des siècles ?), quand on

---

[1] Radulph sent for many of his mother's friends and kinsmen, meaning through their aid and procurement to get the princes and people of Wales to joine with him in this enterprise. (*Ibid.*)
[2] Spurtitia Britonum.

entendit répéter dans tout le midi de la contrée à peu près ces paroles :

« Savez-vous ce que Merlin, devisant autrefois avec sa sœur, a prédit? Il a prédit les noms de tous les rois qui doivent régner sur nous ; trente-quatre se sont succédé dans l'ordre indiqué par le prophète ; l'avènement du trente-cinquième approche : c'est Rhys, fils de Théodore, fils d'Houel le Bon, fils du grand Rodri, fils du barde-roi, Lywarch-Hen, et de tant d'autres chefs fameux ; nous allons le voir revenir d'Armorique et monter sur le trône. Merlin l'a désigné sous le nom de Kadwalader (l'ordonnateur de la bataille) ; il a indiqué depuis cinq siècles le lieu où le prince doit débarquer. Écoutez ce qu'il répond à sa sœur lorsqu'elle veut savoir dans quel endroit du pays aura lieu le débarquement :

« Quand le Kadwalader descendra, ce sera sur
« les bords de la rivière de Towy ; les eaux se-
« ront chargées de ses navires ; les flots des
« Bretons belliqueux inonderont la plage avec
« fracas. »

« Et lorsqu'elle lui demande :

« Combien de temps régnera le Kadwalader ?

« Il lui dit :

« Il régnera trois mois, et trois ans, et trois
« siècles entiers, dans la justice et la lumière. »

« Puis il ajoute :

« Il réunira toute l'île de Bretagne sous son
« sceptre ; jamais la race kymrique n'aura eu
« un fils plus vaillant [1] ! »

Eh bien, avant la fin de l'année où les bardes
patriotes fesaient circuler parmi le peuple cette
prédiction apocryphe de Merlin, les Gallois méridionaux accouraient dans la vallée de Towy pour
recevoir l'héritier de leurs anciens chefs nationaux ; le prince se mettait à leur tête, et, avec leur
aide et des recrues amenées d'Armorique, il commençait l'affranchissement de son pays.

L'époque du retour de Rhys, le lieu de son débarquement, son dessein, ses intérêts, tout
prouve jusqu'à la dernière évidence qu'un barde
qui l'aimait, comme Merlin aima le roi Arthur,
ou comme Blondel devait aimer Richard, avait
préparé d'avance cet événement inespéré ; un critique gallois, d'une rare sagacité, va même jusqu'à dire que l'auteur du dialogue prophétique

---

[1] *Myvyrian*, t. I, p. 146 et 140.

entre Merlin et sa sœur venait d'Armorique, et que c'est le prince Rhys lui-même [1].

Mais il fallait que quelque grande victoire inaugurât le retour du chef gallois dans sa patrie. Il ne fut pas plus difficile de la faire annoncer par Merlin, qu'il n'avait été malaisé de lui faire prédire le débarquement de Rhys et la délivrance du pays. Le chef de la Cambrie septentrionale, Gruffyth, fils de Konan, avait fui en Irlande, comme le chef du Midi sur le continent. Informé du rétablissement de Rhys, il se concerta avec lui pour attaquer ensemble l'ennemi sur un point élevé du pays, la montagne de Carno, où, grâce à une position très-avantageuse, ils étaient presque sûrs de vaincre. Messagers des deux princes et confidents de leurs projets, les bardes du Midi, comme ceux du Nord, se mirent à chanter et tout le peuple répéta :

« L'inspiration prophétique de Merlin l'annonce : une sanglante bataille sera livrée sur les hauteurs ; les armées se rencontreront aux environs de Nant-y-glo, au revers de la montagne de Carno ; le sang coulera par torrents depuis la

[1] We must conclude that he was in the distant province of Brittany. (Stephens, *the Literature of the Kymry*, p. 217.)

garde jusqu'à la pointe des épées ; le clairon sonnera notre délivrance ; des milliers d'étrangers périront ; la victoire nous restera [1]. »

Peu de mois après, en effet, l'année même qui suivit le retour de Rhys dans son pays, pendant l'hiver de 1078, les Gallois méridionaux, réunis à leurs compatriotes des hautes terres et aidés d'un secours venu d'Irlande, remportaient la victoire de Carno, si fameuse dans les annales galloises, qui replaçait toute la Cambrie sous l'autorité des anciens souverains nationaux [2]. Elle y resta un demi-siècle; plus d'union aurait assuré à ses habitants l'indépendance indéfinie que Merlin figura par les trois cents années de règne de leur libérateur. Malheureusement les guerres civiles, trop fréquentes parmi les Gallois, facilitèrent les progrès de leurs ennemis, et ils se virent peu à peu enfermés dans une formidable ceinture de fortications.

[1] Le Rév. Thomas Price a entendu lui-même chanter ces vers prophétiques à des insurgés gallois. (Voyez son *Tour through Brittany*, p. 92, 93 et 94.)

[2] After they had meet at the mountain of Carno they fought a cruel battell. But at the lengh the victorie fell to Gruffyth and Rees; then the kingdom of Wales came under the rule of the right heires againe. (Caradoc, trad. de Lhoyd, p. 85.)

A la longue, il est vrai, la concorde se rétablissait devant le péril national, et des conférences avaient lieu, où les intéressés prenaient, d'un commun accord, des résolutions efficaces. Une de ces conférences se forma à la nouvelle de la mort d'Henri Ier, et elle fut favorisée par la guerre qui éclata entre les partisans d'Étienne et ceux de Mathilde.

Deux jeunes princes du Nord, fils de Gruffyth, « l'espérance de tous leurs compatriotes », selon l'expression d'un écrivain du temps [1], se mirent à la tête du mouvement, et une aggression générale contre toute la ligne des fortifications normandes fut résolue. L'aîné portait précisément le nom de Kadwalader, et nul doute que ses parrains Gallois ne le lui eussent donné au baptême, dans la conviction qu'il réaliserait les promesses attachées à ce nom magique ; nul doute aussi qu'en le voyant surpasser les autres chefs par sa force et son courage [2], ses soldats ne partageassent le sentiment de ses parrains : d'un autre côté, il leur viendrait à propos des auxiliaires d'Armorique, con-

---

[1] In whome remained the hope of all Wales. (Caradoc, ap. Lhoyd, p. 139.)

[2] They passed all others in good and laudable vertues. (*Ibid.*)

duits par un des valeureux Konans, issu du fameux roi conquérant des anciens jours. Inutile d'ajouter qu'à tous ces souhaits, dont le peuple faisait à l'avance des réalités, on ne jugea pas sans importance de donner la consécration de Merlin. Les prophéties du barde furent donc consultées, et parmi celles qu'il était censé avoir adressées à ses pommiers, pendant sa vie sauvage en Calédonie, on en trouva une qui promettait le succès à l'expédition projetée contre les Normands. Aussitôt il n'y eut plus qu'une voix sur toute la frontière du pays de Galles pour répéter ce chant, que les envahisseurs, du haut de leurs donjons, purent entendre sans le comprendre, et peut-être en le dédaignant, mais qui n'en était pas moins l'éclair précurseur de la foudre :

« Pommiers doux, aux fruits délicieux, vous
« qui croissez à l'écart, dans les forêts de la Calé-
« donie ! En vain on vous recherchera pour cueillir
« vos pommes, jusqu'à ce qu'un Kadwalader se
« présente à la conférence du gué de Réon, et qu'un
« Konan s'unisse à lui pour attaquer les étrangers ;
« alors les Cambriens seront victorieux, leur Dra-
« gon sera glorifié, chacun retrouvera ses biens,
« les cœurs bretons seront joyeux. Allez, clairons,

« sonnez les fanfares de la paix et d'un temps meil-
« leur[1]. »

Telle était l'attente populaire excitée par les interprètes de Merlin ; maintenant voici les événements que les historiens gallois du temps ont enregistrés avec une passion comparable à celle des bardes ; voici l'éloge qu'ils font des deux princes dont la victoire vint justifier leur prophète national :

« Terribles et sans pitié pour l'étranger, doux et bons envers les amis du pays ; bouclier des veuves, des orphelins, de tous les déshérités de la terre natale ; supérieurs aux autres chefs par leurs bonnes qualités et leurs vertus, par la force de leurs bras comme par la beauté de leurs corps, Kadwalader et son frère attaquèrent, prirent et détruisirent de fond en comble les forteresses normandes, sur toute la ligne ; ils

---

[1] Afallen peren, a pren fion,
Attif ydan gel, yg koet Keliton !
Kid keisser ofervid herwit y hafon,
Yn y del Kadwaladir oe kinadel ryd Reon,
Kinan ny erbin ef rychwiu ar Saesson ;
Kimry a orvit, kein bit eu Dragon,
Kaffaud paub y theithi, llauen vi bru brython.
Kenhittor kirnn, eluch, kathil hetuch a hinon.
(Ms. noir de Caermarthen, fol. 26, texte inédit.)

remirent le pays sous la domination des indigènes, rendirent leurs biens aux anciens habitants, et chassèrent les étrangers des domaines qu'ils occupaient¹. » En vain, Normands, Flamands et ce qui restait d'Anglais en Cambrie ou sur les frontières réunirent-ils leurs forces pour livrer bataille aux Gallois ; après un combat terrible, ils lâchèrent pied, laissant trois mille morts sur la place et plus de prisonniers, d'armes, de chevaux et de dépouilles de tout genre que les indigènes n'en purent emmener. La victoire de Kadwalader et de son frère fut complète, et leur retour un triomphe ².

« Ce jour-là, le père que l'étranger avait privé d'un fils unique oublia son malheur ³. »

Si le Konan des Bretons d'Armorique ne vint point, selon la prophétie de Merlin, prendre sa part de la victoire, il s'associa du moins à « la joie des cœurs bretons » de l'île ; d'ailleurs les deux jeunes vainqueurs n'avaient-ils pas eu pour

---

¹ Gan, wann, destroied and burned the whole countrie with the castel... subdued the whole countrie... placing againe the old inhabitants and chassing awaie the stranger. (Caradoc., trad. de Lhoyd, p. 139.)

² Idem., ibidem.

³ Cambro-Britton, t. II, p. 13.

aïeul un autre Konan dont l'esprit, qui revivait en eux, les soutint dans leur agression contre les envahisseurs normands? En tout cas, ce n'était pas au moment du succès que les amis du prophète devaient regarder de si près à ses prédictions.

Plus tard, avec les revers, sous un roi moins empêché qu'Étienne, ils crurent que la prophétie ne s'était pas encore accomplie, et un de leurs bardes disait : « Quand donc viendra à notre secours le généreux Konan; quand viendra le grand Kadwalader, cette colonne de nos armées, que Merlin a prédit [1] ? »

C'est alors qu'à défaut des Konans armoricains, fort occupés chez eux, par suite de leurs démêlés avec le roi Henri II, les Gallois songèrent à s'adresser aux rois de France. La France avait la réputation, qu'elle mérite toujours, d'être la protectrice des faibles et des opprimés; nulle part plus qu'au pays de Galles, on ne vantait « sa courtoisie, sa largesse et sa générosité; » un clerc gallois, qui l'avait visitée, racontait des merveilles, dans les assemblées de son pays, des vertus

---

[1] *Myvyrian*, t. I, p. 200.

chevaleresques par lesquelles le peuple français surpassait toutes les nations [1].

« Ailleurs, disait-il, ceux qui commandent sont remplis de fierté et d'insolence; là, ils ne sont haïs de personne et veulent être aimés de tout le monde; là, ils ne se montrent point comme des ours à leurs inférieurs (ainsi que nous en avons vu quelques-uns en Angleterre); là, ils n'agissent point en lions, mais ils sont affables et bons pour leurs sujets. Et tandis que d'autres, voulant être comparés à des bêtes féroces, font peindre sur leurs boucliers ou broder sur leurs étendards des ours, des léopards et des lions; eux seuls, simples et modestes, ont pour armoiries des fleurs. Cependant, chose merveilleuse et bien digne d'être célébrée partout, nous avons vu de nos jours ces fleurs mettre en fuite les lions et les léopards: nous avons vu les bêtes féroces regagner leurs cavernes à la seule odeur des fleurs de lis de France, et au seul souffle des Français [2]. »

---

[1] Strenua Francorum militia... etiam hodie mundum universum exsuperat gloria. (*Girald. cambrensis*, *Ap. scriptor. rerum francisc.*, t. XVIII, p. 160.)

[2] Simplices hujusmodi flores, pardos vincere vidimus atque

254 LES PROPHÉTIES DE MERLIN

Le voyageur ajoutait : « J'ai été à la cour du roi de France (Louis VII) ; là, ni verges, ni bâtons, ni maréchaux, ni valets n'interdisent l'entrée à ceux qui ont des demandes à faire ; il rend justice à chacun, sans délai et gratuitement, et non pour de l'argent, comme ailleurs. »

Il eût pu dire que Louis VII avait assisté les Bretons d'Armorique dans leur résistance contre les Normands, et que les Armoricains le regardaient comme leur suzerain. Peuple de même race, les Bretons-Gallois n'avaient-ils pas lieu, en se considérant comme ses vassaux, de prétendre à la même protection ? Ils l'implorèrent, et un de leurs chefs, Owen, prince de la Cambrie septentrionale, écrivit au roi de France pour lui demander, en qualité de vassal, aide et assistance contre leur ennemi commun.

A peine le messager gallois était parti, que les bardes, habitués à servir d'organe aux intérêts et aux désirs patriotiques, se mirent à chanter ces vers dont ils firent honneur à Merlin :

« O pommiers doux, aux blanches fleurs, vos

---

leones... Bestiæ terribiles solum odore florum, et Francorum afflatu statim in fugam ignave sunt conversæ, speluncasque suas, etc. (*Ibid.*, p. 162.)

fruits délicieux apprennent à expliquer les paroles mystérieuses. L'Ane s'est levé pour exciter ceux qu'il commande [1]; or, je sais de science certaine que l'Aigle [2] va fondre du haut du ciel sur ses guerriers; les armes d'Owen rendent un son terrible; des soldats lui arrivent nombreux, de l'autre côté de la mer, et quoiqu'ils n'entendent pas sa langue, ils le serviront bien.

« O pommiers doux, un voile sombre couvre votre feuillage vert; la trahison et la tyrannie règnent dans nos places fortes; les Bourguignons arrivent conduits par des héros d'Arras; la moisson sera belle, je le prédis, le blé pousse si vert! L'Aigle et ses aiglons arrivent de France : ils ne s'en retourneront pas sans profit pour nous [3]. »

Hélas! l'Aigle ne vint pas de France; vainement Owen l'appela deux fois; mais le projet du chef gallois était de ceux qui méritent de réussir, comme le remarque un écrivain patriote et savant [4]; il fit honneur à la politique de ce prince et dut accroître l'estime de sa nation pour lui.

---

[1] L'Ane en question est le roi d'Angleterre Henri II.
[2] Louis VII.
[3] *Myvyrian*, t. I, p. 153.
[4] Th. Stephens, *loco citato*.

Nous ne voyons pas que la renommée de Merlin ait souffert en rien de cet échec. Ses prophéties furent attribuées au petit-fils d'Owen, et si elles ne reçurent pas leur accomplissement en l'année 1169, on crut, à partir de l'an 1193, qu'elles s'accompliraient sous le nouveau règne. Seulement, les bardes jugèrent à propos d'abandonner le cadre un peu usé des pommiers du prophète, et, au lieu de continuer à le faire parler à ces arbres symboliques dont quelqu'un [1] s'était moqué en les comparant au pommier de mort du paradis terrestre, ils le firent s'adresser à un symbole populaire moins vieilli. La tradition leur en offrit un tout voisin dans le sanglier et ses petits. On connaît son antiquité ; les médailles gauloises l'attestent [2]. Après avoir représenté très-probablement chez les Celtes un certain culte national, et figuré plus tard les derniers druides armoricains et leurs disciples, le sanglier et ses petits étaient devenus au moyen âge la figure de la race bretonne, chefs et peuple. Cette curieuse transformation, soupçonnée par le critique gallois

---

[1] Madawg Dwigraig.
[2] Voyez dans Montfaucon celle des deux sangliers sous un pommier; et le *Barzaz-Breiz*, t. I, p. 10.

que j'aime le plus à citer, est un fait pleinement démontré par les textes : j'ai eu occasion ailleurs de publier une ancienne ballade où il est dit : « C'est un vieux dicton, une vérité bien connue qu'il n'est d'hommes en Bretagne que des sangliers [1]; » et l'historien du duc Jean le Conquérant explique ainsi ce singulier proverbe :

« Les Bretons se font un devoir de vivre en bon accord et de s'aimer jusqu'à mourir les uns pour les autres ; de là vient qu'on les appelle communément, sans vouloir les injurier, des sangliers : les sangliers, en effet, ont un tel instinct d'union que quand l'un pousse un cri tous les autres courent à son aide [2]. »

Les habitants du pays de Galles comprirent donc à merveille leurs bardes nationaux, quand ceux-ci, vers l'an 1210, à la veille d'une levée de boucliers de Lywélin le Grand contre Jean sans

---

[1]   Al lavar koz, ar wirionez :
N'euz tud e Breiz nemet moc'h-gwez.
       (*Barzaz-Breiz*, t. II, p. 42.)

[2]   ..... Telle nature ont,
Quand l'un fort crie, les aultres vont
Tous ensemble por l'aïder.
(Guillaume de Saint-André, en sa chronique. *Hist. de Bretagne*, Preuves, t. II, p. 310.)

Terre, firent retentir le pays de cet appel que Merlin, disaient-ils, adressait aux marcassins de sa solitude :

« Ohé ! chers marcassins ! N'allez pas fouir au haut de la montagne ; fouissez plutôt à l'écart, dans les bois. Je prédis la joie à tous les Cambriens, avec celui dont le nom est Lywélin, de la race de Gwyned, l'indomptable héros !

« Ohé ! marcassins, il le faut, fuyez les chasseurs de Morda [1] ; ils vous tueraient ; ils nous cherchent. Si nous leur échappons, ce n'est pas moi qui me plaindrai de nos fatigues. Je le jure par le neuvième flot des mers, par l'unique barbe blanche de Dyved, cette terre épuisée ; du haut de ma retraite, non pas de l'église, du haut de la demeure où je vis parmi les animaux sauvages, je le jure : tant qu'un Konan ne viendra pas visiter mon pays, la charrue ne labourera pas ses champs.

« Ohé ! marcassins bénis, voici que ma Chwiblian [2] m'annonce un événement qui m'émeut :
« Quand l'Angleterre campera dans le pays de
« notre prince héréditaire ; quand la forteresse

[1] Chef breton du nord, contemporain du barde Merlin.
[2] C'est de ce nom que les romanciers ont fait l'*iviane*.

« de Déganwy sera forcée de veiller ; quand l'An-
« gleterre et Lywelin viendront aux mains, que
« l'enfant, la sœur et l'épouse prennent la fuite ;
« car alors un héros, fils de Dunod, s'enflammera,
« l'étranger fuira par un chemin peu agréable ;
« on fera des siens un grand carnage à l'embou-
« chure du Dulaz, et ses habits blancs devien-
« dront rouges [1]. »

Les Gallois répondirent à cet appel allégorique, en se retranchant dans les forêts et les marécages, avec leurs femmes, leurs enfants et leurs troupeaux, et laissant la plaine, où les étrangers avaient trop bon marché de leurs bandes à moitié nues. Réduit aux places de Chester et de Déganwy, harcelé à chaque sortie par les indigènes, privé de vivres, et sans moyen de communication avec son royaume, le roi Jean se vit forcé de renoncer momentanément à la conquête de la Cambrie septentrionale et de revenir en Angleterre.

Sa retraite fut une victoire pour les Gallois, qui ne manquèrent pas d'en faire honneur aux sages conseils de Merlin.

[1] Voy. le texte aux Pièces justificatives, n° IV.

Cependant Lywélin mourut sans avoir pu réaliser complétement les prédictions du prophète, et elles furent appliquées successivement à ses fils. A chaque nouveau souverain, il se trouvait un barde royal pour dire : « Le moment est venu ; c'est mon maître qui portera la couronne ; en lui s'accompliront toutes les prophéties de Merlin [1]. » Et la masse du peuple accueillait le présage avec enthousiasme.

La défaite et la triste fin du dernier chef gallois de sang royal ne put détromper ses sujets, et quand l'étranger, pour les railler, leur montrait, au haut de la tour de Londres, la tête de leur noble et généreux prince, placée au bout d'une pique, et couronnée de lierre, comme celle d'un vassal rampant et vaincu, un feu sombre s'allumait dans leurs yeux, et des éclairs en jaillissaient qui voulaient dire : « Vous aurez beau faire, la prophétie s'accomplira : notre nation finira par se relever, et nous vous chasserons ! »

[1] Lygad Gwr (*Myvyr.*, t. I, p. 544.)

LES PROPHÉTIES DE MERLIN, EN CORNOUAILLES
ET EN ÉCOSSE.

Tandis que le génie de Merlin, évoqué par les bardes gallois, entretenait l'espoir de leurs compatriotes, leur donnant quelquefois la victoire avec la foi qui produit les miracles, ou, à défaut de la victoire, la patience dans les revers, les autres peuples bretons de l'île nourrissaient les mêmes illusions; mais ils exprimaient leur espérance sous une forme un peu différente. Identique au fond, le thème variait dans les détails, et le cadre, moins rétréci, moins déterminé dans ses contours et comme élastique, ouvrait à l'imagination un champ pour ainsi dire sans bornes.

Au lieu d'enfermer Merlin dans un cercle d'intérêts exclusivement gallois, de lui faire prédire des événements de l'histoire du pays de Galles, avec des indications précises de localités et de temps; au lieu de le réduire en quelque sorte au rôle de prophète de clocher, les ménestrels ambulants de la Cornouailles, du Devonshire, et des frontières de l'Écosse, les *Klaskerion* bretons, comme on les appelait encore du temps de Chaucer [1], avaient fait de Merlin l'idéal prophétique de toute leur race. Grâce à eux, il avait pris, comme augure politique, des proportions immenses.

Du haut de la montagne des Neiges, il avait vu, cinq siècles à l'avance, se dérouler devant lui toutes les phases de l'histoire générale des Bretons, depuis le débarquement des envahisseurs saxons jusqu'à l'arrivée des Danois et des Normands; il les avait annoncés plus ou moins clairement à des milliers d'hommes en présence du roi suprême des Bretons. Son regard avait été aussi perçant que celui de la Sibylle, de la Voluspa et même du prophète de l'Apocalypse; ses inspirations et ses images, d'une grandeur non

---

[1] And other harpers many a one,
And the Briton Glaskerion. (*Canterbury tales*.)

moins saisissante, et sa parole aussi assurée :
tremblements de terre, inondations, épidémies,
famines, pluies de sang, fontaines sanglantes,
sécheresses, guerres terribles, temples détruits,
restaurés et renversés de nouveau ; avénements
et chutes de rois ; flux et reflux de nations,
discordes civiles, émigrations ; et, en précisant
davantage, établissement progressif des étrangers sur le sol de la patrie bretonne pendant
cent cinquante ans, et domination saxonne pendant trois cents autres ; tout ce que l'histoire et
la légende avaient transmis par la plume de
ceux qui écrivent ou la bouche de ceux qui chantent, depuis l'an 450 jusqu'à l'an 1066, avait
été prédit par le prophète breton. Mais cette
dernière date était « le terme que le blanc Dragon
saxon ne devait point franchir dans son vol. »

« Alors, avait dit Merlin, alors viendra de la
Neustrie un peuple monté sur des coursiers de
bois et revêtu de fer, qui nous vengera de nos
ennemis ;

« Aux anciens possesseurs il rendra leurs domaines, et il consommera la ruine des étrangers ;

« De nos champs seront arrachés les germes

que le Dragon blanc y a semés, et les débris de sa race seront décimés ;

« Il portera le joug de la servitude, et avec le fer de la houe et le soc de la charrue il déchirera le sein de sa mère [1]. »

Mais le génie de Merlin avait vu au delà du châtiment des Anglais par Guillaume et ses auxiliaires, au delà de la délivrance des indigènes et de leur retour dans leur patrie. Il n'avait point parlé de manière à intéresser uniquement les peuples bretons. Ses prédictions étaient faites pour piquer au même degré la curiosité des Normands.

Quand les Anglais, devenus serfs de glèbe, auront commencé à déchirer le sein de la terre, deux Dragons ou deux princes normands se lèveront, l'un, qui périra d'un coup de flèche tiré par envie ; l'autre, qui doit régner à l'ombre d'un grand nom royal. Qui sont-ils? Le premier n'est-il pas le roi Guillaume le Roux, assassiné à la chasse au mois de juillet de l'an 1100? le second, le prince Robert?

---

[1] *Myvyrian*, t. II, p. 262. Cf. *Prophetiæ Merlini*, éd. San-Marte, p. 21.

Puis voici venir un lion appelé ironiquement le « Lion de la Justice, » dont les rugissements font trembler les tours de la Gaule, et tous les Dragons des îles de l'Océan. Il sait l'art de tirer l'or du lis comme de l'ortie, et d'extraire l'argent de la corne des bestiaux. Il coupe le pied aux chiens de chasse, et donne la paix aux animaux des bois. Il change le signe du commerce en rendant rond ce qui était ovale. Il arrache leurs serres aux milans et leurs dents aux loups. Ce royal animal n'est-il pas Henri, premier du nom, avec ses exactions odieuses, ses impôts sur les grands comme sur les petits, ses taxes sur les bêtes à cornes, ses lois sur la chasse, sa nouvelle monnaie, ses ordonnances contre les brigands et les pirates? Les petits de ce lion changés en poissons de mer sont ses deux malheureux fils naufragés avec la *Blanche-Nef*, au raz de Catteville, au mois de décembre de l'année 1120.

Le lion mourra lui-même; l'île conquise en répandra autant de pleurs que la nuit verse de gouttes de rosée. La Neustrie surtout pleurera. « Malheur à toi, Neustrie, inondée que tu es de la cervelle du lion ! Tes fils sont loin de la terre que tu as conquise, tous y seront provoqués à s'emparer du pouvoir. Le premier occupant le gardera, mais il lui sera fatal jusqu'à ce qu'il se revête de la peau du lion mort » (c'est-à-dire qu'il adopte le jeune prince qui portera un jour le nom d'Henri II); et des discordes terribles diviseront les conquérants. Heureuses divisions! Elles font la joie du prophète breton ; son pays en profitera. Que lui font les droits héréditaires des princes normands, et l'illégitimité d'Étienne ? Que les partisans de ce roi et ses adversaires s'entr'égorgent ? Tant mieux ! La patrie bretonne redeviendra libre, la race normande perdra son pouvoir, les indigènes reprendront l'île. Mais à quel signe ? Écoutons le barde :

« Un vieillard plus blanc que la neige paraîtra sur un coursier blanc.

« Il changera le cours du Périron, ce grand fleuve qui coule en Cornouailles.

« Une gaule d'argent à la main, il mesurera sur le fleuve l'emplacement d'un moulin [où le menu peuple pourra moudre gratuitement].

« A lui s'unira Kadwalader, qui appellera à son secours le Konan des Armoricains.

« Et formant ensemble une alliance, ils feront d'un commun effort un si grand carnage des étrangers, que les fleuves rouleront du sang.

« Alors les montagnes d'Armorique bondiront d'allégresse, et les fils des anciens Bretons seront couronnés du diadème.

« Alors la terre de Cambrie, naguère rougie du sang de sa mère, versé par le Lion; et la maison de Cornouailles, qui pleure six fils égorgés, verront l'aurore d'un temps meilleur.

« Alors les chênes, dans leur joie, se couvriront d'une verdure nouvelle[1]. »

Nous connaissons ce vieux cri de délivrance ; nous l'avons entendu pousser au prophète breton; il l'a jeté aux vents de la Calédonie, aux pommiers de sa solitude, aux sangliers de ses forêts. Il l'a murmuré à l'oreille de celle qu'il appelle sa sœur, son aurore, son inspiratrice ; il l'a confié à l'amitié d'un grand barde, d'un grand prophète comme lui. Ce cri est le cri d'alliance, non-seulement des Gallois entre eux, mais des Bretons de toute la Cambrie, de ceux de l'Écosse, de la Cornouailles, du Devonshire, de l'Armorique, de tous les peuples de même race, brûlant de s'entendre enfin pour s'aimer, pour se défendre et faire cause commune contre leurs ennemis.

[1] *Myvyrian*, t. II, p. 263. Cf. *Prophetiæ Merlini*, p. 22.

Merlin avait pu recourir impunément à l'allégorie. Ceux à qui il s'adressait le comprenaient à demi-mot. N'eût-on pas parfaitement saisi, en quelques endroits, ses images, qu'il se fût trouvé des hommes pour les expliquer dans un langage clair et sans réticence. Les *Kler* ou ménestrels de l'ancien pays des Silures parcouraient les contrées limitrophes entre les Gallois méridionaux et les Cornouaillais, développant ainsi les promesses attribuées au vieux prophète national :

« Les Cambriens feront alliance avec les hommes de Dublin, avec ceux de l'Irlande et de l'île de Mona, de la Bretagne, de la Cornouailles et des bords de la Clyde ; les Bretons recouvreront enfin leur puissance ; un jour viendra où ils règneront ; leurs efforts seront couronnés ; voilà ce que Merlin a voulu dire, et sa prophétie s'accomplira.

« Qu'ils soient donc convoqués, qu'ils s'assemblent tous, qu'ils se lèvent unanimement. Un seul cœur ! un seul dessein ! une seule cause ! Que les confédérés se réunissent et ne craignent pas d'exposer leur vie. Aiguisons nos épées, elles en tueront mieux ; les troupes belliqueuses du Kadwalader s'avancent ; que les confédérés s'enflamment !

Le carnage et la désolation les suivront au combat. Ils se rient de la mort; ils ne payeront plus de tribut ; ils perceront de leurs flèches ceux qui les oppriment. Jamais, non, jamais, ils ne payeront un denier !

« Aux bois, aux champs, sur la montagne, une lumière marche devant nous, dans les ténèbres, un Konan nous mène au combat ; les étrangers devant les Bretons crieront : Malheur ! Un Kadwalader est notre javelot ; lui et les autres chefs noieront dans leur sang nos ennemis.

« Hommes de Dyved et de Glywesig [1], n'ayez pas peur ! La Sainte-Trinité nous délivrera de nos maux. Oui, l'inspiration des bardes ne peut nous tromper.

« Il va nous venir à propos du secours d'Armorique, de vaillants guerriers bien montés qui comptent pour rien la vie.

« Qu'ils sont beaux à la tête de l'armée, Konan et Kadwalader ! ils seront célébrés jusqu'au jour du jugement ; la victoire les attend, ces deux chefs opiniâtres, ces deux profonds politiques, ces deux envoyés de Dieu pour punir l'étranger, ces deux

---

[1] C'est le Monmouthshire actuel.

défenseurs du pays des marchands, ces deux champions sans peur et toujours prêts, ces deux cœurs animés de la même foi et du même esprit, ces deux ours de race royale que jamais personne n'a insultés deux fois. »

Et les bardes siluriens joignant à l'autorité de Merlin une autorité plus ancienne et plus vénérable encore :

« Les druides eux-mêmes, disaient-ils, ont prédit ce qui va nous arriver : « une grande ar-
« mée débarquera sur nos rivages ; depuis l'Ar-
« morique jusqu'à l'île de Mona, tout le pays
« sera dans sa main ; depuis le midi de la Cam-
« brie jusqu'à l'île de Thanet, elle possédera
« tout; son éloge montera de la terre au ciel. »

« Konan dépouillera l'étranger ; l'étranger cessera d'exister ; les Irlandais aussi, grâce à lui, retrouveront leur ancienne puissance. De la race des Cambriens sortira un défenseur vaillant ; les vaisseaux de notre nation vogueront de concert ; toute servitude cessera. Konan invite les peuples bretons à vivre en frères ; que saint David guide nos guerriers ! Le jour où l'homme l'appelle à son secours, le Seigneur n'est pas mort ; le Seigneur n'est pas changé, il n'est pas affaibli, il ne pâlit pas, il n'est pas épuisé, il ne plie pas, il ne tremble pas [1] »

La prophétie acquérait ainsi un ressort qui lui donnait une vigueur incomparable et la faisait pénétrer comme une flèche dans les têtes les plus dures. C'était le parler *plein* ou *clair* substitué au parler *clus* et mystérieux, comme auraient dit les Français du Midi.

Dans les autres pays bretons, en Cornouailles, au Devonshire, au bord de la Clyde et en Armorique, les symboles n'avaient pas besoin d'être expliqués. Là, lorsque les ménestrels prononçaient les grands noms de Konan et de Kadwalader; lorsqu'ils faisaient résonner la harpe de Merlin; lorsqu'ils évoquaient l'ombre de ce « vieillard aux cheveux blancs, monté sur un coursier blanc, et portant un sceptre d'argent », mille souvenirs patriotiques s'éveillaient dans les cœurs. Si, en général, pour les bardes gallois du Nord et pour les indigènes des classes éclairées, Konan était le type des ducs bretons-armoricains, qui avaient dû ce nom, comme je l'ai dit précédemment, à leur premier roi conquérant, le fabuleux Konan

[1] *Myvyr.*, t. I, p. 156. M. Stéphens a découvert l'auteur présumé de ce poëme.

Mériadek[1]; et si Kadwalader était le type des chefs gallois au jour de la bataille, il n'en était pas de même pour les autres clans et pour la masse du peuple. A leurs yeux, le Konan prédit était Mériadek en personne, et le Kadwalader, un prétendu monarque breton, mort à Rome en odeur de sainteté, dont les ossements transportés en Angleterre devaient, en touchant le sol natal, tressaillir du souffle de la vie et ressaisir l'épée destinée à chasser l'étranger[2].

Quant au premier personnage de la triade des trois libérateurs, quant à « ce roi vénérable, brillant comme la neige, » les ménestrels n'avaient pas besoin de le désigner plus clairement dans leurs chansons; tout le monde reconnaissait en lui l'immortel blessé de Camblann, endormi depuis six cents ans dans l'île enchantée

[1] Etiam in quadam Armorici principatus provincia gentilitia consuetudo est ut omnes fere eorum consules Conani seu Alani vocentur a duobus inclytis regibus antecessoribus suis, Conano videlicet et Alano. (Alan. de insulis, *de Prophetia Merlini*, p. 107.)

[2] Cum reliquiæ ejus in insulam fuerint reportatæ, Britones ex Armorico regno, Walliaque et Albania atque Cornubia, ubi nunc dispersi sunt, intelligentes ex revelatione reliquiarum Cadwalladri tempus suæ revelationis in insulam advenisse, revertentur et resociabuntur in insulam, interfectis alienis incubatoribus. (*Ibid.*, p. 103.)

d'Avallon, tout à coup réveillé par l'appel aux armes des hommes de sa race [1].

Certains bardes d'une classe élevée, par politique ou par une sorte de superstition patriotique, allèrent jusqu'à se faire l'écho des croyances de la multitude, et on les entendit chanter :

« Merlin a véritablement prédit qu'un monarque de sang cambrien reviendra par enchantement ; avant lui, les Druides ont assuré que les héros peuvent naître deux fois [2]. »

Pour le repos de l'Angleterre, et peut-être pour le salut des conquérants, l'Église intervint entre les deux partis normands, et, en arrêtant l'effroyable lutte qui durait depuis dix-huit ans, elle sapa par la base les espérances celtiques.

Le traité du 7 novembre 1153, qui donnait le fils de l'impératrice Mathilde pour héritier au roi Étienne, fit évanouir les chances d'indépendance des peuples bretons.

Toutefois leur espoir ne resta pas moins invin-

---

[1] Niveum autem senem putant Arturum propter vitæ longævitatem appellatum. (*Ibid.*, p. 101.)

[2] Darogan Merlin dyvot Breyenhin
 O Gymry werin, o gamhwri :
 Diwaud Derwyton dadeni haelon.
  (Lywarch ap Lywelin, *Myvyrian*, t. I, p. 304.)

cible; nous l'avons vu, en ce qui regarde les Gallois, au précédent chapitre; nous le montrerions aisément eu égard aux habitants des bords de la Clyde, sujets de David et d'Alexandre, dont le *Dragon rouge*, qui était toujours le drapeau national des Bretons d'Écosse, étendit glorieusement ses ailes à la bataille de l'Étendard : il nous suffirait de citer les paroles que les ménestrels du pays prêtaient à Merlin [1]. Mais bornons-nous, pour abréger, au peuple de la Cornouailles et du Devonshire.

Dans ces contrées, même après leur asservissement par Étienne, l'infatigable écho répétait le chant des Gallois rebelles au joug des conquérants :

« Levez-vous, jours du Lynx [2]! Meurs de honte, Dragon du Nord; toi et tes dieux, fuyez loin de notre pays! Que l'Angleterre élève son vieux nom, comme un vieil appui! Qu'elle extermine sa race, et que ma race l'extermine elle-même! Que les temps soient propices! Un Konan a mis à la voile! Que Celui qui commande aux bons

---

[1] Voyez plus haut, p. 154 et 155.
[2] C'est le roi anglais sous lequel les Bretons devaient recouvrer leur indépendance.

vents, favorise aussi Kadwalader! Déjà le cavalier à barbe blanche, monté sur son blanc coursier, détourne avec sa baguette blanche le cours du fleuve cornouaillais, et construit un moulin au milieu.

« Après tant de désastres, après tant de travaux commencés et abandonnés, la Saverne retentit du son guerrier des clairons. Tes flots, ô Towy, réfléchissent les armures des combattants dans la mêlée ; tes poissons bondissent de joie ; les deux Dragons ennemis ont leur tente dressée. Tantôt ici, tantôt là, et d'abord parmi les rochers au gué du Réon, les javelots, les épées et les flèches vont chercher et refroidir le flanc des hommes de guerre. Ils sont aux prises ; leur sang coule et tache les flots !

« Flots heureux ! fortunés rivages ! Je vous salue ! Ah ! ils voudraient bien être loin d'ici depuis longtemps, les oppresseurs ! Ces Normands si habiles à manier leurs chevaux, si adroits à lancer le javelot, voilà qu'ils désapprennent à vaincre ! Il n'en reste plus qu'un petit nombre qui fuient en abondonnant leurs drapeaux ! O ignominie ! Quatre hommes sur dix-huit mille, moins lâches autrefois, tournent honteusement les talons !

« Voilà tes vœux comblés, ô patrie des Gallois, tu ressuscites avec une couronne d'or au front; tu réuniras tous les clans bretons en un seul; tes femmes changeront leurs vêtements de laine pour des robes de pourpre; tes guerriers porteront ces cottes de mailles d'argent, qu'on fabrique dans la ville de Kaerléon; tes vallées tressailleront; tes chênes reverdiront. O Armorique, tes montagnes s'élèveront jusqu'aux nues. La postérité des Bretons portera le diadème de leur grand roi; leurs chefs, le front rayonnant, graviront les degrés des honneurs qu'ils ont mérités; n'auront-ils pas gravi tous les degrés de la vaillance dans l'intérêt de tous? Pendant trois fois trois vingt années et trois cents autres brillera pour les Bretons la liberté d'or et un âge couleur du ciel [1]. »

Ainsi la harpe de Merlin, ou plutôt l'espérance, berçait dans le malheur les Cornouaillais, comme les hommes de la Cambrie, comme ceux des rives de la Clyde : d'un bout de l'île à l'autre, même refrain touchant, à peine varié.

---

[1] Aurea libertas et cœlo concolor ætas !
(*Prophetiæ Merlini*, cum expositione Johannis Cornubiensis). Voyez les Pièces justificatives, n° v.

III

LES PROPHÉTIES DE MERLIN EN ARMORIQUE.

La harpe du prophète berçait aussi les habitants de la péninsule armoricaine, et leur foi en lui était telle que, pour qualifier une attente chimérique poussée jusqu'à la folie, leurs voisins, les Français, disaient l'*espoir breton*.

Non moins irrités que leurs compatriotes d'au delà de la Manche, non moins impatients du joug qui pesait sur eux depuis le mariage de Geoffroi, fils d'Henri Plantagenet, avec l'héritière de leur duché, les Bretons de France, traités en peuples conquis, concentraient sur leurs nouveaux maîtres la double haine qu'ils portaient aux Anglais et aux Normands ; quant à des vœux, ils n'en formaient qu'un : c'était de voir, selon l'énergique figure d'un ancien poëte populaire, une main amie étouffer la vipère anglaise au nid de la colombe armoricaine, et dans ce nid éclore le libérateur des Bretons.

Un événement attendu avec impatience sembla devoir satisfaire leur vœu, et donner le sens d'une prophétie de Merlin dont on souhaitait l'accomplissement.

Après la prédiction relative au roi Arthur, à Kadwalader et à Konan, le barde avait ajouté :

« De Konan sortira le sanglier de guerre ; il aiguisera ses défenses contre les chênes de la Gaule ; il coupera les grands arbres et protégera les arbrisseaux.

« Arabes et Maures trembleront à son nom. Son champ de course s'étendra bien loin au delà de l'Espagne [1]. »

En voyant leur duc de race étrangère mort depuis peu de mois, son trône occupé par la fille de leurs anciens Konans, et cette princesse, qui portait le nom caractéristique de *Constance*, au

[1] *Myvyrian*, t. II, p. 265. Cf. *Prophetiæ Merlini*, éd. de San-Marte, p. 22.

moment d'accoucher, les Bretons ne doutèrent pas que le moment approchait de la naissance du *sanglier de guerre* prédit par Merlin.

Le mois de mars, annoncé comme celui de la délivrance de la princesse bretonne, était précisément l'époque où l'on faisait la fête du grand saint David, oncle du vieux roi Arthur, patron de toute la Cambrie, et la coïncidence entre l'anniversaire de l'entrée du saint dans le paradis et celle du nouveau messie breton dans la vie, ne pouvait manquer de frapper les esprits.

Aussi quelle fermentation partout ; quelle explosion d'enthousiasme ; quel débordement de chansons nationales, non-seulement en langue vulgaire, mais même dans la langue savante! Une de ces dernières, partie du fond de quelque monastère de Basse-Bretagne, alla remuer les Bretons-Cambriens jusque dans leurs montagnes, et leur annoncer la naissance prochaine du prince appelé par tant de soupirs :

« Les Cambriens, accoutumés à faire carnage des Saxons, appellent souvent leurs frères les Bretons et les Cornouaillais pour qu'ils viennent, leur épée tranchante à la main, exterminer nos ennemis anglais.

« Venez, le jour est arrivé! venez, armés de bonnes cuirasses : les Anglais se sont en grande partie détruits les uns les autres. Nous exterminerons le reste ; voici le moment de montrer de quelle race vous provenez !

« Jamais notre véridique Merlin n'a parlé en vain ; il a prédit l'expulsion du peuple insensé qui nous opprime ; et vous hésiteriez à suivre ses sages conseils ? A bas les traîtres ! à bas la race impie !

« Notre vaillant, notre vieux roi Arthur, s'il revenait aujourd'hui, aucune forteresse anglaise ne lui résisterait ; je l'affirme, il ne ferait pas quartier aux Anglais, et ce serait justice !

« Que Dieu lui donne un successeur semblable à lui, je n'en veux pas de meilleur !

« Un successeur qui sèche les larmes que les Bretons répandent depuis tant de siècles, et rende à leur trône son antique splendeur !

« Que l'oncle du vieux roi Arthur daigne nous accorder cette faveur ! Que David, le plus grand des saints, chasse l'Anglais au delà des mers ! Sa fête, avec le premier jour de mars, approche; qu'il songe à rappeler les Bretons dans leur terre natale [1]. »

Or, le vingt-neuvième jour du mois de mars de l'année 1186, Dieu donna un successeur au roi Arthur : la veuve du duc de Bretagne, dont le nom semblait le symbole de la *Constance* des Bretons, mit au monde un prince qu'ils regardèrent comme le nouveau messie figuré par Merlin sous la forme d'un sanglier.

Après avoir fait en France ses premières armes, il humiliera, disaient-ils, la puissance orgueilleuse des Anglo-Normands; il relèvera celle des Bretons et portera jusqu'au fond de l'Orient son épée conquérante; héros digne du vieil Arthur, peut-être même Arthur en personne.

« La jeunesse, remarque un judicieux historien, palpitait d'espérance, et les vieillards

---

[1] Hoc Arthuri patruus velit impetrare
Sanctus (David) maximus Anglum ultra mare !
Scimus festum Martiis Kalendis instare ;
Ad natale solum Britones studeat revocare.
(Ap. San-Marte, *Die sagen von Merlin*, p. 207.

pleuraient d'amour à son nom; pour échapper aux amertumes d'une sujétion intolérable, le pays répétait les chants du prophète qui avait promis de grandes destinées au rejeton des rois celto-bretons; il attendait avec confiance la prochaine victoire de l'Hermine sur le Léopard [1]. »

L'aïeul du nouveau-né voulut le faire baptiser sous le nom d'Henri qu'il portait, mais les Bretons s'y opposèrent vivement : « Nous voulons, s'écrièrent-ils, qu'il s'appelle Arthur [2]. »

Le motif de leur résistance n'était pas uniquement, comme l'a pensé Augustin Thierry, l'aversion qu'ils avaient pour les noms étrangers : Konan, père de Constance et grand-père du petit Arthur, du côté maternel, descendait d'Alain le Grand, le libérateur des Bretons attaqués par les envahisseurs normands du dixième siècle; Alain était de la race des anciens rois nationaux, et avait eu pour ancêtre, assurait-on, le roi Arthur lui-même [3]. Reprendre le nom vénéré de cet illustre

---

[1] L. de Carné, *Pierre Landais*. (*Revue des Deux-Mondes*, 15 novembre 1860.)

[2] Cui cum ejus avus nomen suum imponi jussisset, contradictum est a Britonibus et solemni acclamatione Arthurus est dictus. (*Guillelm. Neubrig.* Ap. D. Bouquet, t. XVIII, p. 53.)

[3] Comes autem Conanus fuit de genere Alani, et idem Alanus

ancêtre, c'était de la piété filiale ; le roi d'Angleterre n'osa pas insister.

L'enfant fut donc appelé Arthur par acclamation, et les historiens anglais de l'époque en montrèrent autant de dépit que les Bretons en avaient de joie : « Aujourd'hui, dit G. de Neubrige, ses compatriotes, la tête farcie de leurs folles idées nationales sur le retour de son fabuleux homonyme, nourrissent la vaine espérance de le voir réaliser les fantastiques promesses que de fausses prophéties annoncent concernant Arthur [1]. »

Un autre ajoute : « Ils vont plus loin : augurant bien du nom qu'il porte, ils ont l'impudence, et, il faut le dire, l'*imprudence* de crier sur les toits par vanterie que le vieil Arthur est ressuscité dans le nouveau ; qu'il exterminera tous les Anglais et rendra aux Bretons leur pouvoir perdu [2]. »

---

fuit de genere Britannorum et de genere antiqui Arthuri (*Albéric Trium-Fontium monachus.* Ap. D. Bouquet, *ibid.*, p. 747.)

[1] Britones qui fabulosum dicuntur expectare Arthurum, nunc sibi cum multa spe nutriunt virum juxta opinionem quorumdam grandibus illis et famosis de Arthuro fabulis prophetatum. (*Guillelm. Neubrig.* Ap. D. Bouquet, *loco citato*, p. 53.)

[2] De nomine augurium sumentes Arthurum antiquum in isto ressuscitatum impudenter et imprudenter jactitabant et Anglorum

Cet écrivain était bien informé ; les bardes des nations celtiques ne chantaient-ils pas toujours, d'après Merlin et d'après les druides, que « les héros peuvent naître deux fois? » Nous les avons entendus [1]. Pressés de bénir l'enfant du miracle, ceux d'Armorique évoquaient l'avenir sur son berceau :

« Il est né, notre Arthur! il croît, le rejeton
« sorti de la tige de nos rois ; il régnera comme
« eux sur nous; il sera pour nous comme une
« ceinture de forteresses [2]. »

On ne s'étonnera pas que les Bretons poursuivissent à coups de pierre les étrangers assez téméraires pour dire qu'Arthur n'était pas vivant [3].

Le nouvel Arthur fut élevé comme l'exigeaient les présages concernant son nom [4].

Par défiance des Anglais, les barons de Breta-

---

internecionem regnique ad Britones per istum imminere translationem. (*Roger de Hoveden.* Ap. D. Bouquet, t. XVIII, p. 164.)

[1] Voyez plus haut, p. 275, le témoignage de Lywarch ap Lywélin, qui vécut de 1160 à 1220.)

[2]   Nascitur Arthurus, regali stirpe creatus,
    Qui regnaturus, nobis erit undique murus.
            (D. Bouquet, *ibid.*, p. 524.)

[3] Alan. de insul. *Explan. in prophet. Merlini*, p. 22.

[4] Puerulum sibi Arthurum sub magno hujus nominis omine nutriebant. (*Guillelm. Neubrig.* Ap. D. Bouquet, t. XVIII, p. 55.)

gne l'enlevèrent, dès l'âge de dix ans, à la tutelle naturelle de son oncle Richard, roi d'Angleterre, et le conduisirent au fond d'un château de la Basse-Bretagne, où ils l'entourèrent de tous les soins, de toute la sollicitude, de toute la tendresse qu'on eût pu attendre du père le plus vigilant [1]; on doit croire qu'en peignant la noble et touchante figure d'Antor, nourricier du premier Arthur, les romanciers français se sont rappelé le dévouement des gouverneurs du second.

Il n'avait pas encore douze ans qu'un grand nombre de Bretons, impatients de le voir tenir les promesses de Merlin, se soulevaient contre la domination anglaise : on eût dit que Richard Cœur-de-Lion lui-même, par un caprice romanesque ou par haine de Jean sans Terre, eût voulu donner raison au prophète contre son frère ; à sa mort, en effet, il laissa la couronne de la Grande-Bretagne à son neveu Arthur, et la politique de la cour de France semblait tendre au même résultat. Philippe-Auguste, prenant sous sa protection de suzerain, le jeune rival de Jean sans Terre, ne le créa-t-il pas chevalier de sa pro-

[1] *Pro ipso puero fortiter æmulantes, cum eo a facie patrui imminentis ad interiora Britanniæ secesserunt* (*Ibid.*)

pre main, et après l'avoir fait proclamer duc de Bretagne, d'Anjou et de Poitou, ne l'envoya-t-il pas faire ses premières armes contre les Anglais sur le territoire poitevin ; Merlin avait dit : « aiguiser ses défenses contre les chênes de la Gaule, et couper les grands arbres en protégeant les arbrisseaux. »

Vain espoir ! Le jeune *sanglier de guerre* aiguisa inutilement ses défenses en Gaule ; les grands arbres d'Angleterre restèrent debout, et les arbrisseaux bretons demeurèrent sans abri. Si une prédiction s'accomplit, ce ne fut pas celle de Merlin, mais celle de cet étranger qui annonçait aux Bretons qu'ils seraient victimes de leur forfanterie imprudente : Jean sans Terre leur prouva d'une manière atroce qu'Arthur II n'était pas plus immortel qu'Arthur Ier.

La disparition du jeune et infortuné prince, non moins mystérieuse que celle du vieux monarque, étonna un moment la foi des peuples qui croyaient en lui ; pour emprunter une image à son prophète, « les fumées sorties des naseaux du bouc aux cornes d'or et à la barbe d'argent » voilèrent le soleil des espérances populaires. Ce ne fut toutefois qu'une éclipse : on put juger, moins d'un demi-siècle plus tard, que l'astre des Bretons avait retrouvé son éclat, quand on l'entendit saluer par ces mâles et fiers accents frémissants de l'esprit de Merlin :

« Loin d'ici les Anglais ! je chante d'une voix rauque ; mon chant est rude comme ceux qui m'écoutent ; je chante pour les seuls Bretons ; je veux qu'au souvenir de leur vieille patrie, des droits de leurs ancêtres, de l'exil de leurs pères et de leur propre humiliation, je veux qu'ils 'efforcent, du cœur et du bras, de recouvrer leur vieille indépendance et leur terre natale, qu'occupe l'Anglais, notre ennemi. Qu'ils se hâtent, de peur que la prescription ne vienne légitimer l'injuste possession de nos biens, et que les nouveaux maîtres ne disent que le temps a consacré leur vol [1]. »

[1] Saxones hinc abeant !..........
.... Solis hæc scribo Britannis
Ut memores veteris patriæ jurisque paterni
Exiliique patrum, propriique pudoris, anhelent
Viribus et votis ut regnum restituatur
Antiquo juri, quod possidet Anglicus hostis ;
Neve malæ fidei possessor prædia nostra
Prescribat, sumatque bonas a tempore causas.
(*Historia Britonum versificata*. Épilog. éd. de Francisque Michel, 1861.)

Tant d'aspirations généreuses vers ce qui fait ici-bas le prix et la dignité de la vie, tant de sang et de larmes versés pendant des siècles, tant d'opiniâtreté à espérer contre ce qu'on appellerait aujourd'hui brutalement un *fait accompli*, ne pouvaient être inutiles à la sainte cause de la liberté celtique. Tout sillon où tombe la sueur du laboureur doit lui rendre sa peine en or, à la moisson, et s'il sème malgré l'orage, dans l'attente d'un ciel plus clément, Celui qui a fait une vertu de l'espérance le bénit pour n'avoir pas désespéré. L'histoire aussi bénira les nations bretonnes d'avoir semé pendant mille années désastreuses sans jamais se lasser d'attendre l'épi mûr de l'indépendance.

A une seule, il a été donné de lier quelques gerbes et d'accomplir, dans une certaine mesure, les vieilles prophéties : elle l'a pu, grâce à un troisième Arthur, à Arthur de Bretagne, comte de Richemond, connétable de France, grand prince digne de ses deux aînés, digne de porter l'épée française qui devait, en achevant l'œuvre de Jeanne d'Arc, chasser pour jamais les Anglais de notre pays.

Mais si les autres branches de la famille celtique n'ont pas eu le même avantage, toutes ayant été à *la peine*, méritent d'*être à l'honneur*.

De nos jours plus qu'à aucune époque, on admirera les efforts des peuples bretons en faveur d'une nationalité attaquée avec des forces supérieures par des puissances de premier ordre. Leur dessein de réunir et de faire revivre, sous forme de fédération, les rameaux détachés de la souche commune n'était pas dénué d'intelligence politique; quelque bizarres que puissent paraître les moyens que leur patriotisme leur suggéra pour vaincre la fortune, on reconnaîtra que leur but était noble et grand; et la postérité, qui n'insulte pas les causes vaincues, quand elles sont justes, les loue, quoiqu'ils aient échoué.

LIVRE III

INFLUENCE DE MERLIN.

I

INFLUENCE HISTORIQUE DE MERLIN

Les prophéties attribuées à Merlin, après avoir produit un effet moral si profond sur les hommes de race et de langue celtiques, ne pouvaient manquer de faire une vive impression sur les étrangers ; elles la produisirent dès qu'ils purent en juger par des traductions et des commentaires.

La première fut l'œuvre d'un prêtre des Marches du pays de Galles, chapelain de Guillaume, petit-fils du roi Henri Ier d'Angleterre. Elle lui fut commandée, et il reçut une récompense qui montre bien l'importance que les princes anglo-normands attachaient à des prophéties concernant leurs propres personnes : on lui donna d'abord un doyenné; puis, peu d'années avant sa mort, arrivée l'an 1154, il fut fait évêque.

A l'intérêt personnel qui piquait la curiosité des rois d'Angleterre se joignait, pour les barons du royaume, le désir de connaître la solution des grands événements où ils étaient mêlés. Sans examiner de trop près les prédictions, et sans regarder au fond de la source d'où elles sortaient, ils ne pouvaient que les prendre au sérieux. N'entendaient-ils pas incessamment parler de l'enthousiasme, des extases et des visions des bardes cambriens, dont Merlin avait été le type? N'en étaient-ils pas souvent témoins eux-mêmes? Les Gallois ne passaient-ils pas, dans toute l'Europe occidentale, pour avoir le don de prophétiser? Les inventeurs des prophéties, à force de les chanter et en les voyant quelquefois se réaliser, n'avaient-ils pas fini d'ailleurs par y croire, et par être dupes de leurs propres créations? Les propagateurs, les *Klaskerion* de Cornouailles, pleins de conviction et de bonne foi, n'avaient-ils pas fait partager leur croyance à la plupart de leurs auditeurs, et adopter la fiction comme une vérité? S'il en était autrement, on n'expliquerait pas le vertige dont furent prises les plus fortes têtes du moyen âge à propos du prophète breton.

L'évêque de Lincoln, le premier prélat d'Angleterre, un des personnages considérables de son siècle, neveu de Roger de Salisbury, grand justicier du royaume, Alexandre, subit comme les autres l'influence populaire. Ce fut lui qui chargea Geoffroi de Monmouth de traduire les prophéties de Merlin pour l'instruction de ceux qui ne savaient pas le breton :

« Comme la rumeur publique s'occupait beaucoup de Merlin, dit Geoffroi, tous mes concitoyens me pressaient de publier ses prophéties, mais principalement Alexandre, évêque de Lincoln, ce prélat, si rempli de religion et de sagesse, si vénéré du clergé et des laïques, qui commandait un plus grand nombre de nobles et de chevaliers qu'aucun autre prince de l'Église. J'ai voulu lui obéir, et j'ai traduit les prophéties de Merlin, en les lui dédiant [1]. »

[1] Cum de Merlino divulgato rumore compellebant me undique contemporanei mei ipsius prophetias edere, maxime autem Alexander

Dans l'épître dédicatoire, le traducteur dit au prélat : « C'est par amour pour Votre Grandeur que je me suis décidé à rendre de breton en latin ces vers que chante le peuple dans une langue que vous ignorez [1]. Je n'ai fait que suivre vos ordres en répétant sur ma flûte la mélodie populaire. »

L'évêque de Lincoln favorisa autant la traduction des prophéties de Merlin que le comte de Glocester, père de Guillaume, et sa femme, princesse galloise, avaient favorisé la traduction de la *Légende des Rois bretons* du même auteur. Cette haute protection fut le commencement de la fortune de Geoffroi ; j'ai déjà dit que l'orgueil des Normands, flattés de se voir appelés par Merlin les grands justiciers de la Providence, l'acheva. Vainement quelques-uns des vaincus protestèrent avec indignation, dénonçant Geoffroi comme l'interprète infidèle d'un faux prophète, comme un vil flatteur des vainqueurs. Leur protestation se perdit dans le concert d'éloges qui accueillit

---

linconiensis episcopus... prophetias transtuli. (Éd. de San-Marte, p. 92.)

[1] Plebei modulaminis ignotum tibi interpretatus sum sermonem. (Éd. de Badius Ascensius.)

l'explication des oracles mystérieux. Les adversaires de Merlin furent traités en peuple conquis, presque en mécréants. Les bardes prenaient leur revanche, du moins dans l'opinion ; ils triomphaient de leurs anciens oppresseurs ; ils triomphaient même des nouveaux, sans que ces derniers le soupçonnassent ; le Normand, subtil et rusé, était dupe de la politique enthousiaste et du patriotisme des Bretons.

Profondément divisés sur les questions de légitimité, princes, prélats, barons et chevaliers anglo-normands s'accordaient pour reconnaître l'autorité de Merlin : toutes les opinions s'inclinaient devant elle, aussi bien dans le camp du roi Étienne que dans celui de l'*impératrice* Mathilde. Des copies sans nombre circulaient de ses prophéties traduites en latin, et l'interprète trouvait plus de scribes que l'oracle n'avait eu d'écrivains pour recueillir ses paroles. On s'arrachait les feuilles sibyllines à peine sèches ; d'Angleterre elles passaient en France ; de France en Italie, en Espagne, en Allemagne et jusqu'en Islande où elles allaient trôner près de la Voluspa. On pressentait le moment où le prophète breton prendrait place à côté de David, à l'exclusion de la Sibylle; et le *Dies iræ*, si la rime l'eut permis, eut vu sa première strophe finir par la variante *Teste David cum Merlino*. Merlin ne terminait-il pas ses prédictions à la manière toute chrétienne de l'Apocalypse, en annonçant une rénovation universelle pour la fin du monde : « La poussière des aïeux sera renouvelée [1]. »

Pas un docteur du douzième siècle n'hésitait à regarder le prophète breton comme supérieur aux antiques oracles de Cumes et d'Erythrée; que dis-je? on l'assimilait presque à ceux d'Israël. Le grand abbé du Bec, Robert de Thorigny, le consultait la nuit dans sa cellule, à la lueur de sa lampe, et les bruits que les vents et les flots lui apportaient des côtes d'Angleterre étaient pour lui le commentaire de ce qu'il lisait d'un œil effrayé [2].

L'Hérodote de la Normandie, Ordéric Vital, n'y attachait pas moins d'importance. En train d'écrire l'histoire de son pays, et arrivé aux choses de son temps, il fait remarquer que les événe-

---

[1] Pulvis veterum renovabitur. (Éd. de San-Marte, p. 101.)
[2] Henrici Huntingdon relatio ad Varin. Britonem. (Ap. D. Morice. *Preuves*, t. I, p. 166.)

ments qu'il vient de rapporter ont été prédits par Merlin, il y a six cents ans, en présence d'un roi de la Grande-Bretagne, appelé Guortigern, et de saint Germain, évêque d'Auxerre. Les faits qui se passent au moment où il tient la plume ont été annoncés avec la même précision, dit-il, comme il est facile aux savants de le démontrer. Pour le prouver, il fait, à l'intention des amis des études historiques, un extrait du livre des prophéties de Merlin qu'il a sous les yeux, et après avoir admiré leur accomplissement jusque dans les plus petits détails, il ajoute : « Beaucoup d'autres prédictions concernant des événements qui ne sont pas encore arrivés se vérifieront non moins clairement, au grand contentement ou au désespoir de ceux qui vivront alors [1]. »

Des mains des historiens normands, le livre passa dans celles des historiens de France. Comme les monastères du Bec, du Mont-Saint-Michel, de l'Ouche et tant d'autres du continent, l'abbaye de Saint-Denis ouvrit ses portes à Merlin. Il eut l'honneur d'y être reçu par l'abbé lui-même, l'homme le plus considéré de l'Europe pour sa

[1] Plura vero, ni fallor, cum mærore seu gaudio experientur adhuc nascituri. (Ap. Duchesne, *Histor. Norman. script.*, p. 887.)

sagesse, son savoir et ses lumières. Celui que Louis le Gros avait choisi comme conseiller, que les barons et prélats français nommèrent régent du royaume pendant la croisade de Louis VII, que les Papes prenaient pour arbitre de leurs différends avec l'Église gallicane, Suger enfin, n'hésita pas à placer Merlin dans l'histoire, entre un roi de France et un roi d'Angleterre. Il croyait faire acte de simple justice historique. « Ce prophète rustique des Bretons, dit-il, cet observateur, ce narrateur extraordinaire des événements du monde, Merlin, n'a-t-il point annoncé avec autant d'éloquence que de véracité la grandeur du roi Henri Ier? De sa prédiction si merveilleuse et si antique, pas un mot, pas un *iota*, qui n'ait reçu son accomplissement [1]. »

Je ne m'étonne plus de la renommée de Merlin en France.

De toutes parts maintenant on demandait des

---

[1] Cujus (Henrici) excellentiam ille etiam agrestis Vates Anglorum, sempiterni eventus mirabilis spectator et relator Merlinus tam eleganter quam veraciter summo præconio commendat .. Rota tanti et tam decrepiti vaticinii, usque adeo et personæ strenuitati et regni administrationi adaptatur, ut nec unum iota nec unum verbum ab ejus convenientia dissentire valeat. (Ap. Duchesne, *Histor. Franc. script.*, t. IV, p. 295.)

commentaires ; Ordéric Vital avait exprimé le
regret de n'en pouvoir faire, faute de loisirs [1].
Les premiers vinrent d'où était venue la traduction du texte original. Un savant de l'université
de Paris, disciple du fameux Pierre Lombard,
Jean de Cornouailles, connu par son *Examen de
la philosophie humaine*, dédié au pape Alexandre III, et par son traité sur l'*Eucharistie*, se
mit à commenter Merlin avec la méthode qu'on
appliquait aux prophètes de l'ancien Testament.
Si l'essai allait bien à un docteur formé à l'école
du *Maître des sentences*, il allait encore mieux à
un Breton. Il satisfit à la fois son patriotisme
et le désir de l'évêque d'Oxford, qui était curieux de connaître les prophéties de Merlin,
d'après une source différente de celle de Geoffroi de Monmouth, et de savoir comment on
les chantait en Cornouailles.

Jean commença donc par traduire le texte,
d'après le breton de son pays, et pour faire mieux
que Geoffroi, qui avait écrit en prose, il écrivit
en vers. Malgré les licences qu'autorisent les difficultés du genre, il a la prétention d'avoir rendu

[1] Multa possem explanando dicere si commentarium niterer.
(*Loco sup. citat.*)

mot à mot l'original[1], et afin de mettre le lecteur à même de contrôler l'exactitude de sa traduction, il cite çà et là textuellement, en note, les expressions ou même les phrases les plus saillantes ; il sait bien en effet que « certains ennemis de Merlin, des Bretons et du traducteur ne manqueront pas de lui décocher par derrière les traits de leur critique[2]. »

[1] Jussus ego Johannes Cornubiensis prophetiam Merlini, juxta nostrum britannicum, exponere puerili stylo conatus sum. Cui rei, utcunque profecerim, non absque labore meo quicquam adeptus sum, cum *pro verbo verbum* lege interpretationis reddere studuerim. (*Prophetiæ Merlini*, cum expositione Johannis Cornubiensis, ap. Greith, *Spicileg. Vatican.*, p. 98.)

[2] Je remarque, entre autres, les notes 18, 59, 63, 80, 85, 92. A la première, il dit que le texte porte : PEPLIDEN (pemp bliden) WAR-N-UNGENS HA HANTER, ce qui signifie « vingt-cinq ans et demi; » *id est* XXV *annos et dimidium, nec vult intelligi dimidium dimidii, sed dimidium vigenarii, scilicet* X. — Note 59, à propos d'un certain fléau : *Hoc malum nominat ipse* (Merlinus) *in britannico* GUENTD EHIL, *et interpretatur* VENTI EXCUSSIO, ce qui est exact. — Note 63, au sujet de l'adoption du jeune Henri par le vieux roi Étienne, aux mots, (*Rex*) *canus adoptatus*, il ajoute : Hoc est quod dicitur in britannico : MICHTIERN LUEHT MABIGUASET. — Note 85, pour mieux qualifier un certain vent différent du fléau déjà mentionné, il lui donne son nom original : *Quod malum dicit* Merlinus AWEL GARU, id est AURAM ASPERAM; *et ita large accipitur*, ajoute-t-il, *ut quamlibet intemperiem possit nominare.* — Note 92, aux mots *fatale castrum*, il remarque que Merlin appelle cette forteresse, dans son breton (in britannico) KAIR BELLI (pour *kaer beli*), « la cité de la puissance fatale. »

Ne voulant point toutefois paraître « porter du bois à la forêt, » ou de l'eau à la fontaine, il passe sous silence les prophéties concernant les temps antérieurs à Guillaume le Conquérant, qui sont assez claires par elles-mêmes, et il les prend au moment du meurtre de Konan, duc de Bretagne, victime de la politique normande, pour les suivre jusqu'à l'époque où il écrit, c'est-à-dire de l'an 1160 à l'an 1170 environ. Plus tard, à mesure qu'il connaîtra, par les événements, ce qui regarde chacun dans les prédictions qu'il traduit et commente, il prendra des notes dont il pourra faire l'objet d'un supplément. Présentement, il s'en tient aux sept rois qui ont régné sur la Grande-Bretagne, depuis la conquête jusqu'à l'année où il a pris la plume.

La traduction de Jean de Cornouailles justifie celle de Geoffroi de Monmouth; les deux translateurs ont eu sous les yeux le même modèle celtique, modifié selon les dialectes et les localités; aussi est-ce uniquement le commentaire qui nous intéresse ici. On y sent passer le souffle ardent des bardes; leur haine contre l'étranger y éclate. Le vers où Merlin peint les Saxons condamnés à la glèbe, et frappant sans pitié le sein de leur mère, la terre, inspire cette exclamation au commentateur patriote : « Voyez ! comme Merlin se moque des ennemis des Bretons ! et il a bien raison [1] ! »

Jean de Cornouailles ajoute : « Il les appelle traîtres, et ne l'ont-ils pas été, premièrement envers les Bretons, et ensuite envers les Normands ? du reste, à mon sens, il n'aime ni les uns ni les autres ; s'il y a du moins dans sa haine, la différence est à l'avantage des derniers ; Guillaume ayant été, à certains égards, le vengeur des Bretons [2]. »

Lorsque Merlin pleure la mort des six chefs cornouaillais, tombés en défendant leur patrie contre le roi Étienne, et qu'il s'écrie : « Oh ! maison d'Arthur, envahie par une race parjure [3] ! » le commentateur fait cette réflexion dont la réticence a plus de force qu'une attaque directe à la foi normande : « Au sujet de cette prophétie que nous avons vue s'accomplir sous nos yeux, on dit

---

[1] Ecce ! hostiliter, sed non falso, insultat eos Merlinus ! (*Loco cit.*, p. 99.)

[2] Ut sentio, nec hos nec illos diligebat ; tamen hos minus habebat infestos. (P. 100.)

[3] En domus Arthuri perjuræ subdita genti !
(*Ibid.*)

beaucoup de choses que je veux passer sous silence : on m'accuserait de substituer mes propres paroles à celles de Merlin. »

Mais malgré la retenue que la prudence lui impose et son intention de se taire, le cœur du Cornouaillais déborde, et il cède aux questions dont le pressent ceux qui n'ont pas été témoins de la catastrophe annoncée par Merlin :

« On me demande de quels parjures le prophète a voulu parler; mais je ne dois pas répondre; il est inutile que je m'explique davantage : tout ce que je puis dire, c'est que les pillards du Devonshire, qui nous ont attaqués, étaient du nombre, et que le texte breton n'est pas aussi laconique; Merlin, en effet, était révolté de ce qu'il voyait. Mais je n'ai pas voulu rapporter ses expressions de peur de paraître insolent [1]. »

A propos des discordes entre les partisans d'Étienne et ceux de Mathilde, discordes d'où sortira, selon Merlin, le salut des Bretons, le commentateur fait une observation qui convient à bien d'autres temps : « N'avons-nous pas vu, dit-

[1] In britannico multa quidem hoc dicuntur eo quod id fieri indigne ferebat Merlinus. Sed illa volui abjicere ne contumeliosus viderer. (*Ibid.*)

il, les uns et les autres changer vingt fois de drapeau, tantôt du côté du roi, tantôt dans le camp de ses adversaires, chacun pour soi, chacun poussé par l'intérêt, et personne par attachement à aucun des deux princes rivaux. »

Lorsque les jours du salut approchent enfin, et que l'auteur des commentaires, à la lueur des prophéties qu'il explique, croit voir poindre le signe certain de la délivrance de son pays, il s'arrête ému, il se tait, il laisse trente-trois vers de Merlin à interpréter au lecteur; mais tout cœur breton l'a compris, et à la distance où nous sommes, tout opprimé le comprendra, sans qu'il ait besoin de répéter le cri du prophète David :

« Je n'ai jamais demandé qu'une seule chose au Seigneur, et je la lui demanderai toujours [1] ! »

D'autres commentateurs étudièrent les prophéties de Merlin par le seul amour des recherches historiques. Alain de Lille fut le plus célèbre. Ce savant de l'Académie de Paris, à qui son savoir encyclopédique mérita le surnom de *docteur universel*, ne crut pas devoir consacrer moins

---

[1] Unam petii a Domino, hanc requiram ! (P. 105.)

de sept livres au prophète breton [1]. C'était le temps où la plupart des historiens, en rapportant les événements des époques antérieures à celles où ils vivaient, ne manquaient guère d'employer la formule presque évangélique : *Afin que s'accomplît ce qui a été prédit par le prophète, disant*, etc. [2].

Dans les abbayes, les cours, les châteaux, les manoirs d'Angleterre et de France, on citait plus que jamais les prédictions de Merlin. Celui-ci les interprétait d'une façon, celui-là d'une autre, mais tout le monde y croyait, et chacun y cherchait ce qu'il désirait y trouver [3].

[1] *Prophetia Merlini Ambrosii britanni*, una cum septem libris explanationum in eamdem prophetiam, excellentissimi oratoris, polyhistoris et theologi Alani de Insulis, doctoris universalis, etc. (Éd. Francoforti, 1603.)

[2] Et fu acompli la prophésie que on dist que Merlins avoit dit, car il dist que, etc. (*Chronique de Reims*, p. 178, éd. de Techner.)

[3]
    Seignours, vous ke alet devisaunt
    E une chose e autre dysaunt,
    De cele chose ke Merlyn prophetiza
    Ly uns dist sa, et ly autres la.
    Cechun dist ore en soun endreyt
    Tut ço ke il estre voudreyt.
    Il parole mout oscurement
    Ço ke il dist ausi cum sounge.
    Et sachet que ço ne pas mensounge.

(Prologue d'un roman de Merlin en vers, *Archives des Missions scientifiques*, V^e vol. p. 90.)

C'est pour éclairer l'opinion publique qu'Alain entreprend son travail. La connaissance qu'il a de l'histoire des Bretons, des Saxons, des Anglais, des Normands et des Français, lui rend, assure-t-il, la chose très-facile. Il commence son explication à la chute de la monarchie bretonne, et à l'avénement de la domination saxonne, pour la poursuivre de son mieux, à l'aide du flambeau de l'histoire, jusqu'au retour des Bretons dans la terre de leurs aïeux.

Quant aux événements non encore accomplis, ne pouvant naturellement en parler, car un historien, comme il le remarque, n'est pas un prophète, il les laisse à expliquer aux écrivains futurs qui n'y trouveront aucune difficulté, et il se contente de donner la clef des images et des métaphores employées par le prophète breton. On conçoit qu'un théologien devait établir avant tout que Merlin n'était pas païen, qu'il n'a point prédit par inspiration du diable, qu'il n'est point fils de Satan.

A la première question, Alain répond sans hésiter qu'on ne peut douter qu'il ait été chrétien : cela étant, Dieu, qui fait souffler son esprit où il veut, et qui a choisi ses prophètes dans toutes les nations, a pu se servir de Merlin, comme il s'est servi de Job, qui n'était ni chrétien ni même juif, mais certainement gentil, et n'en a pas moins prédit très-clairement la venue de Jésus-Christ et la résurrection des corps. Balaam lui-même, ce charlatan payé pour maudire Israël, n'a-t-il pas fait des prédictions qui ont été recueillies par Moïse comme des oracles du ciel ?

Les infidèles n'ont-ils pas eu leurs prophètes et leurs prophétesses, leurs Chrysès, leurs Cassandres, leurs sibylles? Virgile, tout païen qu'il était, a aussi prédit l'avenir. Quant à savoir de qui Merlin est fils, l'auteur ose affirmer que sa mère a inventé une fable pour couvrir sa honte, à moins qu'on aime mieux croire aux incubes, ou donner au sage Breton l'origine que Speusippe, Eléarque, Anaxilide et d'autres philosophes, disciples de Platon, attribuent au prince de la sagesse antique. Chacun est libre de penser ce qu'il voudra ; mais lui, le docteur universel, il serait tenté d'adopter la dernière opinion, lorsqu'il réfléchit à la science merveilleuse et à la prescience de Merlin [1].

[1] Tanta in Merlino et præsentium scientia et prescientia futurorum. (p. 6.)

Quoique étranger, quoique probablement de la famille de ces Flamands établis sur les frontières du pays de Galles par Guillaume le Roux, pour en surveiller et en contenir les habitants, Alain de Lille subit l'influence du prophète national qu'il commente, et prend décidément parti pour les vaincus contre les vainqueurs, à l'exemple de Jean de Cornouailles. Ce dernier a-t-il trouvé des accents plus énergiques que ceux d'Alain pour peindre la joie qu'inspire leur délivrance prochaine aux Gallois du Nord?

« L'arrivée des Normands et la défaite des Saxons, dit l'écrivain flamand, ne donna pas peu de joie aux Bretons, quoiqu'ils ne fissent que changer de maîtres, car ce n'est pas une mince consolation pour des malheureux que de voir leurs oppresseurs et leurs geôliers asservis et châtiés à leur tour. Le ciel, le juste ciel, vengeait les trahisons anciennes et nouvelles des Saxons[1]. »

[1] Devictis Anglis, Britones jugo Anglorum de cervicibus suis excusso non parum consolationum receperunt, licet sub aliis dominis esse inceperant. Est enim non minima consolatio miserorum cum oppressores suos et captivatores ab aliis viderint captivari et violenter opprimi... Severo et justo Dei judicio ultionem exigente de proditionibus eorum antiquis et novis. (*Ibid.*)

Nous avons déjà entendu un écrivain gallois du douzième siècle parler ainsi. C'est le même accent d'un cœur honnête. Il nous semble entendre un armoricain du temps lorsque, commentant les prédictions de Merlin sur la rentrée des indigènes dans leurs biens, Alain de Lille loue le duc Guillaume d'avoir puni le nouveau *Dragon blanc*, et vérifié la prophétie, en attaquant les Danois et les Anglais, en exterminant ou expulsant ces barbares, et en rendant aux anciens habitants venus d'Armorique, avec leur duc Alain Fergent, le patrimoine de leurs ancêtres, leurs titres et leurs dignités militaires.

Le Flamand est ici l'écho de ces premiers Bretons réintégrés, en l'année 1066, dans leur foyer natal, et qui formèrent en Angleterre le *district armoricain*, comme on appela le comté de Richemond.

Mais c'est surtout quand il interprète leurs espérances qu'il parle en véritable patriote breton : « Merlin, dit-il, appelle les légitimes propriétaires de l'île de Bretagne, de tous les lieux du monde où ils vivent obscurs et dispersés, depuis la chute de leur dernier roi. Il les appelle dans leur patrie des rivages de l'Océan, de l'Armorique, de la Cambrie, de l'Écosse, de la Cornouailles, de tous les lieux où ils se trouvent. Il les appelle à revendiquer des droits inaliénables, non comme les destructeurs des droits d'autrui, mais comme des maîtres dépossédés. Il leur signale les divisions des Anglo-Normands qui aujourd'hui se prélassent en Angleterre et possèdent cette île, non en héritiers légitimes et en vrais citoyens, mais en étrangers et en spoliateurs. Il leur signale ces divisions comme l'annonce heureuse de leur retour dans leur pays, et de leur victoire sur les brigands venus de l'autre côté de la mer. »

Alain de Lille poursuit ainsi :

« Ce vieillard chenu dont Merlin prédit l'arrivée, les Bretons soupçonnent que ce doit être Arthur, leur vieux et puissant monarque, Arthur si fameux dans tout l'univers, si digne d'être célébré par la plume véridique de l'histoire, et non ridiculisé par des contes de vieilles femmes, car il rendit sa première gloire à sa nation foulée aux pieds de l'étranger, et il chassa loin de son pays les perfides envahisseurs. Or, personne ne peut persuader aux Bretons qu'un pareil homme ait pu mourir. Qu'on nous montre, disent-ils, un livre qui parle de sa mort ou de son tombeau ! et tous ou presque tous ils pensent qu'il vit caché dans l'île d'Avalon où il a été transporté pour être guéri de ses blessures. Comme Élie et Énoch sont vivants dans le paradis, comme ils doivent revenir un jour au secours de leur race, selon les saintes Écritures, ainsi, au dire des Bretons, leur fameux roi Arthur demeure plein de vie dans son île, jusqu'à ce que sa nation soit rappelée sous ses ordres dans le royaume de ses pères. »

Et le *docteur universel* termine le troisième livre de ses commentaires par une observation qui montre bien l'impression que les prophéties de Merlin faisaient sur les hommes les plus sensés du douzième siècle :

« Quant à moi, quoique je ne partage nullement leur croyance, ou, pour mieux dire, leur illusion touchant l'existence actuelle d'Arthur, et quoique j'en rie, je ne puis nier que les Bretons soient revenus dans leur patrie; et ils y régneront encore, s'il faut en croire le témoignage très-formel de Merlin [1]. Ils y régneront, grâce au mé-

---

[1] Nos autem licet eorum opinioni, vel potius errori, de vita adhuc Arthuri nullo modo assentiamur, sed rideamus, reditum

rite de saint Kadwalader, qui révèlera au Konan, c'est-à-dire au prince breton d'Armorique, la prochaine arrivée de ses reliques de Rome. Aussitôt leur retour dans leur patrie, ils feront mourir les étrangers anglais ; ils rendront le nom de Bretagne à l'Angleterre, et afin de retremper à la source même la dynastie bretonne, ils prendront parmi les Armoricains leur premier roi ; c'est, en effet, de la branche armoricaine que descendait Arthur, par son aïeul Constantin. »

« Le règne des Anglais étant fini, conclut le commentateur, et leur héritage ayant été rendu, par l'intervention du ciel, aux anciens héritiers, je finis moi-même ce livre, en priant Dieu qu'il nous rende, comme aux Bretons, le royaume que nous avons perdu par l'invasion du démon, quand viendra ce grand jour de joie, où tous, selon la loi, sortant de la captivité de Babylone, retrouveront la liberté. »

tamen Britannici populi in naturale solum, et iterum regnaturos, si Merlino creditur, negare non possumus ; manifestissime enim hoc declarat. (P. 101.)

II

INFLUENCE POLITIQUE DE MERLIN

Alain de Lille ne mourut qu'en l'année 1202, longtemps après avoir achevé ses commentaires sur les prophéties de Merlin. Il fut donc témoin de l'accomplissement de la plus importante d'entre elles, je veux dire du retour d'Arthur, vérifiée à la naissance du fils de Constance. Il fut aussi témoin de l'acte par lequel Richard reconnaissait son neveu pour son héritier au trône d'Angleterre.

Dirai-je que les commentaires du *docteur universel* influèrent sur la détermination que prit le rival du jeune Arthur de se délivrer de lui par un assassinat? Je n'oserais; mais ce dont on ne peut douter, c'est que la menace du prophète breton ait effrayé Jean sans Terre, et que ses flatteurs aient trouvé les Bretons bien imprudents de proclamer Arthur comme l'exterminateur futur de tous les Anglais et le futur vainqueur de leur roi. Nous le savons par un témoignage formel [1]. La peur est une lâche conseillère; et si elle n'arma pas le bras même du concurrent d'Arthur, on doit croire, avec Shakspeare et avec la tradition populaire, qu'il fit disparaître le jeune prince d'une manière violente, pour donner un démenti à l'oracle de Merlin, et détruire le fondement de l'espérance bretonne.

Il n'était pas, du reste, le premier roi anglais qui eût tremblé au nom de Merlin, et il ne fut pas le dernier. Tout enfant, au foyer même de son père, il avait vu assis le fantôme du barde breton, tenant à la main l'épée menaçante d'Arthur. Henri II ne pouvait se défendre d'une certaine émotion en entendant citer les oracles bretons;

---

[1] Britones... interfectis alienis incubatoribus regnum Bruti cum ejus appellatione recipient ut nequaquam terra illa Anglia sed Britannia appelletur. (Alan. de Ins., p. 103. Cf. le texte cité plus haut, p. 287.)

il n'ignorait pas que plusieurs d'entre eux le concernaient et qu'il y était désigné sous la figure de ce lionceau qui devait renverser un jour les forteresses de l'Irlande, changer en plaines les forêts, ceindre la couronne du lion, et, après une jeunesse dévergondée, régler ses mœurs, devenir le protecteur du clergé et même prendre place parmi les bienheureux; présage, hélas! trop démenti par l'assassinat de l'archevêque de Cantorbéry.

Deux ans après son crime, comme il revenait d'Irlande et traversait le pays de Galles, un pont se présenta dont on racontait des prodiges, et sur lequel, d'après Merlin, un roi d'Angleterre, conquérant de l'Irlande, devait mourir d'une blessure reçue dans cette île.

Ce pont était formé d'une seule pierre jetée sur la rivière; les pieds des passants l'avaient polie et rendue semblable à du marbre. Un jour elle avait parlé au contact d'un cadavre qu'on portait au cimetière voisin, et, depuis lors, on l'appelait la *pierre qui parle*.

Or, à l'entrée du pont, une femme galloise se jeta aux pieds du roi, et, arrêtant le cortége princier, elle porta plainte dans sa langue contre son évêque, homme de race étrangère, qui tyrannisait les Gallois.

Apprenant par un interprète de quoi il s'agissait, le roi, sans daigner lui répondre, allait traverser le pont, quand la Galloise élevant la voix et les mains vers le ciel, s'écria :

« Venge-nous aujourd'hui, *pierre qui parle*; venge notre race et notre nation en punissant cet homme[1]. »

Henri II connaissait la prophétie de Merlin au sujet de cette pierre[2]. Il retint les rênes de son cheval, et parut hésiter un moment ; mais tout à coup, comme s'il eût rougi de sa terreur superstitieuse, jetant à la pierre un regard de colère, il enfonça ses éperons dans les flancs de son cheval, et, d'un bond, sans toucher au sol, il fut de l'autre côté de la rive.

Alors, se retournant tout pâle vers le pont, il apostropha le prophète des Bretons d'une voix indignée, et celui qui nous a conservé le récit de cette aventure l'entendit s'écrier : « Qui pourra

---

[1] Vindica nos hodie *Lech lavar*, vindica nos et gentem nostram de homine hoc! (Girald. Cambr., éd. Camden, p. 778.)

[2] Merlini proverbium dici solebat. (*Ibid.*) Erat de lapide hoc ab antiquo vulgata relatio (*Ibid.*)

désormais ajouter foi à cet imposteur de Merlin[1] ?»

Et il continuait sa route, quand un paysan gallois prenant la parole pour défendre le prophète national, ne craignit pas de répondre d'une voix haute et ferme :

« Vous, le roi qui doit conquérir l'Irlande ! Allons donc ! Ce n'est pas de vous que Merlin a voulu parler[2]. »

Rien ne pouvait ébranler la confiance enthousiaste qu'il inspirait au peuple breton. Ceux d'Armorique, après ceux de Galles, le prouvèrent au roi, comme nous l'avons vu, à la naissance d'Arthur II. Henri le comprit, et pour vaincre sûrement le prophète, il s'avisa d'un stratagème par lequel il répondait, sans le savoir peut-être, aux ruses qu'une imagination patriotique avait suggérées aux bardes cambriens.

Un de ses neveux était abbé de Glastonbury, monastère élevé dans la petite île que les Bretons nommaient l'île d'Avalon, et où leurs poëtes populaires avaient fait conduire Arthur blessé mortellement. Henri de Sully (ainsi se nommait

---

[1] Merlino fallacissimo quis de cætero fidem faciet? (Girald. Camb., éd. Camden, p. 778.)

[2] Tu autem non es ille! (*Ibid.*)

l'abbé) commença dans son couvent des fouilles sur l'ordre de son oncle : le roi prétendait tenir d'un chanteur de Pembroke qu'Arthur avait été enterré à Glastonbury, mais, en réalité, il avait pris à l'avance ses mesures pour donner raison à ce chanteur contre Merlin.

Les fouilles ne manquèrent pas de réussir. On découvrit à une certaine profondeur un sarcophage contenant les os d'un homme d'une grandeur extraordinaire, et ceux d'une femme dont la tête était encore couverte d'une magnifique chevelure blonde. Sur une croix en plomb, placée près du sarcophage, on lisait, en beaux caractères du douzième siècle, cette inscription :

HIC JACET SEPULTUS
INCLITUS REX ARTHURUS
IN INSULA AVUALLONIA.

Les cheveux blonds, qui étaient nattés avec un art infini, indiquaient naturellement que la reine Genièvre n'avait pas voulu être séparée de son mari après sa mort, quoiqu'elle n'eût guère tenu à sa compagnie pendant sa vie.

Le roi d'Angleterre, prévenu de la découverte, se rendit sur les lieux, et, après avoir constaté de l'œil et du doigt la mort d'Arthur, si bien démontrée par ses restes et son épitaphe, il ordonna qu'on fît de magnifiques funérailles à l'illustre monarque. « Il ne dut pas plaindre la dépense, observe finement Augustin Thierry, car il se croyait amplement dédommagé par le tort que devait faire aux Gallois la perte de leur rêve le plus cher [1]. »

Toutefois le stratagème du roi échoua comme avait échoué son audace au pont de la *pierre qui parle*.

La découverte, non moins simulée, de l'épée d'Arthur qui fut offerte à Richard Cœur-de-Lion, et celle de son prétendu diadème, aussitôt déposé dans le trésor des rois d'Angleterre pour prouver aux Bretons la vanité des prophéties de Merlin; rien ne put faire triompher la politique anglo-normande de la superstition celtique, pas même le couronnement dont j'ai parlé, de l'héroïque Lywélin, cérémonie odieuse, destinée à ridiculiser à jamais le prophète qui avait prédit qu'un monarque breton porterait à Londres la couronne de la Bretagne.

[1] Voir dans le curieux ouvrage du savant M. Beale Poste, intitulé *Britannia antiqua*, p. 177, 178, 179, et 180, le texte, jusqu'ici inédit, concernant cette prétendue découverte.

Pour donner le coup de grâce à une obstination patriotique dont on ne connaît pas d'exemple depuis celle des Juifs, on eut recours à un dernier expédient.

Aux chansons nationales des Bretons répondirent, d'office, des chansons bouffonnes et d'autres pièces satiriques. On connaît ces vers :

« Que des esprits visionnaires, dédaignant le présent, se repaissent de chimères; si vous croyez leurs paroles, vous pouvez croire également au retour d'Arthur avec les Bretons [1]. »

On alla jusqu'à inventer contre ceux-ci des engins de guerre d'un genre tout à fait inusité.

Il existe une charte où la marque de fabrique anglaise est parfaitement visible. Elle est écrite, sinon en langage des halles, car elle est latine, du moins en style de cohue, et prouve une fois de plus que « le latin dans les mots brave l'honnêteté. » Elle est d'ailleurs adressée aux habitués

[1] Somniator animus
Respuens præsentia
Gaudeat inanibus,
Quibus si credideris
Expectare poteris
Arthurum cum Britonibus.
(Petr. Blesensis. *Epist.* 57.)

des halles. On l'a datée de Quimper-Corentin, de la centième année de l'Immortalité du roi Arthur, et revêtue du contre-seing de son chapelain [1].

Le monarque breton accorde à ses sujets certains priviléges, entre autres d'aller pieds-nus pour ne pas user de chaussures, attendu que leur pays est pauvre, et de pêcher dans tous les cloaques, bourbiers, sentines, etc., de la Bretagne. Le protocole, qui est seul de nature à être cité, est conçu en ces termes :

« Arthur, roi des Bretons, à tous les marchands de beurre et de fromage de Bretagne.

« A jamais reconnaissant de la sincère affection, de la fidélité parfaite, de la constance que vos pères nous ont montrée depuis que la Bretagne existe ; voyant leur dévouement et leur fidélité se perpétuer dans leurs enfants, ce n'est pas sans raison que nous sommes préoccupé de votre honneur et de vos intérêts. Mais comme il ne nous est pas possible de récompenser les pères, nous voulons faire quelque chose d'agréa-

[1] Datum Corisopiti per manum capalarii, anno C Immortalitatis regis Arturii. (Champollion, *Lettres des rois et reines*, t. I, p. 20 et 21.)

ble aux enfants. Quoique vous soyez privés de l'avantage de notre présence (car depuis notre immortalité dont la gloire rejaillit sur vous tous, il n'est plus permis aux mortels de nous voir), vous n'en gardez pas moins notre mémoire profondément gravée dans vos cœurs, et certains d'avoir un jour ou l'autre pour monarque un immortel, vous refusez de vous soumettre à des princes qui doivent mourir, et vous confessez partout et toujours notre nom devant les rois et les souverains, réfutant par des arguments invincibles les sophismes de ces bouffons qui prétendent que nous sommes mort. — Voulant récompenser tant et de si grands mérites, nous avons par les présentes accordé et confirmé par l'apposition de notre sceau le droit de....., etc. »

Ce persiflage, aussi propre à blesser le patriotisme des Bretons qu'à plaire au roi qui le payait, put divertir le vulgaire de l'autre côté de la Manche, mais il s'émoussa, comme tous les autres traits, contre la gravité celtique [1].

---

[1] Une imitation française en fut faite sous le titre de *Privilége aux Bretons;* mais elle est loin d'avoir le parfum britannique :

INFLUENCE POLITIQUE DE MERLIN. 323

Bientôt d'ailleurs la France qui avait déjà pris sous sa protection, le nouvel Arthur et le vieux Merlin, et qui s'efforçait de « rejeter au delà de l'Océan la race venimeuse du *dragon blanc* [1]; » la France allait voir se lever la Vierge qui, en écrasant la tête du monstre saxon, devait réaliser l'idéal messianique rêvé par Merlin, ou plutôt par le noble peuple dont il représente le génie.

Quand au milieu du royaume conquis aux trois quarts par les Anglais, pillé, saccagé, incendié depuis l'église et le château jusqu'à la chaumière, livré au triple fléau de la guerre, de la famine et de la peste; sans gouvernement régulier, sans personne pour le défendre, Jeanne d'Arc parut « à cheval, armée tout en blanc, sauf la tête, une

---

l'odorat français ne l'eût pas supporté; les franchises des Bretons se réduisent ici (et la malice n'est pas grande) à
  Balais faire en la saison
  Et fossés curer grands et longs;
  Puis, à manger lait et fromage
  Et en quarême et en caruage (carnaval).
   (Jubinal, *Jongleurs et Trouvères*, p. 52.)
Guillaume le Breton, chapelain de Philippe-Auguste. (Ap. Dom. Bouquet, t. XVII, p. 285.)

petite hache en sa main, sur un grand coursier noir [1], » disant : « Messire Dieu m'a envoyée pour chasser les Anglais de France [2]; » les moins superstitieux la regardèrent « comme s'ils eussent vu Dieu lui-même;» les femmes et les enfants baisaient ses mains, ses pieds, ses habits; jusqu'au fond de la Basse-Bretagne, tous les cœurs s'émurent, peut-être même plus vivement que dans le reste du royaume. Nobles, prélats et peuple, chacun en Armorique écoutait avec admiration ce qu'on rapportait de la Pucelle de Lorraine; chacun aurait voulu la voir. Une pauvre fille appelée Périnaïk, qui ne parlait que breton, partit pour l'aller rejoindre, se croyant appelée de Dieu, à sa suite; une autre du même pays se fit brûler par les Anglais pour avoir pris sa défense et soutenu « qu'elle était bonne et que ce qu'elle faisait était bien fait [3]. »

Le duc de Bretagne lui-même, dit Lobineau, conçut pour la Pucelle cette vénération qu'on a pour les choses saintes et surnaturelles; il lui

---

[1] Voir son portrait admirablement peint par Guy de Laval, *de visu* (Ap. Quicherat, t. V, p. 101.)

[2] *Ibidem*, t. IV, p. 207 et 304; t. I, p. 290.

[3] *Ibidem.*, t. IV, p. 467 et 474.

députa son confesseur, frère Yves Milbeau, avec Hermine, son héraut d'armes, et son favori le sire de Rostrenen. Frère Yves porta la parole : « Est-ce de la part de Dieu que vous êtes venue secourir le roi contre les Anglais ? » demanda-t-il à Jeanne. Elle lui répondit :

« Oui, je suis envoyée de Dieu pour chasser les Anglais; il a plu à Dieu de ce faire par une simple pucelle pour repousser les ennemis du roi. »

Alors le messager ducal : « S'il en est ainsi, mon seigneur, le duc de Bretagne, est disposé à venir pour aider le roi de son service; mais comme il est malade en ce moment, son fils aîné le remplacera, à la tête d'une bonne armée. »

Avant de prendre congé de Jeanne, le sire de Rostrenen lui offrit des présents que son maître lui avait remis pour elle, entre autres une dague de prix et plusieurs chevaux de bataille.

En attendant le secours promis par les ambassadeurs de Jean V, un autre prince breton, celui qui reçut au baptême le nom d'Arthur III, et qui réalisait l'héroïsme du premier vainqueur des Saxons, accourut, suivi de quatre cents lances et de huit cents archers de Bretagne. Il brûlait d'employer contre les Anglais, au profit de la France, l'épée de connétable qu'il avait gagnée pour « avoir exposé et abandonné vaillamment sa personne dans la cause et querelle du roi, à la journée d'Azincourt, où les étrangers ne purent le prendre que mourant sous son cheval mort, et sous le corps de trois d'entre eux [1]. »

Il partagea avec la Pucelle, au lendemain de la prise d'Orléans, l'honneur de la victoire de Patay. Son dévouement était d'autant plus admirable que l'indigne favori de Charles VII, La Trémouille, son ennemi personnel, le calomniait odieusement près du roi, et avait tenté de le faire assassiner. Jeanne elle-même, induite en erreur, repoussait les services d'Arthur de Bretagne.

On raconte à ce propos que le connétable étonné aurait douté un moment de la mission divine de la Pucelle, et qu'il lui aurait parlé ainsi :

« Jeanne, on m'a dit que vous me vouliez combattre ; je ne sais si vous êtes de par Dieu ou non. Si vous êtes de par Dieu, je ne vous crains rien, car il sait mon bon vouloir ; si vous êtes de par le diable, je vous crains encore moins. »

---

[1] Voir son brevet de connétable dans la Collection Petitot, t. VII.

Mais les doutes de Jeanne s'évanouirent bientôt et « elle reçut Arthur par sa grâce pour le roi au service de la couronne, afin qu'il y employât son corps et toute sa puissance. »

Quoi qu'il en soit, les douze cents compagnons d'Arthur, entraînés à la croisade contre les Anglais par le même souffle qui emporta vers l'inspirée française la petite bretonne Périnaïk, doutèrent encore moins de Jeanne que le reste de l'armée. Ils apportaient avec eux de leur foyer même la flamme qui entretenait leur confiance.

Une prédiction de leur oracle national, faisant suite à celle où il avait annoncé, disait-on, les désastres de Crécy, de Poitiers et d'Azincourt, venait d'être mise en circulation, et agitait tous les esprits dans le royaume, de la mer de Bretagne aux Marches de Lorraine.

Merlin, qui avait détesté autant les Anglais que Jeanne les détestait, et adressé au roi Arthur les paroles mêmes que la Pucelle devait adresser au roi Charles VII : « C'est le plaisir de Dieu que vos ennemis les Anglais s'en aillent dans leur pays, et s'ils ne s'en vont, il leur mécherra [1] ; » Merlin avait chanté :

[1] Cf. la *Chronique de la Pucelle* (Quicherat, t. IV, p. 207)

« Trois fontaines jailliront, dont les ruisseaux diviseront l'île en trois parties.

« Quiconque boira de l'eau de la première ne sera jamais malade et jouira d'une vie éternelle.

« Quiconque boira de l'eau de la seconde mourra d'une soif inextinguible, avec un visage pâle et horrible.

« Quiconque boira de l'eau de la troisième mourra de mort subite, et la tombe rejettera son corps.

« Pour éviter une telle calamité, les hommes du pays s'efforceront de tarir les deux sources malfaisantes par mille moyens; mais toutes les matières qu'on y entassera prendront une autre forme. La terre se changera en pierre, la pierre se changera en bois, le bois se changera en cendre, la cendre se changera en eau.

« Alors du *bois chenu* sortira une vierge qui arrêtera le fléau.

« Après y avoir employé tous ses artifices, elle tarira de son souffle les deux fontaines malfaisantes; puis, buvant à longs traits de l'eau de la

avec le *Roman de Merlin*, d'après les mss du quinzième siècle, édition de 1535, par Jean Macé, fol. XXVI.

fontaine salutaire, elle portera dans une main la forêt de la Calédonie, dans l'autre, la tour de Londres.

« Quand elle marchera, sous ses pas jaillira une flamme accompagnée d'une fumée de soufre. Cette flamme réveillera les Flamands, et ils apprêteront un repas aux animaux qui vivent dans la mer.

« On verra la vierge ruisselante de larmes de pitié; elle poussera un cri terrible qui remplira l'île [1]. »

Ce chant allégorique des anciens bardes, rangé au douzième siècle, avec beaucoup d'autres d'un caractère indéterminé, parmi les oracles apocryphes de Merlin, avait été remanié pour servir des intérêts dont je parlerai tout-à-l'heure, et, ainsi modifié, il avait passé de la bouche des Bretons dans celle des peuples étrangers.

Or, on en fit l'application à la Pucelle aussitôt qu'elle parut :

« On a trouvé dans l'histoire, écrivait, le 21 juillet de l'année 1429, Christine de Pisan, que Dieu a prédestiné la Pucelle à sauver le royaume :

---

[1] *Myvyrian arch. of Wales*, t. II, p. 264; Cf, *Prophetiæ Merlini* (éd. San-Marte, p. 96).

Merlin et la Sibylle et Bède l'ont vue en esprit, il y a plus de mille ans, et ils l'ont annoncée comme le remède aux maux de la France. Ils ont prophétisé qu'elle porterait l'enseigne guerrière des Français; ils ont prédit tout ce qu'elle ferait[1]. »

Voici, en effet, de quelle manière l'opinion vulgaire en France, soit par hasard, soit pour mieux accommoder la prophétie à la Pucelle qui devait sauver le royaume, répétait l'oracle de Merlin concernant la vierge appelée à tarir la source des malheurs de la race celtique :

« Du *bois chenu* viendra une vierge qui portera remède au mal; après avoir visité toutes les *citadelles*, elle tarira de son souffle les fontaines malfaisantes. On la verra ruisselante de larmes de pitié, et elle jettera un cri terrible qui remplira toute l'île de Bretagne[2]. »

---

[1] Car Merlin et Sébile et Bède,
Plus de mille ans a, la véirent
En esperit, et pour remède
A France en leurs écrits la mirent.
(Quicherat, t. V, p. 12 et 13.)

[2] Merlinus autem vates ita cecinit : « Ex nemore canuto eliminabitur puella ut miseriæ curam adhibeat, quæ ut omnes *arces* inierit, solo anhelitu suo fontes nocuos siccabit. Lacrymis miserandis manabit ipsa et clamore horrido replebit insulam. (Quicherat, t. III, p. 341.)

• On a pu voir que la prophétie bretonne, tout en parlant du *bois chenu* et de l'avénement de la vierge, ne faisait nullement mention de sa visite aux citadelles, *arces*, mais de ses artifices, *artes;* dans le texte gallois, *keluydyt*.

A cette première interpolation, une autre était venue se joindre qui rendait la prophétie toute lorraine. Quelqu'un ayant remarqué qu'un certain bois du même nom que celui de la prédiction de Merlin existait en France, ne douta pas que ce fût de lui qu'avait voulu parler le prophète, et, après les mots du *bois chenu*, il ajouta, en géographe expert : « sur les Marches de Lorraine [1]. »

Ainsi localisé et précisé, l'oracle de Merlin convenait on ne peut mieux à la nouvelle héroïne dont le village se trouvait justement à deux pas de ce *bois chenu*. Il ne manquait pas de gens pour dire qu'évidemment Merlin avait désigné l'endroit en question [2].

Les plus doctes soutenaient cette opinion en re-

[1] In quodam libro antiquo ubi recitabatur *prophetia Merlini* invenit scriptum quod debebat venire quædam puella ex nemore canuto de partibus Lotheringiæ. (Quicherat, t. III, p. 133.)

[2] Illud vero Merlini dictum per expressam illius nemoris designationem clarum apparet et manifestum. (P. 340.)

produisant les anciens arguments favorables à l'autorité du prophète.

« Son témoignage, disaient-ils, ne doit être ni méprisé ni rejeté à la légère, car tout ce qu'il a annoncé s'est assez bien vérifié ; l'esprit de Dieu révèle ses mystères par qui bon lui semble. »

Et entamant, après Jean de Cornouailles et Alain de Lille, de nouveaux commentaires :

« D'abord, le lieu de la naissance de la Pucelle est clairement indiqué : de la porte de la maison de son père, on peut voir le *bois chenu* ; l'objet de sa mission n'est pas moins spécifié ; n'a-t-elle pas voulu « rendre la santé à la France malade? » Ses premières démarches sont signalées à l'avance : « elle a visité toutes les citadelles, » quand elle s'est rendue vers le roi ; « elle a tari les fon-« taines malfaisantes » en arrêtant les conspirateurs et en leur ôtant son amitié. On l'a vue « ruisselante de larmes, » par pitié pour les malheurs qui accablaient le royaume de France ; enfin, « elle a terrifié toute l'île de Bretagne » par son appel aux armes et ses victoires sur les Anglais. »

Jeanne était loin d'ignorer que des prédictions circulaient à son égard, et qu'on faisait d'elle un messie dont Merlin était le Jean-Baptiste. Nous le savons par tous les contemporains [1] comme par elle-même, et son témoignage est d'une extrême importance :

« Quand je vins trouver mon roi, dit-elle, quelques personnes me demandèrent si dans mon pays il y avait un bois appelé le *bois chenu*, parce qu'il existait des prophéties annonçant que des environs de ce bois devait venir une pucelle qui ferait des merveilles [2]. »

Mais la réponse de l'héroïque jeune fille montra bien qu'entre elle et les faux prophètes, ou même le crédule vulgaire et les docteurs non moins crédules, il y avait un abîme. Un imposteur n'eût pas manqué de se targuer de l'autorité, si unanimement reconnue de Merlin, de Merlin dont les récits populaires faisaient « le plus sage homme du monde, » l'intime conseiller des rois de son époque, le preux qui leur avait appris, comme la

---

[1] Vulgaris et antiqua percrebuit fama, puellam unam ex eo loco debere nasci quæ magnalia faceret. (Quicherat, t. III, p. 340.)

[2] *Item* ulterius ipsa dicit quod « quando ipsa venit versus regem suum aliqui petebant sibi, an in patria sua erat aliquod nemus quod vocabatur gallice *le bois chenu*, quia erant prophetiæ dicentes quod circa illud nemus debebat venire quædam puella quæ faceret mirabilia. (*Ibid.*, t I, p. 68 et 213.)

Pucelle à Charles VII, « à mettre les Anglais hors de la patrie. »

Elle répondit simplement :

« Je ne crois pas aux prophéties de Merlin [1]. »

C'est à ses juges ou plutôt à ses bourreaux qu'elle fit cette loyale réponse. Ils l'avaient provoquée, car eux croyaient à Merlin, et ils avaient peur. L'insistance qu'ils mirent à l'interroger au sujet du bois chenu, de ses visites à une fontaine hantée, selon eux, par les mauvais esprits, de son commerce avec les fées et des sortiléges qu'elle aurait appris et pratiqués dans leur compagnie, des couronnes de fleurs qu'elle aurait tressées en leur honneur, des offrandes de petits pains, de vin et d'œufs qu'elle leur aurait faites; des danses, des chants, des invocations, des charmes et autres pratiques magiques dont la fontaine et un grand hêtre qui l'ombrageait auraient été le théâtre; enfin, de tout ce qui passait aux yeux de ses ennemis, pour de la sorcellerie, ne laissait aucun doute sur leur espoir mêlé d'effroi de trouver en elle la Pucelle annoncée par Merlin, cette sorcière dangereuse, cette ido-

[1] Sed dixit ipsa Johanna quod in hoc non adhibuit fidem. (Quicherat, t. I, p. 68 et 213.)

lâtre des fontaines, des arbres et des démons, prédestinée au bûcher. Ils certifiaient, dit un témoin auriculaire, « que c'était une folle pleine du diable; » et le *bourgeois de Paris*, tout sceptique qu'il est, n'est pas lui-même très-rassuré en présence de « cette créature qui est en forme de femme avec les gens de malheur et de mauvaise créance, prétendant avoir la puissance de faire tonner et autres merveilles, et qui est ce que Dieu sçait [1]. »

La peur du diable rendit féroces les docteurs anglais chargés de condamner Jeanne; car on ne peut croire que la seule haine des Français poussât les étrangers à brûler toute vive celle qui disait avoir mission de Dieu pour les chasser du royaume.

L'archevêque de Winchester raillait de loin leur frayeur des enchantements de la Pucelle, mais ils n'en tremblaient pas moins. Cauchon et ses assesseurs pouvaient invoquer une autorité vénérable, qu'aucun théologien de l'Université de Paris n'eût osé certainement récuser, celle du *docteur universel*. Or Alain de Lille avait ap-

---

[1] Quicherat, t. IV, p. 290.

prouvé hautement le sentiment très-naturel de terreur qu'inspirerait un jour la Pucelle du bois chenu à ceux qui auraient le malheur de vivre au temps où elle viendrait.

« Cette Pucelle, avait-il dit, sera imbue de mille maléfices et armée d'une grande puissance de paroles. Merlin fait entendre qu'elle agira sur les esprits par des artifices, des charmes et des incantations. Quelle qu'elle soit, cette fille aura le pouvoir de celles dont nos livres de théologie, comme nos livres profanes, parlent si souvent : ce sera une de ces pythonisses, de ces magiciennes, de ces sorcières qui affolent les hommes ou les tuent [1]. »

Et le *docteur universel* avait montré par un exemple mémorable que de telles personnes sont très à redouter, et que la justice humaine ne saurait être trop sévère pour elles :

« J'ai vu moi-même en Flandre dans ma petite enfance, à Lille où je suis né [2], une de ces magi-

---

[1] Puella multis maleficiorum imbuta generibus, et potenti vi r tute verborum armata... incantationumque carminibus.. quæcumque illa erit tam potentibus efficacibusque artibus imbuendam... quibus homines vel dementant vel interimunt. (Alan. de Ins., p. 162.)

[2] Vidi et ego in Flandria, cum puerulus adhuc essem, apud Insulam, unde oriendus fui, fœminam quamdam maleficam. (P. 180)

ciennes. C'était le temps de la lutte entre le comte Guillaume de Normandie et notre comte Thierry, héritier légitime de Flandre. Nous avions chassé le Normand qui n'avait aucun droit chez nous, et rappelé notre souverain. Or, comme il rentrait dans Lille, une jeune sorcière, qui prétendait s'opposer à ce que notre prince héréditaire régnât sur nous, accourut au-devant de lui comme une furie d'enfer, et lui barrant le passage du pont de Lille, elle se mit à lancer contre lui et à jeter dans le fleuve je ne sais quels charmes dont elle avait les mains pleines. Prise en flagrant délit, elle fut arrêtée et convaincue de sortilége; on la mit à la question, et elle avoua, comme c'est la coutume des inculpés, qu'elle avait causé la mort de beaucoup de Flamands par ses mauvaises pratiques; sur quoi on la brûla vive [1]. »

Alain de Lille dit en finissant : « Or ce sera par les mêmes enchantements et les mêmes mystères magiques qu'opèrera la pucelle du bois chenu [2]. »

[1] Deprehensa itaque et convicta, veritatem confessa, igni tradita est et cremata. (Alan de Ins., p. 180.)

[2] Talibus ergo carminibus et arcanis imbuta puella canuti nemoris evocabitur. (Ibid.)

Et sa conclusion est qu'elle devra être traitée comme l'a été, sous ses yeux, la jeune sorcière politique du parti normand.

Singulière inadvertance! Le savant universel, en racontant l'aventure de cette pauvre fille de Lille, si dévouée à la cause de Guillaume le Roux qu'elle mourut victime de son dévouement, ne se doutait pas qu'il rapportait le fait même qui avait été prophétisé par Merlin, ou, pour mieux dire, par un écrivain très au courant de l'histoire de Lille dans la première moitié du douzième siècle!

Malgré la répulsion qu'inspire l'intolérance du docteur, on ne peut s'empêcher de sourire en l'entendant faire cette réflexion naïve : « J'explique tout ceci de mon mieux et selon la plus grande probabilité. »

La probabilité était une certitude. Il aurait pu s'en apercevoir facilement, s'il n'avait pas pris *Lille* en Flandre pour *l'île* de Bretagne.

La certitude fut la même, hélas! à l'endroit de Jeanne d'Arc. Ses juges ne suivirent que trop le conseil que leur donna le vénérable commentateur de Merlin, et ils vérifièrent sur la Pucelle d'Orléans la prédiction faite après coup sur la Pucelle de Lille. Si bien qu'après le martyre de Jeanne, le commentateur moderne du prophète breton, put ajouter avec un aplomb sans pareil : « Ainsi s'accomplirent les paroles de Merlin touchant la Pucelle : « Un cerf dix cors la « tuera. » Cet animal est l'image du jeune roi Henri VI, alors âgé de dix ans, qui arriva en France avec la rapidité d'un cerf, courut à Paris pour s'y faire sacrer, ordonna le procès de Jeanne, comme idolâtre et comme sorcière, et signa l'arrêt de mort de celle qui avait mené son rival à Reims. Les faits ont confirmé, de mon temps, sous mes propres yeux, la prophétie de Merlin [1]. »

Français et Anglais, amis et ennemis, qu'ils interprétassent en bonne ou en mauvaise part les oracles du prophète touchant la Pucelle, n'en doutaient donc nullement; et cette crédulité générale, que Jeanne seule eut l'honneur de ne point partager, restera comme un des plus grands exemples des aberrations humaines.

Il ne devait pas être le dernier : après avoir coûté la vie à Jeanne d'Arc, et, avant elle, on s'en souvient, à deux autres héros, l'un Gallois, le

---

[1] Omnia quæ exponendo præmisimus infaillibili successu nostris diebus contigisse vidimus. (F. J. Bréhal. ap. Quicherat, t. III, p. 542.)

chef Liwélyn, l'autre Armoricain, le jeune Arthur II ; le fantôme du prophète breton, par une espèce de revanche étrange, causa la mort d'un prince de la race même qu'il détestait. Édouard IV, curieux de savoir ce qui arriverait à sa postérité, pratiqua une superstition qui règne en Angleterre, dit Martin du Bellay, depuis le temps du roi Arthur : il consulta les prophéties de Merlin ; et ayant découvert qu'un de ses proches, dont le nom commencerait par un G, enlèverait la couronne à ses enfants, il fit jeter dans la tour de Londres et mourir son frère George, duc de Clarence [1].

Il appartenait au saint-siége de mettre fin à une mystification historique par trop prolongée : les Pères du concile de Trente signalèrent les prophéties de Merlin comme fausses, et défendirent de les consulter, sous peine de censure canonique, laissant du reste l'enchanteur régner paisiblement dans le royaume des fictions [2].

---

[1] *Mémoires* de Du Bellay. (Collect. Michaud, t. V, p. 119.)

[2] Merlini Angli liber obscurarum prædictionum prohibetur. (*Index libror. prohibit.* a Patribus Concilii Tridentini. Ed. Ant. a Sotomaior, 1667.)

Et ils agirent sagement, on doit en convenir, quoi qu'en ait dit un historien français que j'aime et que j'honore [1], dans lequel les nations celtiques et leur prophète ont trouvé un panégyriste éloquent. Ils ne faisaient, du reste, que devancer le jugement de la critique et de la postérité.

[1] Henri Martin, *Histoire de France*, t. III, p. 369.

III

INFLUENCE ROMANESQUE ET POÉTIQUE DE MERLIN

L'oracle des Bretons se tut à la voix du saint-siége, à peu près comme ceux de Delphes et de Cumes avaient fait silence à l'annonce de la « Bonne Nouvelle, » ou s'il parla encore, il ne fut plus écouté sérieusement. Le rôle politique du prophète Merlin finit alors avec son influence sur les destinées des nations.

Mais en cessant peu à peu d'apparaître dans le monde des faits, en ne déterminant plus guère d'événements importants, l'enchanteur continua d'agir dans le monde des idées, et la fiction indigène d'engendrer à l'étranger d'autres fictions à son image. Seulement il y eut cette différence entre l'original et l'imitation, que l'un contenait des éléments traditionnels incontestables, était donné pour vrai par les inventeurs, accepté comme tel par les intéressés, et d'une valeur politique et nationale assez grande pour faire pardonner la supercherie primitive, tandis que l'autre, en général, n'avait pas grande utilité pratique, et était, le plus souvent, le résultat du caprice individuel et du désir d'amorcer et de distraire un certain public ennuyé.

Parmi ces œuvres de la fantaisie, il faut placer en première ligne les prophéties romanesques de Merlin ; en seconde, les parodies de ces prophéties et des anciens romans où il figure ; en troisième, les poëmes modernes dont il est le sujet.

Les prophéties que Geoffroi de Monmouth avait traduites du breton en latin, et divers écrivains anglo-normands du latin en français, ne semblaient pas encore d'un intérêt assez général. Il se trouva au treizième siècle un auteur dont l'influence s'est fait sentir jusqu'au quinzième siècle et même au seizième par des éditions multipliées, pour en fabriquer de nouvelles et de nature à éveiller l'attention des peuples dont Merlin s'était moins occupé. Il s'adressa particulièrement aux Irlandais, aux Français, et aux sujets italiens des empereurs d'Allemagne.

Cet auteur s'appelait Richard ; il habitait Messine, ville alors soumise, comme le reste de la Sicile, à la domination des princes de la maison de Souabe, et il écrivit en français un recueil des prophéties de Merlin, à la prière de l'empereur Frédéric II, pour l'utilité des chevaliers et autres gens laïques qui n'entendaient pas le latin, lesquels devaient, assure-t-il, y prendre « quelques bons exemples. »

Quoi qu'il en soit, Richard a soudé son œuvre au roman de Robert de Borron, dont elle forme un prolongement ou une branche ; mais c'est bien le cas de dire de cette nouvelle branche qu'elle porte des fruits dégénérés [1].

Richard rappelle d'abord au lecteur ce que nous savons déjà : comment Merlin conversa premièrement dans les forêts du Northumberland

---

[1] J'ai fait usage du ms. de la grande bibliothèque de Paris, 6772, qui est de la fin du treizième siècle, et de celui de la bibliothèque de Rennes, n° 147, dont la copie a été commencée de l'an 1302 à l'an 1305, comme je l'apprends de mon ami, M. Audren de Kerdrel, à la science duquel on peut s'adresser sûrement.

avec un saint ermite qui avait nom Blaise ; comment il lui raconta les merveilles qu'il avait faites en Grande-Bretagne et en mainte autre terre, et comment Blaise mit en écrit tout ce qui regarde Merlin, y compris ses révélations; mais ce livre, dit-il, fut enlevé et emporté « en paganisme. »

Heureusement que le prophète avait en Irlande un autre ami, un sage clerc appelé Ptolémée ou Tholomer. Il alla lui rendre visite, et Tholomer écrivit de nouveau sous sa dictée. Merlin avait trouvé dans lui les mêmes sentiments affectueux que dans son premier maître : Tholomer consentit avec encore moins de difficulté que Blaise, et même sans exiger aucune preuve d'orthodoxie, à lui servir de secrétaire. Il n'eut pas lieu de s'en repentir, si l'on en juge par le certificat qu'il lui délivra en ces termes :

« Je n'ai trouvé en toi nul semblant de paroles qui fût en rien contre sainte Église; et si aucuns venaient dire que tu ne peux connaître les choses dites et faites et ce qui doit advenir, je leur répondrais de prendre mon livre et de regarder aux bonnes paroles qui s'y trouvent. Ils pourront savoir de cette manière si tu as dit vrai ou non. »

Merlin confirma Tholomer dans son opinion à cet égard :

« Maître, lui dit-il, je n'ordonne à personne de me croire; me croira ou ne me croira pas qui voudra; mais à qui me croira, il ne peut arriver que du bien, et à qui ne me croira pas que du dommage. Mais peut-être quelqu'un dira : Est-il possible que Merlin sache l'avenir et qu'il puisse changer de forme? A cela je répondrai : Est-ce que Dieu n'est pas tout-puissant? »

Tholomer, plus convaincu que jamais, répéta souvent cet irrésistible argument théologique; mais ayant fini par être appelé à l'épiscopat, à cause de sa science, son ami qui était aussi humble que sage, ne trouva pas convenable qu'un personnage de cette importance lui servît plus longtemps de secrétaire, et il lui parla ainsi :

« Je veux que tu me bailles un de tes clercs, qui mette mes prophéties en écrit, car devant être sacré évêque, il serait mal séant que tu continuasses à tenir la plume pour moi. »

Le prélat manda donc un de ses clercs appelé Anthoine, qui jadis naquit en Normandie, et qu'il savait loyal envers Dieu et le monde et bien informé à l'endroit de Merlin ;

« Anthoine, lui dit-il, tu mettras en écrit tout ce que Merlin te dictera. »

Maître Anthoine répondit avec conviction : « Je le ferai bien volontiers, car depuis que le ciel est créé, je ne crois pas qu'il y ait jamais eu d'homme mortel aussi sage que Merlin, sauf l'honneur que je dois à monseigneur saint Jean-Baptiste et à saint Pierre ; je l'ai toujours trouvé disant la vérité. »

La véracité de Merlin ainsi établie, Richard le fait interroger successivement par maître Tholomer et par maître Anthoine.

Chacun de ses deux nouveaux confidents le consulte sur ce qui l'intéresse le plus.

Merlin commence par répéter à Tholomer ce qu'il a déjà prédit à Blaise concernant le retour d'Arthur, lieu commun de tous les romans de la Table-Ronde :

Iterum ad Trojam magnus mittetur Achilles!

« Écris, lui dit-il, qu'Arthur sera roi de la Grande-Bretagne et sera restauré en tous les lieux où il viendra. Avant lui, il n'aura pas eu son pareil au monde ; après, il ne l'aura pas davantage.

Mais toutes ses aventures prendront fin le jour où il mettra le pied dans une nef qu'on verra ensuite amarrée, pendant bien des siècles, à un vieux tronc d'arbre, au rivage d'une île où elle aura témoigné de son débarquement. »

Quand Merlin assure qu'Arthur n'aura pas son pareil, il s'avance un peu ; il le reconnaît d'ailleurs, et voici comment, sans faire tort à son roi bien-aimé, il annonce l'avénement d'un autre monarque non moins grand :

« Il n'y aura pas après lui d'aussi bon roi, non en vérité, hors un seul qui sera en Gaule, si digne et si débonnaire que Dieu fera pour lui maint miracle; et il mettra fin à ce que les autres chevaliers ne pourront faire. L'eau de la *Fontaine qui bout*[1], ce sera lui qui l'éteindra en y plongeant la main ; on le nommera K. Il sera le champion au chef d'or. Par tout le monde volera la peur qu'il fera ; sa renommée durera jusqu'au jour du jugement; ses bonnes œuvres seront célébrées en tout lieu, et il ne faillira jamais. »

Si bien au courant des gestes de Karles le

---

[1] La fontaine magique de Baranton, dans la forêt de Brocéliande, près du perron de Merlin. (Voy. *les Romans de la Table-Ronde*, p. 225.)

Grand, annoncé dans les mêmes termes par le prophète Bède [1], Merlin ne pouvait oublier ceux de Roland. Il versa des larmes, les premières que l'œil de l'homme ait versées, sur le grand *destourbier* de Roncevaux, où tous les preux mourront, mais où aucun ne fuira.

Il voit plus loin, il voit d'autres champs de bataille et non moins glorieux ; la Palestine lui apparaît couverte des armées d'Occident marchant à la délivrance du tombeau du Sauveur :

« Tholomer, dit-il, je veux que tu mettes en écrit que, au temps où la chose qui jadis naquit à Jérusalem aura mil cent quatre-vingts ans, une grande assemblée aura lieu de tous les champions de l'Europe chrétienne qui passeront la mer pour ôter la sainte cité des mains des mécréants. »

Mais les croisades, à la fin, jettent le prophète dans un dur penser, et son secrétaire, qui est alors Anthoine, lui demande à quoi il pense si durement :

---

[1] Surget rex Gallicus de Francia per K nomine : ipse erit magnus et piissimus, potens et misericors et faciens justitiam pauperibus. (*Pseudo-Bedæ Vaticinia.* Oper. t. II, ed. Basil., 1563.)

« A un désastre aussi grand que celui de Roncevaux, répond Merlin.

— Dis-moi, poursuit maître Anthoine, le désastre dont tu parles, où sera-t-il ?

— Il sera à *la Mansore* de la mer, » répond le prophète.

Et le *destourbier* de la Massoure, suivi de la captivité du roi de France, le 5 avril 1250, lui paraît comparable au grand deuil pour la mort de Roland.

A l'annonce de ce désastre, qui fut connu en Italie presque aussitôt et donna à l'empereur Frédéric l'occasion d'envoyer demander au sultan, son allié, la délivrance de saint Louis, Merlin en joint une autre de nature à émouvoir non plus les cœurs français, mais les habitants de l'Irlande : il prédit la ruine de ce pays et sa sujétion définitive à la domination anglo-normande; les succès d'Henri II dans l'île ne rendaient pas la chose difficile à prévoir.

« Quand l'évêque Tholomer entendit ce que disait Merlin de ceux d'Irlande, il en fut bien marri par ce qu'il en était, et il demanda au prophète s'il serait possible que les Irlandais évitassent un si grand malheur ; mais Merlin répondit que non ; que cela devait être ainsi ; sur quoi l'évêque le quitta fort courroucé. »

La ruine de l'Irlande devait avoir pour signe avant-coureur la mort d'un saint appelé Alexandre, dont le nom et le sort sont les mêmes que ceux du martyr de Trente, contemporain de Vigile et d'Augustin, et dont la charité fut pareille envers ses bourreaux.

Le récit de sa fin fournit à Merlin l'occasion de donner aux chevaliers et aux autres gens laïques, « aucun de ces bons exemples » que le traducteur français du prophète a annoncés dans son prologue : Saint Alexandre une fois arrivé en Irlande pour y prêcher la saine doctrine, alors trop oubliée, les ministres du Dragon, c'est-à-dire du diable, le feront prendre et mettre en prison, puis à mort ; après quoi, son corps sera jeté à la mer.

Mais comme l'empereur Honorius, qui n'avait pas voulu laisser impuni le meurtre commis par les païens de Trente, sur le saint Alexandre du temps, « il se trouvera un roi chrétien d'Irlande qui ordonnera de rechercher et de punir par le feu les ministres du Dragon, et on les conduira au bûcher, quand le nouveau martyr, sortant de la mer, en portant au cou la pierre avec laquelle il aura été noyé, éteindra le feu, et délivrera ses bourreaux. »

La morale de ce récit, la seule chose que l'auteur ait sans doute cherchée, est précisément celle que saint Augustin, dans sa lettre à Marcellin, tire de l'intervention des évêques en faveur des meurtriers du martyr de Trente :

« Et Merlin dit à maître Anthoine; mets en écrit que notre Seigneur ne veut pas la mort du pécheur, mais qu'il fasse pénitence, et conserve la vie pour se convertir. »

Du reste, la chute de l'Irlande ne paraît pas devoir précéder de bien longtemps la fin du monde. Merlin semble l'annoncer pour l'époque où viendra son interprète français.

Dans ce temps-là, assure-t-il, l'amour de l'argent, l'injustice, le manque de bonne foi, l'esprit de révolte contre le droit, seront arrivés à leur comble, surtout parmi les clercs.

« Ils ne suivront plus les doctrines de leurs anciens, mais celle des tyrans, et le parti d'un Gouverneur dont la porte de fer sera brisée à force d'argent. Les prélats, eux aussi, ne regarderont plus qu'à l'argent, et celui qui n'en aura pas à leur donner perdra sa cause en justice. »

Le bon évêque Tholomer tout effrayé demande s'il n'y aura pas d'exception.

« Dis-moi, Merlin, tous les clercs seront-ils aussi mauvais partout?

— Oui, partout; nulle part ils ne regarderont aux bonnes œuvres qu'auront faites les saints Gouverneurs et les saints ministres du Seigneur, mais à ce qu'auront fait les tyrans et les méchants ministres du Dragon qui auront brisé la Porte de fer.

— Et que diront les peuples en ce temps-là? Merlin.

— Ils diront que les clercs ont changé l'Évangile de monseigneur saint Jean. »

Et comme les clercs et leurs chefs ne vaudront rien, les gens du siècle, n'ayant plus aucun bon exemple à suivre, vaudront encore moins; « ils n'auront plus une créance bien droite; ils seront parjures comme chiens et ne redouteront nullement les *excommuniements* du Gouverneur dont la porte aura été forcée à prix d'argent. Tout le mal qui pourra être alors, répète Merlin, sera fait par les clercs. »

Or le temps où les hommes seront si méchants commencera l'an de l'incarnation mil deux cent soixante.

La conduite d'une portion du haut clergé à cette époque donnait malheureusement raison au satirique interprète de Merlin. Comme ces fous des cours, qui au milieu de mille balivernes, faisaient entendre par hasard une parole sérieuse, l'auteur rentrait ici exceptionnellement dans l'esprit pratique des prophéties de l'autre siècle. Nul doute qu'il eut, grâce à elles, une certaine prise sur ses contemporains. Beaucoup de clercs et de laïques pouvaient reconnaître leurs mœurs dans les tableaux attribués à Merlin : un des plus grands seigneurs du temps, Philippe de Savoie, dut en frémir de rage : élu archevêque de Lyon, à force d'argent et de promesses; à la fois évêque de Valence, prévôt de Bruges et doyen de Vienne, il cumula tous les revenus attachés à ces différentes fonctions ; il jouit pendant vingt-deux ans de toute espèce de dignités ecclésiastiques, sans même être prêtre, au scandale du monde chrétien, et ne les déposa que forcé par le pape Clément IV, en l'année 1267. « Seulement alors, dit le savant auteur de l'*Histoire de la lutte des papes et des empereurs*, ce faux ministre du

Christ, ne pouvant résister au chef de l'Église, se décida à la retraite. Presque aussitôt il se maria, et devint comte de Savoie, après avoir été le déshonneur de l'épiscopat [1]. »

Les partisans de l'empereur Frédéric accusaient Innocent IV lui-même d'avoir toléré l'abus par intérêt ; et, pour se venger des excommunications lancées par lui contre leur souverain, ils faisaient circuler au sujet du pape les satires les plus mordantes. On prétendait que, pour réussir près de lui, dans n'importe quelle affaire, il fallait n'épargner ni l'or, ni l'argent, ni les vases, ni les bijoux précieux.

Du reste, ces accusations n'étaient que l'écho de celles que l'empereur lui-même faisait entendre à tous les rois de l'Europe contre la cour romaine, « cette bouche toujours béante pour engloutir sa proie, disait-il, et qui engloutirait le Jourdain [2]. »

On formait les employés à ces agréables exercices épistolaires dans les chancelleries impériales, et il nous en reste d'autres exemples non

---

[1] M. de Cherrier, t. II, p. 289.
[2] Sperat quod totus Jordanus influat os suum. (*Petri de Vin.* Ep. p. 81 ; Cf. de Cherrier, t. II, p. 57 et 302.

moins curieux, remontant à l'époque des discussions de Frédéric Barberousse avec Adrien IV; on y lit que « le pape, nouveau Simon, vend les choses saintes à prix d'argent; » que « l'Église romaine est tirée au sort, vendue et livrée aux Égyptiens; que « à la cour romaine, le marchand a remplacé l'apôtre; que « les arrêts n'y sont point rendus par la justice, mais au poids de l'or; que « le soi-disant vicaire du Christ est le fils de Bélial, » etc., etc.

L'arme de l'excommunication n'est pas moins bravée que la main qui la lance : « Comment pourrions-nous craindre ses excommunications, s'écrie l'écrivain, quand les siens eux-mêmes les vilipendent [1] ! »

Et, à ce propos, on racontait qu'Innocent IV ayant ordonné au clergé de France de renouveler ses condamnations contre Frédéric II, le curé de Saint-Germain l'Auxerrois, à Paris, monta en chaire et tint à ses paroissiens le discours que voici : « Mes chers frères, j'ai reçu l'ordre d'excommunier l'empereur Frédéric; je sais qu'il existe entre lui et le pape une haine implacable,

---

[1] M. de Cherrier, t. I, p. 150 et 151.

dont j'ignore la cause. Sans doute, l'un d'eux a tort; lequel? Dieu le sait. Quant à moi, j'excommunie le coupable autant que mes pouvoirs me le permettent, et j'absous la victime d'une injustice si préjudiciable à toute la chrétienté [1]. »

Ce discours, plus digne d'un baladin que d'un prêtre, valut sans doute une bonne récompense à celui qui le prononça. On doit croire que Frédéric ne fut pas moins généreux envers l'écrivain qui faisait parler Merlin en élève accompli des chancelleries impériales, et qui montrait la Porte de fer du Gouverneur de la catholicité, du successeur de saint Pierre, ouverte avec une clef d'argent.

Toutes les questions adressées à Merlin par Tholomer et par maître Anthoine ne sont pas de nature à amener des réponses aussi terribles; il en est qui ne sont ni historiques, ni morales, ni religieuses, mais seulement scientifiques. Richard prête sa science au prophète, comme il lui a prêté ses rancunes impériales et anti-papales.

« Dis-moi, Merlin, lui demande un jour l'évêque Tholomer; s'il advenait qu'une femme qui

---

[1] Mathieu Pâris, p. 442. Trad. de M. de Cherrier, t. II, p. 283.

n'eût jamais parlé eût un enfant au fond d'un bois, où elle n'eût personne avec elle, et qu'elle fût là jusqu'à ce que l'enfant parlât, quelle langue parlerait-il?

— Certes, répond Merlin sans hésiter, il parlerait hébreu; c'est la langue des Juifs. Et je veux que tu saches que, s'il ne venait qu'à dix ans parmi les gens, il parlerait de toute chose en hébreu, comme les Hébreux le font. »

L'évêque, qui n'est pas encore assez éclairé sur ces matières philologiques, poursuit ses questions.

« Et pourquoi cela, dis-le moi, Merlin?

— Parce que l'hébreu fut la première langue parlée dans le monde, répond le savant, et que Notre-Seigneur Jésus-Christ la parla le premier à Adam! »

Maître Tholomer resta dans l'admiration devant tant de science.

Les naïvetés de ce genre, qui ne faisaient pas encore sourire, avaient probablement pour but de mettre quelque variété dans les prédictions, un peu monotones du prophète breton, et de faire briller son savoir; Richard ne les épargne pas.

Quand son héros a usé la plume complaisante de deux prélats (car maître Anthoine finit aussi par devenir évêque), et quand Merlin a disparu, le romancier envoie un chevalier guidé par Viviane pour recueillir les derniers oracles du prophète.

Adoptant la plate conception des romanciers de la décadence dont j'ai parlé en terminant l'analyse du roman de Merlin, Richard se traîne désormais plutôt qu'il ne marche vers le dénoûment de son œuvre.

L'amie du devin, qui a tout perdu avec sa *blancheur*, tout, jusqu'au nom qu'elle portait, et qui s'appelle maintenant la *Dame du lac*, n'est plus reconnaissable : animée de la haine la plus étrange contre Merlin, envieuse et jalouse, elle ne songe qu'à le décevoir : pour y parvenir, et prouver ainsi à tout l'univers qu'elle est plus puissante que lui, elle enchantera l'enchanteur ; elle le jure. Comment s'y prendra-t-elle? Comme la courtisane du fabliau, qui brida et sella le vénérable Aristote et lui monta sur le dos ; comme la perfide Luzence dont Virgile (j'entends le Virgile des romans), aussi savant qu'Aristote, mais aussi fou, fut le jouet ; on sait qu'elle le suspendit dans une corbeille à sa fenêtre, aux yeux de toute la ville de Rome, un jour de grande procession, et laissa le pauvre homme exposé aux risées de la multitude. Seulement, Viviane fait tomber le vieillard qui s'est épris d'elle dans un piége moins grossier. Son vœu le plus cher, lui dit-elle, est qu'ils ne soient pas séparés après leur mort, puisqu'ils ne l'ont pas été pendant leur vie, et qu'un même tombeau les réunisse un jour; avec la science merveilleuse que son ami possède, il ne lui sera pas difficile d'en construire un à souhait. Merlin obéit, et le tombeau achevé, Viviane le prie de s'y coucher à côté d'elle pour voir s'il est assez large, et si on y dormira commodément; mais à peine y est-il étendu qu'elle s'élance dehors, rabat sur lui la pierre, et s'écrie, avec un éclat de rire diabolique : « C'est moi le *Dragon blanc*, dont tu as tant parlé dans tes prophéties ; voilà ta dernière prédiction accomplie ; va ! tu es un grand prophète ! »

Le tombeau de Merlin est caché, dans une grotte, au fond d'un bois ; Viviane seule connaît l'endroit. L'enchanteur y demeure abandonné depuis longtemps de la perfide qu'il a trop follement aimée, quand un jour, pour plaire à son nouvel amant, le jeune et beau chevalier Méliadus, elle ne craint pas de le conduire à la grotte où elle a emprisonné son vieil amoureux.

En apercevant le tombeau du prophète, Méliadus reste stupéfait d'admiration, et se met à en louer l'architecture; mais du fond retentit une voix qui remplit de terreur les deux visiteurs :

« Seigneur chevalier, dit la voix, cette tombe ne doit pas être louée, mais toujours blâmée; dedans gisent les os du plus sage homme qui fut oncques; sa chair est consommée, mais son esprit est enfermé ici, et il n'en sortira jamais; je le prie d'aller en Gaule, où maître Anthoine est maintenant évêque, et de lui dire qu'il est temps d'achever le livre de mes prophéties, qu'il a commencé avec maître Tholomer.

— Quoi! s'écria Méliadus, c'est vous ce prophète Merlin, qui a fait tant de merveilles?

— Oui, répondit Merlin, c'est moi-même. Mais cette méchante femme qui t'a conduit ici était loin de savoir, comme elle le sait maintenant, que je vivrais toujours. En se donnant à toi, elle a perdu sa blancheur. Si elle l'eût perdue avec moi, elle n'eût jamais pu m'enfermer dans ce tombeau. »

Quand Viviane entendit les reproches de Merlin, elle baissa la tête, se retira un peu de côté, et tout le temps qu'elle passa encore à la grotte, elle n'osa plus parler.

Méliadus alla trouver l'évêque Anthoine pour remplir le message du prophète, et il lui apporta une charte où Merlin, en lui faisant ses adieux, renouvelait ses prédictions contre les gens destinés à vivre en l'année 1260, lesquels « iront empirant parmi le monde jusqu'à la mort du grand Dragon de Babylone, » c'est-à-dire du diable.

Telle est la conclusion de l'ouvrage de Richard; elle sent plus l'école que les cours d'amour : le sentiment délicat et charmant du récit traditionnel y est sacrifié à je ne sais quelle pédanterie scientifique, ou plutôt au désir qu'a l'auteur de tenir parole au lecteur en lui offrant « aucun bon exemple. » Dirai-je que sa manie de moraliser va jusqu'à lui faire prêter gratuitement à son héros des penchants dont on ne trouve nulle trace dans les récits antérieurs, et des goûts fort peu chevaleresques? Dirai-je que, pour en faire la dupe de son *mauvais sens*, il invente une aventure moins comique que dégoûtante, où l'ami fidèle de Viviane s'éprend d'une vieille de cent ans? Ah! s'il avait jamais poussé jusque-là la *luxure*, comme s'exprime Richard dans un style de pénitencier, elle eut eu mille fois raison de le punir. Mais c'est une pure calomnie, et l'auteur, afin de calmer les admirateurs indignés du noble devin, essaye de justifier par des raisons théologiques une pénitence non méritée :

« On me demandera, dit-il, pourquoi souffrit Notre Seigneur, qui si sage avait créé Merlin, qu'il fût enginé et déçu, et mis en un lieu d'où il ne pût jamais sortir. Je répondrai : Merlin ne prit pas assez garde à lui; il oublia sur terre de faire pénitence de sa luxure : premièrement, quand il avait commis le péché, il battait sa coulpe; mais sachez certainement que, quand il fut enraciné en ses mauvaises habitudes, il oublia de faire sa pénitence. Nonobstant ses faiblesses, Notre Seigneur l'aimait, et il ne permit pas qu'un tel homme fût mis dans un lieu où l'ennemi, le roi d'enfer, eût puissance sur son âme. »

Fatales faiblesses du sage devin! le moraliste les déplore, mais il ne peut les nier; « sans elles, conclut-il avec cette force d'argumentation qui devait illustrer un jour M. de la Palisse, « sans elles, Merlin eust esté *sainctifié!* »

Débités gravement, ces lieux communs de

théologie romanesque, qui mettront fort en colère les jansénistes, au dix-septième siècle, et qu'ils qualifieront de *morale lubrique*, divertirent les écrivains de la Renaissance, moins naïfs que le romancier Richard.

Le nouveau Parnasse européen retentit, au nom de Merlin, d'un rire qui ne devait pas s'arrêter de longtemps. Le prophète, autrefois si vénéré, ne trouva pas plus grâce aux yeux de Rabelais, de Shakspeare et de Cervantes, que les dieux de l'Olympe classique n'avaient trouvé grâce devant Momus, ceux du Valhalla devant Loki, et les preux de la cour d'Arthur devant le malin Kaï le Long.

L'Arioste, un des premiers, avait flairé la vieille idole populaire, et il eut donné volontiers le signal de l'irrévence; mais, craignant sans doute de passer pour impie, il courba politiquement le genou. Pouvait-il d'ailleurs rire autrement qu'*in petto* du prophète de l'illustre maison qui le payait? Et en menant Bradamante au tombeau de Merlin quel discours pouvait-il faire adresser à cette mère des héros futurs de l'Italie que celui que lui tient Mélisse?

« O noble Bradamante, ce n'est pas sans une volonté divine que tu es venue en ces lieux. Il y a longtemps que l'esprit prophétique de Merlin m'a prédit que tu viendrais visiter ses restes, par un chemin étrange, et combien seront glorieuses les destinées que le ciel te réserve.

« Voici l'antique et mémorable grotte qu'édifia Merlin, le sage enchanteur (tu as peut-être entendu raconter comment la Dame du lac l'ensorcela); pour lui plaire, il se coucha vivant dans ce tombeau, et il y resta mort [1].

« Cependant son esprit n'a pas quitté son corps privé de vie; il ne le quittera que lorsque la trompette de l'ange sonnera pour lui ouvrir le ciel ou le lui fermer, selon qu'il sera colombe ou corbeau.

« Jusqu'à ce jour sa voix se fera entendre; claire et distincte, elle sort de la tombe de mar-

---

[1]   Questa è l'antica e memorabil grotta
   Ch' edifico Merlino, il savio mago,
   Che forse ricordare odi talotta,
   Dove ingannollo la Donna del Lago:
   Il sepolcro è qui giù, dove corrotta
   Giace la carne sua : dove egli vago
   Di satisfare a lei che gliel suase,
   Vivo corcossi, e morto ci rimase.
       (*Orlando furioso*, canto III, st. 10.)

bre, et elle ne cesse de répondre à tous ceux qui l'interrogent sur le passé et l'avenir [1]. »

Quand le poëte italien donne enfin la parole à Merlin, c'est avec le même sang-froid qu'il lui fait prédire à la maison d'Este toutes les grandeurs que le soleil éclairera jamais, depuis l'Indus et le Nil jusqu'au Tage et au Danube, et autant de marquis, de ducs, d'empereurs, de grands capitaines et de chevaliers, que de rayons de gloire.

L'auteur de *don Quichotte*, qui n'avait pas autant d'intérêt que l'Arioste à garder son sérieux, lança au prophète des Bretons un des traits dont il accabla le pauvre chevalier de la Manche. Suivant d'ailleurs les traces du chantre d'*Orlando*, il veut que son héros ait été prédit par Merlin. Don Quichotte, conduit dans une grotte mystérieuse, comme Bradamante et Méliadus, en sort pour entrer dans une délicieuse prairie : au

---

[1] Col corpo morto il vivo spirto alberga
Sin ch' oda il suon dell' angelica tromba
Che dal ciel lo bandisca o che ve l'erga,
Secondochè sara corvo o colomba.
Vive la voce, e come chiara emerga,
Udir potrai dalla marmorea tomba :
Che le passate e le future cose,
A chi gli domando, sempre rispose.
(*Orlando furioso*, canto III, st. 11.)

fond s'élève un palais de cristal, avec des portes d'émeraude ; elles s'ouvrent devant lui et le voilà au milieu d'une salle basse aux murailles d'albâtre, où il aperçoit un tombeau de marbre blanc sur lequel repose un homme endormi.

« C'est Durandard, lui dit son guide ; c'est le héros et la fleur des chevaliers amoureux. Le fameux devin gaulois Merlin, que sa science en nécromancie fit regarder comme le fils du diable, a bâti ce palais magique et l'y a enchanté avec une foule d'autres personnes, il y a cinq cents ans. »

En effet, don Quichotte voit bientôt défiler processionnellement toutes les victimes de Merlin, en habit de deuil, comme un convoi funèbre.

Alors le vieillard qui a conduit le héros de la Manche dit à Durandard, en l'éveillant : « Je vous annonce qu'un héros depuis longtemps prédit par le grand Merlin est arrivé dans ce palais ; c'est le fameux don Quichotte ; il doit accomplir les prophéties du devin ; les grandes actions, vous le savez, sont le partage des grands hommes [1]. »

On sait comment l'amant de Dulcinée, rom-

---

[1] *Don Quixotte*, part. II, c. XXI.

pant le charme de la caverne de Montésinos, prouva au monde que l'amant de Viviane était la fleur des prophètes, comme il était lui-même la fleur des chevaliers.

Quoique né dans le pays de Merlin et bercé aux récits dont l'enchanteur était le sujet, Shakspeare se moqua de lui encore plus malicieusement que Cervantes, et cela dans un drame tiré de la légende bretonne elle-même. Il lui fait lancer force lardons par le fou du roi Lear. La magnifique scène où le vieux monarque au désespoir salue les tempêtes et appelle les ouragans, les cataractes, les éclairs et la foudre sur ses cheveux blancs qu'il voudrait voir roussir au feu du tonnerre, et sur tous les germes qui produisent les ingrats, se termine par une parodie des prophéties patriotiques de Merlin :

LE FOU.

« Voilà une belle nuit et bien faite pour enrhumer une fille de joie. Je m'en vais ; mais, auparavant, il faut que je fasse quelque prophétie :

(*Il chante.*)

Quand les brasseurs ne mettront plus d'eau dans leur bière
Quand les juges rendront la justice ;

Quand les écuyers ne feront plus de dettes;
Quand les chevaliers ne seront plus pauvres;
Quand il n'y aura plus de mauvaises langues;
Quand les filous ne circuleront plus parmi la foule;
Quand les usuriers compteront leur argent en plein soleil;
Quand les entremetteurs et les filles de joie bâtiront des églises;

Alors le royaume d'Angleterre sera en grande confusion; alors ceux qui vivront auront l'habitude de marcher sur leurs pieds.

Telle est la prophétie que doit faire un jour Merlin, car je vis avant lui [1]. »

Là dessus, le fou sort en poussant un éclat de rire.

Shakspeare imite ici Rabelais; le facétieux écrivain français a eu la primeur des lazzis contre le prophète breton. Aucun type ne pouvait mieux aller à son tour d'esprit goguenard. Merlin lui a inspiré deux ouvrages burlesques précisément sur les deux sujets traités par les auteurs du moyen âge, l'un romanesque, l'autre prophétique, et je m'étonne que Byron, qui attaque Cervantes à propos de don Quichotte, n'ait pas remarqué le

---

[1] Then shall realm of Albion
Come to the great confusion,
Then comes the time who lives to see't
That going shall be us'd with feet.
This prophecy Merlin shall make, for I live before his time.
(*King Lear.*, act. III, sc. 11.)

coup mortel que Rabelais, bien avant le satirique espagnol, a porté au célèbre enchanteur et à la chevalerie.

Le premier est intitulé : *Pantagruéline prognostication certaine, véritable et infaillible*. Il a été composé pour l'an 1533, « au profit et advisement des gens estourdis et musards de nature. » Rabelais écrit sous le pseudonyme breton de *Alco Fri bras*, qui veut dire « quelqu'un au grand nez, » ou *Nasier*, comme il le traduit lui-même pour la commodité des ignorants [1]. Ledit maître Fri bras se donne le titre d'*Architriclin* ou d'échanson de Pantagruel. Après avoir offert « au liseur bénévole salut et paix en Jésus-Christ, » il décoche, sous forme de préface, cette épigramme aux imprimeurs, colporteurs et auditeurs des prophéties de Merlin, toujours très en vogue, et sans cesse remises en lumière par les libraires de son temps :

« Considérant infiniz abus estre perpétrez à cause d'ung tas de prognostications de loin faic-

---

[1] Rabelais aura trouvé dans le CATHOLICON (dictionnaire breton-français-latin, nouvellement imprimé à Paris en 1501, chez Quillevere), que *fri* signifiait *nez*, et que *bras* signifiait *grand*. Voy. ce livre aux mots FRI et BRAS.

tes à l'ombre d'un verre de vin, je vous en ay présentement calculé une, la plus seure et véritable qui fut oncques veue, comme l'expérience vous le démonstrera. Car, sans doubte, veu ce que dit le prophète royal (Psaume V^e) à Dieu : « Tu « destruiras tous ceulx qui disent mensonges; » ce n'est pas légier péché de mentir ainsi à son escient, et ensemble abuser le povre monde, qui est curieulx de sçavoir choses nouvelles, comme de tout temps ont esté singulièrement les François, ainsi que l'escrist César en ses commentaires.... »

« Voulant doncques satisfaire à la curiosité de tous bons compaignons, j'ai révolvé toutes pantarches des cieulx, calculé les quadratz de la lune, crocheté tout ce que jamais pensèrent tous les astrophiles, hypernéphélistes, anémophilaces, uranopètes et ombrophores, et conféré de tout avecques Empédocles, lequel se recommande à vostre bonne grâce.... Ce que sera dit au parsus sera passé au gros tamys, à tort et à travers, et, par adventure, adviendra, ou par adventure n'adviendra pas. D'ung cas vous advertis, que si ne croyez le tout vous me faictes un maulvais tour, dont serez puniz ycy ou ailleurs.

« Or, mouschez vos nez, petiz enfans, et vous aultres, vieulx resveurs, affustez vos bezicles et pesez bien ces mots..... »

Les prédictions qui suivent ont servi, je l'ai dit, de modèle aux bouffonneries du fou du roi Lear, mais elles sont encore moins de nature à être citées; à peine si j'ose indiquer, pour l'acquit de ma conscience de critique, celle où, à propos des « Nonnains qui seront en l'année 1535, sous le signe de Vénus, » il est fait allusion à la mère de Merlin et à la position délicate où elle se trouva par la malice du diable. Heureusement l'autre ouvrage que Rabelais a dirigé contre l'enchanteur, ne contient presque rien de cynique, et rentrerait assez, en y supprimant quelques grossièretés, dans la catégorie de ses farces que la Bruyère aimait.

Aussi ne puis-je me dispenser de le reproduire, sinon tout entier (sa longueur ne me le permettrait pas), du moins par extraits étendus.

Il peut être regardé comme le dernier roman de la Table-Ronde, et faire, à certains égards, le pendant du chef d'œuvre comique de Cervantes, qu'il a d'ailleurs précédé de près d'un demi-siècle, et probablement inspiré [1].

[1] Ce roman, découvert par un zélé bibliophile de notre siècle,

ET POÉTIQUE DE MERLIN.   375

Sans plus de préambule, je cède la parole à Rabelais ; il va nous dire :

I

Comment, au temps du bon roy Artus, il estoit ung tres expert nigromancien que on appeloit Merlin.

Tous bons chevalliers et gentilz hommes, vous debvez sçavoir que, au temps du bon roy Artus, il estoit ung grant philosophe nommé Merlin, lequel estoit expert en l'art de nigromance plus que nul homme du monde, lequel jamais ne cessa de secourir l'estat de noblesse, dont il mérita par ces faictz estre appellé prince des nigromanciens. Le dict Merlin fist de grandes merveilles, lesquelles sont fortes à croire à ceulx qui ne les ont veues. Merlin estoit du grant conseil du roy Artus, et toutes les demandes qu'il faisoit en la

a pour titre : *Les grandes et inestimables chroniques du grant et énorme géant Gargantua, contenant sa généalogie, la grandeur et force de son corps, aussi les merveilleux faictz d'armes qu'il fist pour le roy Artus, comme verrez cy-après.* — Imprimé nouvellement, 1532. C'est un in-4° gothique de seize feuillets non chiffrés. On le conserve parmi les livres réservés de la grande bibliothèque de Paris. (Voy. les intéressants travaux de MM. Rathery et Desmarets sur Rabelais.)

court du dict roy luy estoyent octroyées, fust pour luy ou pour aultres. Il guarentit le roy et plusieurs de ses barons et gentilz hommes de grans périls et dangiers. Il fist plusieurs grans merveilles, entre lesquelles il fist un navire de cinq cents tonneaulx, qui alloit vagant sur terre, ainsi que vous en voyez sur mer, et plusieurs aultres merveilles qui sont trop prolixes à racompter, comme vous verrez plus à plain.

II

Comment Merlin dist au roy Artus que il auroit beaucoup d'affaires contre les ennemys.

Après plusieurs merveilles faictes par Merlin à la louenge et au proffit du roy Artus, Merlin dist : « Très chier et magnanime prince, veuillez sçavoir que vous aurez beaucoup d'affaires contre vos ennemys ; parquoy, s'il vous plaist, je y veulx remédier, puisque suis à vostre service ; car tousjours n'y pourray estre, car je seray trompé et détenu par fammes. Mais soyez certain que tant que seray en mon libéral arbitre, je vous garderay de la main de voz ennemys. »

Atant parla le roy à Merlin et lui dist : « Deà,

Merlin, n'est-il possible de éviter ce péril pour tout mon royaulme? — Non pas, dit Merlin, pour tout le monde. — Adonc dist le Roy que il fist ce que il luy plust et qu'il n'espargne riens de son royaulme. Alors Merlin mercia le roy de l'offre qu'il luy faisoit, luy qui sçavoit toutes choses, c'est à sçavoir le temps passé, par ses ars, et le temps à venir par le vouloir de Dieu. Le dict Merlin print congié du bon roy et se fist porter à la plus haulte montaigne de Orient, et porta une ampolle du sang de Lancelot, qu'il avoit recueillie de ses plaies après que il avoit tournoyé ou combatu contre aulcun chevallier; oultre plus, porta la rongneure des ongles des doigs de la belle Genièvre, espouse du roy Artus, qui pesoyent l'estimation de dix livres. Merlin, estant à la montaigne sur le hault d'icelle, fist une enclume d'acier grosse comme une tour, et les marteaulx convenables jusques au nombre de troys, lesquelz, par ses ars, ils frappoient si impétueusement sur l'enclume, que il sembloit que ce fust fouldre qui descendist du ciel, et tout par compas.

III

Comment Merlin fist apporter les ossements de deux balleines pour faire le père et la mère de Gargantua.

Incontinent que Merlin eut entendu ses marteaulx, il fist apporter les ossements de une balleine masculine et les arrousa du sang de la dicte ampolle, et les mist sur l'enclume; et en brief furent consommez les dictz ossemens et mis en pouldre; et adonc, par la challeur du soleil, de l'enclume et des marteaulx, fut engendré le père de Gargantua, moyennant la dicte pouldre. Après, Merlin fist apporter les os de une balleine fumelle et mesla les susditz ongles de la royne, puis mist le tout sur l'enclume comme jà avoit fait, et de icelle pouldre fut faicte la mère du dict Gargantua.

IV

Comment Merlin fist une merveilleuse jument pour porter le père et la mère de Gargantua.

Après que Merlin eut achevé cette merveilleuse besongne, il n'eust pas sitost pousé la dernière pouldre pour faire la femme que il veist l'homme, qui estoit de la grosseur d'une baleine, et de longueur à l'équipollent, comme doibt estre ung droict homme; ce voyant, Merlin getta son sort sur luy, et le fist dormir jusques à neuf jours, auxquelz neuf jours debvoit estre faicte la femme. Le prince Merlin voyant le géant endormy, proposa luy faire une beste pour le porter, et pour ce regarda çà et là, et veit les relicques de une jument, que il print et mist sur l'enclume, et en fist une si grant jument et si puissante qu'elle povoit bien porter les deux aussi facilement que faict ung cheval de dix escus ung simple homme, et après ce l'envoya paistre aval la montaigne.

V

Comment Merlin rompit les enchantements.

Quand Merlin eut faicte ceste grande et merveilleuse jument, il rompit les enchantemens, et apperceut que la femme estoit jà faicte de la grandeur de l'homme. Et adonc le dict homme va regarder sa femme, disant : « Que faictz-tu là, Gargamelle[1]? » — Dist la femme : « Je attens

[1] Gamelle (?).

Grant-Gousier, mon amy. » Adonc Merlin se print
à rire, et leur dist que les parolles estoyent
belles, et que il vouloit que ilz eussent ainsi nom.
Adonc advisèrent le dict Merlin, et luy firent
honneur comme à leur souverain seigneur ; puis
Merlin leur fist grant chère, et leur dist : « Allez
aval ceste montaigne et me admenez une jument
que y trouverez. »

VI

Comment Merlin annonça à Gargamelle et à Grant-Gousier qu'ilz avoient engendrés ung filz.

Adonc, par le commandement de Merlin,
Grant-Gousier et Gargamelle descendirent au bas de
la montaigne pour aller quérir la grant jument...
Puis menèrent la grant jument à Merlin, et
Merlin leur dist : « Vous avez engendrés ung filz
qui fera grans faicts d'armes et donnera secours
au roy Artus à l'encontre de ses ennemys ; et
pourtant vous le debvez bien traicter et nourrir,
et le vous commande, et que faciez provision de
vivres pour quant il sera né sur terre. En outre,
je vous ditz que je ne seray plus avecques vous;
et vous commande, sous peine de me désobéir,

que quant vostre filz sera en l'eage de sept ans, que vous deux l'admenez à la cour du roy Artus, en la Grant-Bretaigne, et que apportez aulcunes choses de par-deçà pour manifester et monstrer vostre puissance. » Adonc dist Grant-Gousier : « Très chier seigneur, comme trouverons-nous le chemin, quant jamais nous n'y fusmes? » — Dist Merlin : « Vous tournerez la teste de votre jument vers Occident, et la laissez aller, et elle vous conduira bien sans faillir. » Et adonc Merlin print congié d'eulx, dont il démenèrent si grant dueil que on les eust bien entenduz de dix lieues, et plouroyent si très-fort que deux moulins eussent peu mouldre de l'eaue qui leur sortoit des yeulx.

Grant-Gousier et Gargamelle s'en vont à la chasse pour oblier l'ennuy qu'ilz avoient de Merlin, où ilz trouvèrent une grande trouppe de cerfz. Grant-Gousier s'en alla après, et en print une douzaine des plus grans. Adonc regarda derrière lui et ne veit point Gargamelle; car elle n'avoit point de coustume de demourer derrière. Adonc chargea les douze bestes à son col pour veoir où elle estoit demourée.

Quant il fut près d'elle, il advisa que elle estoit

accouchée, et apperceut que c'estoit d'ung fils masle. Adonc le nomma *Gargantua*, lequel est ung verbe grec, qui vault autant à dire comme : *Tu as ung beau filz*[1]. Adonc la mère dist que elle vouloit que il eust ainsi nom, et le père fut d'accord.

Lors prindrent l'enfant Gargantua chascun par une main, et le menèrent à la montaigne où ils faisoyent leurs demourances. Aulcuns auteurs veullent dire que Gargantua fut totallement nourry de chair en son enfance. Je dis que non (ainsi que dit Morgain et plusieurs aultres), car sa mère pouvoit bien porter à chascunes de ses mamelles cinquante pipes de lait.....

VII

Comment Grand-Gousier et Gargamelle pensèrent de leurs affaires pour aller chercher Merlin à la cour du roy Artus.

Grant-Gousier advise que leur filz est grant et bien nourry, et que les sept ans s'aprochent, et que il fault qu'ilz le mènent à la cour du roy Artus, ainsi que leur a dit Merlin à son départe-

---

[1] *Gar* (garçon) *gant* ou *gent* (gentil) tu as.

ment. Lors s'en va Grant-Gousier d'ung costé et
sa femme de l'aultre pour chasser des vivres. Tant
firent que en peu de temps qu'ilz eurent assez
pour faire leur voyage; et les chargèrent les dicts
vivres sur la grant jument, qui estoit bien à l'estimation de cinq cens charges de pains et chairs
fresche et salée. Puis tournèrent la grant jument
la teste vers les parties d'Occident, et donnèrent
à Gargantua une verge pour la toucher, laquelle
estoit comme ung grant mas de navire. Au regard de Grant-Gousier et Gargamelle ilz prindrent
chascun ung grant rochier sur leur teste pour
monstrer leur puissance au roy Artus quant ilz
seroyent en son royaulme (ainsi que leur avoit
conseillé Merlin à son département).....

VIII

Comment Grant-Gousier et Gargamelle et Gargantua furent chercher
Merlin, et comment la grant jument abattit les foretz de Cham-
paigne et de la Beaulce en soy e.mouchant la queue.

Et alors vous eussiez veu tomber ses gros
chesnes mesnu comme gresle, et tant continua
la dicte beste, que il n'y demoura arbre debout que
tout ne fust rué par terre. Et autant en fust en la

Beaulce ; car à présent n'y a nul boys et sont conctraintz les gens du pays de eulx chauffer de feurre ou de chaulme.

IX

Comment Gargantua, et son père et sa mère, arrivèrent au port de la mer, près le mont Sainct-Michel, et le meschief que leur firent les Bretons.

Quant Grant-Gousier et Gargamelle et Gargantua furent au rivaige de la mer, ilz furent bien esbahys de veoir tant d'eaue. Alors Grant-Gousier demanda le chemin pour aller en la Grant-Bretaigne, où se tenoit le roy Artus, et on luy dist que il leur convenoit passer la mer s'ilz y vouloient aller.

. . . . Alors que sceurent les gens du pays que ilz estoient au rivaige, vous eussiez tant veu venir de gens de toutes pars pour les veoir que c'estoit une chose inestimable, dont entre toutes nations qui y vindrent, les Bretons leur firent beaucoup de mal. Et devez sçavoir que ce qu'ilz portoient sur leurs testes ilz le mirent bas, et les vivres que portoit la grant jument sur soy, puis l'envoyèrent paistre parmy les landes, et comme bons mesnagiers serrerent bien leur bagaige. Mais ne sceurent si bien faire ne garder leur vitaille que en peu d'heures vous n'eussiez veu ces Bretons à l'entour de ces rochiers, cachés de peur qu'on ne les veit, et avecques grans cousteaux l'ung coupoit une grant pièce de venaison, l'aultre une grosse pièce de bœuf. Tant y vindrent de foys que Grant-Gousier les aperceut : lors jura que si ilz n'amendoyent ce que ilz avoyent desrobé, que ilz mangeroyent toutes les vaches de leur pays. Ce voyant les Bretons, ilz leur baillèrent deux mille vaches pour récompence, sans les veaulx, qui ne furent pas du compte. Adonc Grant-Gousier et Gargamelle dirent que ilz garderoyent bien que plus ne feussent plus desrobés, par le moyen de deux rochiers, et alors le dit Grant-Gousier et Gargamelle prindrent chascun le sien sur la teste, ainsi que les avoyent apportez d'Orient, et puis se mirent en la mer...., et quant Grant-Gousier fut assez avant, il mist le sien sur la rive de la mer, lequel rochier à présent est appelé le mont Sainct-Michel.... Gargamelle le porta plus loing, et est le dit rochier de présent appelé *Tumbelaine*.

X

Comment le père et la mère de Gargantua, estant morts d'une fiebvre, par faulte d'une purgation, Merlin vint pour les reconforter.

Merlin qui sçavoit tout vint à Gargantua et luy dist : « Ne te déconforte plus pour la mort de ton père et mère, car je les ai faict enterrer en ce lieu-là. »

Lors dist Gargantua : « qui estes-vous, qui ainsi parlés? »

Dist Merlin : « Je suis celluy qui commanda à ton père que il vint par deça pour te présenter au roy Artus.

— Déa! dist Gargantua, est-ce vous qui avez nom Merlin ?

— Oui, dist-il, et pourtant dispose-toy pour t'en venir avec moy en la Grant-Bretaigne servir le roy. »

Alors, dist Gargantua : « Sire Merlin, je suis à vous; ayez pitié du povre orphelin ! »

Puis, dist Merlin : « Va quérir ta jument, et passerons la mer, car il est heure de partir. »

Gargantua fist son commandement, et amena la dicte jument près du rivaige de la mer, laquelle eut peur des ondes, en sorte que on l'eust ouye ronfler de dix lieues, puis se print à saulter, ruer et courir. Merlin, voyant que Gargantua vouloit aller après, luy dist, que il la laissast aller et qu'elle alloit en Flandres...., et pourroit estre couverte de beaulx poulains dont les Flamans auroyent de la rasse, et que une aultre foys la pourroit recouvrer. Mais tant y fut la dite jument qu'elle fist de beaulx grans poulains et poulaines. Pourtant saichez que de ycelle est venu le nom des grans jumens de Flandres.

XI

Comment Merlin mena Gargantua en la Grant Bretaigne.

Après la perte de la grant jument, Merlin fist venir une nue qui porta luy et Gargantua sur le port de la mer près Londres. Lors dist Merlin à Gargantua :

« Tu m'atendras icy, et je irai vers le bon roy Artus, lequel te fera grant chère, et te delivrera ung don qui moult te plaira. Et pourtant ne le refuse de rien qu'il te commande.

— Non feray-je, dist Gargantua ; je feray tout vostre vouloir. »

Alors s'en va Merlin qui salua le roy, puis luy dist : « Très-puissant prince, j'amaine ung personnaige en vostre pays, lequel est assez puissant pour deffaire et mettre affin tous vos ennemys s'ilz estoyent assemblez en ung ost, et plus de cent mille hommes d'armes d'avantaige.

— Déa! dist le roy, comment est-il possible? moy qui ay tant de vaillans gens de guerre, j'ay perdu deux batailles ceste sepmaine passée.

— Sire, dist Merlin, à ceste foys leur monstrerez que ilz ne vous doibvent pas venir veoir de si près. »

Adonc le roy et les seigneurs et barons avec Merlin montèrent à cheval. Et tantost ont trouvé Gargantua qui se promenoit, dont le roy et les barons furent fort esmerveillés de sa grosseur et haulteur. Lors le roy le salua, et Gargantua luy rendit son salut, comme à tel prince appartenoit, et le roy luy demanda son nom. — Sire, de son nom ne vous souciés, car il est pour se deffendre en guerre contre son homme. »

Et Gargantua leur respondit que s'il y en avoit trente mil hommes qu'ilz ne luy feroyent riens. Adonc luy dist le roy que s'il vouloit aller combattre contre les Gos et Magos, lesquelz luy faisoyent guerre, qu'il l'abilleroit de livrée, et luy bailleroit gaiges et bouche à court. Lors le mercia Gargantua et dist que l'on luy fist une masse de fer de soixante piedz de long, et que par le bout elle feust grosse comme le ventre de une tine. Lors commanda le roy que l'en cherchasse des fourgerons pour ce faire. Au surplus, le roy luy dist que ces Gos et Magos estoyent fors et puissans, et qu'ilz estoyent armez de pierre de taille, et que il en avoit ung qui estoit son prisonnier, lequel luy faisoyt peur quant il le regardoit. Lors dist Gargantua : « Sire, vous plaist-il que je le voie? » Et le roy dist que ouy, et envoya quérir le dict prisonnier comme dit est. Et quant Gargantua le veist, dist : « Sire, voulez-vous que ce prisonnier ne vous face plus peur? » Lors dist le roy : « Faites ce que vous vouldrés. » Et souldain Gargantua print le dict prisonnier par le collet et le getta devant tous les barons si très hault que l'on ne le pouvoit veoir, puis tomba tout mort aussi froissé que si une tour fust tombée sur luy. Puis dist Gargantua : « Sire, ne craignés rien plus cestuy icy, car il ne vous fera plus de peur. »

La massue fust tantost faicte par la science de Merlin tel que il lui failloit, et en brief fust amenée dedans une grant charrette, comme on faict une pièce d'artillerie, et présentée à Gargantua, lequel la prit bien légèrement, et jura devant tous les assistans que jamais ne bevroit ne mengeroit que les Gos et Magos n'eussent tous senty que pesoit la masse que il tenoit en sa main. Adonc vint ung poste par le commandement du roy Artus, qui le mena au camp des Gos et Magos et les monstra au dict Gargantua, disant : « Voilà les traistres Gos et Magos qui nuyt et jour nous veulent destruire. » Et tout soudain Gargantua se fourre en la bataille comme ung loup en ung troupeau de brebiz, frapant de sa massue sà et là, criant : « Vive le bon roy Artus ! car je vous monstreray l'offence que vous luy avés faicte. »

Les Gos et Magos voyant qu'il estoit pire que ung grant dyable pour eulx, ne luy sçavoient que faire, fors tendre le dos, et demandoyent merci. Mais il n'avoit pitié de nulz quelz qu'ilz fussent. Lors vint l'armée du roy Artus qui fist le pillage.

Et Gargantua retourna à Londres par devers le roy. Et Merlin leur conta le cas, dont le roy fut fort joyeulx de ses vertus. Lors commanda le roy dresser les tables pour Gargantua, et com-

manda faire les feux de joie en la cité pour la
victoire qu'il avoit contre ses ennemys, les Gos
et Magos. Lors se assit Gargantua à table... Et
pour entrée de table luy fust servy les jambons
de quatre cens pourceaulx sallez, sans [compter]
les andouilles et les boudins; et dedans son po-
taige la chair de deux cens bœufz gras, dont il
avoit mengé les trippes de l'entrée de table. Et
ne doubtez pas que le tranchouer là où on luy
tranchoit sa chair ne feust merveilleusement bien
grant, car il povoit bien tenir dessus le dict tranchouer la chair de troys ou de quatre bœufz, et
avoit six hommes qui ne cessoient de trancher
la chair dessus le dict tranchouer, et mettre par
quartiers; et chascuns quartiers de bœuf ne luy
montoit que ung morceau; et quatre puissans
hommes qui sans cesser, à chascun morceau qu'il
mangeoit, luy jettoyent chascun une grande pa-
lerée de moustarde en la gorge. Et pour la des-
serte luy servent quatre tonnettes de pommes
cuytes; et beut dix tonneaulx de cidre, à cause
qu'il ne beuvoit point de vin.

XII

Comment Gargantua fut habillé de la livrée du roy Artus.

Après que les tables furent levées et que Gargantua eust print sa réfection légierement, non pas comme font un tas de gallans, mais en escoutant les belles parolles et honnestes jeulx et devises du roy et des princes qui là assistoyent, à quoy il prenoit plus de plaisir cent mille foys qu'il ne faisoit à boyre et à menger; le roy voyant que grâces estoyent rendues et achevées de dire, il manda quérir son grant maistre d'hostel, et luy commanda que il fist faire les habillemens de livrée de Gargantua. »

Il y entra, dit le conteur :

Huit cens aunes de toile pour chemise; — pour pourpoint sept cens aunes de satin, moitié cramoisi, moitié jaune; — trente deux aunes et demi-quartier de velours vert pour la bordure; — deux cens aunes d'écarlate et trois quartiers et demi pour les chausses; — pour la saye, neuf cens aulnes, moitié rouge et jaune; — pour le manteau, quinze cens aulnes de drap; — pour les souliers, cinquante peaux de vaches ; — pour les courroies, deux douzaines de peaux de veau ; — pour les semelles, le cuir de trente-six bœufs ; — pour le bonnet deux cens quintaux de laine et deux livres et demie ; — son plumet pesoit cent trois livres et quart. Il portoit au doigt un signet de trois cens marcs d'or, dix onces et deux deniers et demi, et dedans il y avoit un rubis enchassé pesant cent trente livres et demie.

« Au regard de monteure, quoi qu'on en die, il refusa de en prendre, à cause que il alloit bien à pied; car en trente pas il faisoit autant de chemin que ung poste eust sçeu faire à quatre chevauchées avecques ung bon cheval. »

XIII

Comment Gargantua remercya Merlin à secret.

Après que les habillemens furent parachevez, et que Gargantua se veit en ce point atourné et vestu de ses sumptueulx habillemens, il ressembloit au paon qui faict la roue, car il mist ses deux mains sur ses deux coustez en la présence du bon roy Artus et de touz les gentilz hommes et nobles barons et assistans de sa cour qui là estoyent présens. Adonc le dict Gargantua estant eslevé sur ses deux piedz, il se regarda d'ung fier couraige en faisant deux ou troys tours de la teste, puis dist : « Bon faict croire le conseil d'ung prudent et saige homme tel comme celluy de monseigneur Merlin; car bien me dist ce que je vois maintenant quant il dist que ne refusasse en rien le bon roy Artus, car pour ung simple service que luy ay faict d'avoir destruytz et vaincuz les Gos et Magos, il m'a tant aymé qu'il m'a donné ses sumptueulx habitz, dont je suis fort tenu à luy. »

Lors dist le roy Artus à Merlin : « Cher ami, nous regarderons Gargantua, qui est bien aise d'estre né, et dist du bien de vous et de la court. Par quoy il me semble que il seroit bon que vous alliez vous monstrer devant luy, veoir s'il fera ce que il dict. »

Puis dist Merlin : « Sire, il fera plus fort mille foys. » Adonc Merlin s'en va devant Gargantua. Et quant Gargantua apperceut Merlin, il vint vers luy et le salua. Puis Merlin demanda quelle chère et comme il se portoit. Et Gargantua, qui estoit gay, respond que très-bien se portoit. Et sur ce il se print à rire si très-fort et de si grant affection pour la gentillesse de sa personne, et de l'amour que il avoit à Merlin et au roy Artus, que on l'entendoit rire de sept lieues et demye. Après dist Gargantua : « Seigneur Merlin, jamais homme n'eut autant de bien au monde comme j'en ay par vostre moyen ; par quoy vous remercye. »

On voit ensuite comment le bon roi Artus envoya une ambassade aux Holandoys et aux Irlandoys, ses vassaux révoltés, pour les faire rentrer dans le devoir ; comment ils refusèrent d'obéir, et comment le roi, pour délibérer de la guerre, fit assembler son conseil auquel fut appelé Merlin :

« Et fust conclu que Gargantua prendroit genz d'armes ce qu'il luy plairoit sous son enseigne, et que Merlin les conduiroit, et bailleroit conseil à Gargantua ainsi que il avoit coustume.

« Voyant Merlin la conclusion du conseil du bon roy Artus, comme celluy qui veult le proffit de son maistre, il s'en est venu à Gargantua et luy a dist : « Gargantua, levez la main, et faictes serment au roy de le servir en certaine guerre mouvée entre luy et les Irlandoys et Holendoys. »

Lors Gargantua qui estoit du costé devers le soleil, qui estoit chault et pénétrant, va lever la main tout au large, en sorte qu'elle faisoit demylieue et demy-quart d'ombre tout à la ronde justement, et estoit le soleil sur le point de midy.

« Et quant Gargantua eut faict le serment, il pria Merlin que il luy donnast conseil et que de force auroit assez, et que en brief il luy monstreroit l'ouvraige qu'il sçavoit faire de sa massue. Puis luy dist Merlin :

« Gargantua, il te fault mener avecques toy deux mille hommes seullement, qui feront le pillaige quant tu auras gaigné la bataille; et saiches que tu prendras leur roy prisonnier, lequel tu admeneras au roy Artus, et les plus apparens de sa cour, et les destient prisonniers jusques à ce qu'on en ait faict présent au bon roy Artus.» Lors dist Gargantua : « Comment passerons-nous la mer ? » Puis dist Merlin : « Je vous passeray en ung tel navire, là où nous passasmes à venir de la Petite-Bretaigne en la Grande. » Et brief fut assemblée l'armée et envoyée sur le port de la mer. Puis Merlin fist venir une grosse nuée noire, et en ung mouvement furent tous passez la haulte mer, et se trouvèrent tous ceulx de l'armée, sauf Merlin, qui s'en retourna à la cour du roy Artus. »

Dire comment Gargantua, d'après le conseil de Merlin, fit la guerre aux Holandoys et aux Irlandoys, comment il gagna la bataille « escarmouchant deçà, delà avec sa massue à deux mains aussi fermement que fait un lion quand il prend sa proie ; » comment il tua cent mille deux cents et dix ennemis justement et vingt qui faisoient les morts sous les autres ; comment il mit le roi en sa gibecière, et cinquante de leurs grands seigneurs en prison dans sa dent creuse ; comment ils lui baillèrent deux navires pleins de harengs frais et trois barriques de maquereaux salés pour son déjeuner pour avoir trêve, plus vingt-deux barrils de moutarde pour les manger ; comment il alla boire après à la rivière, et but tant qu'il la mît à sec, etc., etc., serait un peu long. Revenons avec les vainqueurs vers « le seigneur Merlin qui les attendoit au rivage de la mer. »

« Lors Merlin fist ses enchantemens comme il avoit de coustume, et incontinent qu'ilz furent faitz, les vainqueurs furent tous transmis à la court du roy Artus, là où Gargantua fist present au noble roy Artus des dessus dicts prisonniers.

Et estoyent présens tous les barons de la court du dict roy Artus, qui furent moult joyeulx, et luy faisoyent grant honneur et grant révérence, et prisoyent beaucoup la force et puissance de Gargantua. Et ainsi vesquit Gargantua au service du roy Artus l'espace de deux cens ans troys moys et quatre jours justement. Puis fut porté en faierie par Gaïn la phée et Mélusine et plusieurs aultres lesquelz y sont de présent. »

Le cycle de Merlin était clos, et clos à la gauloise, par une spirituelle bouffonnerie; le grand art, l'art naïf et sérieux, cédait décidément la place à sa caricature.

Désormais, livré avec les rois et les preux ses amis, à un esprit plus malin que celui dont il reçut le jour, l'enchanteur ne pouvait plus être qu'un objet de curiosité, qu'un sujet d'étude pour les historiens, les archéologues et les critiques. Milton, après un moment d'hésitation, comprit qu'il y a des ouvrages qu'on ne refait pas. Les poëtes et les romanciers du dix-huitième siècle ont aussi cherché ailleurs des sujets de chefs-d'œuvre. Aucun des auteurs de la renaissance littéraire du dix-neuvième siècle, ni Gœthe, ni Chateaubriand, ni lord Byron, ni Walter Scott, n'a songé à rouvrir le cycle. Schiller lui-même, qui, sur son lit de mort, demandait des romans de chevalerie à lire, disant que « c'est là que se trouvent les matériaux du beau et du grand [1] », Schiller a préféré les *Brigands*, *Guillaume Tell* et *Jeanne d'Arc*, à Merlin, et ses plus glorieux émules d'Allemagne, de France et d'Angleterre, ont pareillement choisi des héros moins surannés. Auraient-ils mis Merlin, comme l'aurait fait volontiers Boileau, sur le même rang que *Childebrand?* Peut-être; car si j'en excepte Walter Scott, je vois qu'aucun d'eux ne connaissait guère ce que l'auteur du *Lutrin* appelle étrangement « l'art confus de nos vieux romanciers; » et au dire de Chateaubriand, bien sévère pour un compatriote, l'enchanteur n'a pas eu de plus grand honneur que d'avoir été cité par La Fontaine, et de lui avoir fourni la morale de la charmante fable :

« Tel, comme dit Merlin, cuide engeigner autrui
« Qui souvent s'engeigne lui-même. »

[1] Adolphe Regnier, *Vie de Schiller*, p. 199.

Nonobstant l'autorité de leurs illustres aînés, trois poëtes de notre temps ont essayé de réhabiliter l'enchanteur. L'Allemagne a commencé; l'Angleterre a suivi, et voilà qu'en France la tentative continue. Mais le drame de Karl Immermann, le poëme de M. Alfred Tennyson, et la fantaisie épique de M. Edgard Quinet, ont-ils réalisé l'idéal de beauté et de grandeur rêvé par Schiller? De fort bons juges ne le pensent pas, et, tout en louant les efforts, ils reconnaissent l'insuccès.

Je m'arrête donc, et ne rentrerai pas, à la suite de la poésie contemporaine, dans le cercle enchanté, qu'elle a cru devoir briser et refaire à sa guise; je laisse cette tâche à remplir au prochain historien de Merlin : puisse-t-il, en allant à lui, à son tour, lui dire avec plus de sincérité que l'odieuse héroïne de M. Tennyson :

> Le chemin, doux ami, sera fleuri pour moi,
> Avec toi pour seul guide, et pour seul maître toi !
>
> The course of live will seem flowery to me,
> With you for guide and master only you !

ÉPILOGUE

Master only you! C'est toujours avec ces formules de respect que la Muse aborde les héros dont elle attend la renommée ; mais arrivée à la fortune et à la gloire, comment les traite-t-elle ? Il y a sur ce sujet un apologue que La Fontaine eût trouvé dans ces vieux fabliaux auxquels il prenait « un plaisir extrême[1]. » Il pourrait être intitulé l'*Ingrat puni*. Voici l'histoire :

Un pauvre bûcheron n'avait pour gagne-pain qu'une serpe et qu'un âne, et pour nourrir sa

---

[1] Voir le ms. n° 198, Fond Notre-Dame. (Grande bibliothèque de Paris.)

femme et ses enfants que six deniers que lui rapportait chaque jour le fagot qu'il coupait au bois. Il avait beau se lever matin et se coucher tard, de la veille pour le lendemain il ne lui restait jamais rien.

« Que faire? » disait-il, accablé de fatigue. « Ma femme et mes enfants ont à peine de quoi vivre; je finirai par mourir moi-même de faim avec mon âne. Je n'ai plus la force de tenir une serpe; je ne puis plus gagner du pain pour ma famille. Ah! c'est un grand malheur quand un vilain vient au monde! »

Comme le bûcheron se lamentait ainsi, une voix l'appelant d'un ton compatissant, lui demanda pourquoi il se plaignait.

L'autre lui conta son affaire.

« Retourne chez toi, lui dit la voix, creuse la terre au coin de ton courtil, sous le sureau couvert de fruits, et tu trouveras un trésor. »

Quand le vilain l'entend, il se jette à genoux : « Seigneur, comment vous appelle-t-on, vous qui êtes si bon?

— On m'appelle Merlin, dit la voix.

— Ah! monseigneur Merlin, je cours à mon courtil, et que Dieu vous bénisse!

— Oui, cours vite, vilain, et dans un an, reviens me trouver pour me rendre compte de l'état de tes affaires.

— Grand merci, monseigneur, je reviendrai bien volontiers. »

Et de courir chez lui. Et de piocher la terre à l'endroit indiqué, et tant il piocha qu'il trouva le trésor annoncé par Merlin.

Je laisse à penser quelle fut la joie de la famille. Ses visites au bois, il ne les fit plus que pour détourner les soupçons des voisins. Il s'éleva tout doucement de la misère à la fortune. Au bout de l'année il retourna au buisson où la voix lui avait parlé :

« Ah ! monseigneur Merlin ! vous êtes toute mon espérance. Venez me trouver ; je vous aime tant !

— Me voici, doux ami, que veux-tu ? comment ça va-t-il ?

— A merveille, monseigneur Merlin. Vous m'avez fait une grande faveur. Maintenant ma famille est bien nourrie, bien vêtue, et mon avoir augmenté chaque jour.

— J'en suis fort aise, mon ami, mais que désires-tu encore ? dis-le moi.

— Monseigneur, je voudrais être prévôt de ma ville.

— Qu'à cela ne tienne, tu le seras dans quarante jours.

— Oh! grand merci, mon cher seigneur, vous êtes le roi des protecteurs! »

La seconde année finie, le protégé de Merlin, dans son habit neuf de prévôt, revint au bois.

« Sire Merlin, cria-t-il, venez me parler?

— Me voici, mon ami, que veux-tu?

— Une nouvelle grâce, s'il vous plaît. Notre évêque est mort depuis avant-hier. Est-ce que mon fils, par votre protection, ne pourrait pas le remplacer?

— Si fait, si fait, répondit Merlin, et même dans quarante jours. »

Et le quarantième jour, son fils fut fait évêque.

Mais le vilain n'était pas encore content.

A la fin de la troisième année, il revint vers son protecteur.

« Merlin, lui dit-il, en l'appelant ainsi tout court, fais-moi donc un plaisir.

— Lequel? demanda la voix.

— Que ma fille épouse le fils de notre grand prévôt.

ÉPILOGUE.

— Soit! répondit Merlin, le mariage aura lieu dans la quarantaine. »

Et la chose arriva comme il l'avait prédite.

Alors le vilain, qui n'était toujours qu'un vilain, parla ainsi à sa femme :

« Pourquoi irais-je désormais au bois pour parler à la Voix quand j'ai fait fortune? Je suis riche d'amis, d'avoir et de lignage.

— Vous retournerez au bois une dernière fois, lui dit sa femme, il faut prendre congé poliment de la Voix, et lui annoncer que vous ne reviendrez plus. »

Le vilain monte à cheval, suivi par deux sergents, se rend au bois, et se met à crier :

« Merlot! Merlot! »

L'impertinent! l'ingrat! il osait appeler son bienfaiteur Merlot!

« Adieu, dit-il, Merlot, adieu! Je n'ai plus besoin de toi, je suis riche maintenant. »

Merlin lui répondit :

« Tu as donc oublié le temps où tu venais au bois, ton âne devant toi, et où tu ne gagnais avec tous tes fagots que six deniers par jour? La première fois, tu me fis force révérences, et tu m'appelas monseigneur.

« La seconde fois, un peu moins révérencieux, tu ne m'appelas plus que messire.

« La troisième, ton mauvais cœur ne se cachant plus, tu me nommas sans façon Merlin tout court.

« Et maintenant, voilà que par dérision tu m'appelles Merlot! On croirait vraiment que tu es devenu roi. Eh bien! je te le dis tout net, tu n'as jamais eu de cœur; tu as été vilain, sois vilain derechef; tu as été pauvre, sois pauvre de nouveau. »

Le richard se moqua de ce que disait la Voix. Il n'en crut pas un mot, et retourna chez lui. Mais bientôt son fils l'évêque trépassa; sa fille, la femme du grand prévôt mourut pareillement; pour surcroît de malheur, son seigneur ayant déclaré la guerre à un de ses voisins, il s'endetta pour le servir. Plus de vin dans sa cave, plus de blé dans son grenier. Au bout de l'année, quand il fallut payer les impôts, plus d'argent dans ses coffres : on vendit ses meubles et sa terre.

« Hélas! dit alors le vilain, faut-il donc que je perde tout! argent, terre, maison, et mes enfants aussi! Pourquoi n'ai-je pas cru Merlin? Mais il n'est plus temps; je voudrais mourir! Maudite soit la vie! Si du moins mon âne me restait! »

ÉPILOGUE.

Il s'estima heureux de trouver une nouvelle bourrique qu'on lui prêta par charité; il reprit sa serpe, retourna au bois, et recommença à faire des fagots. Mais il n'entendit plus la voix du bon Merlin.

Cette voix a aussi cessé de parler aux poëtes et aux romanciers de l'Europe. Après avoir traité Merlin avec toutes sortes de respect, et lui avoir dû, en retour, la plus belle fortune littéraire, ils l'ont insensiblement négligé et ont fini par se moquer de lui; ils portent la peine de leur faute.

Mais si l'ingratitude des romanciers et des poëtes a été punie, la fidélité des antiquaires patriotes sera-t-elle récompensée? Le lecteur en jugera.

FIN.

PIÈCES JUSTIFICATIVES

I

ORIGINE DE MERLIN, D'APRÈS UN ANCIEN CHANT POPULAIRE
DE LA BASSE BRETAGNE [1].

« Brenian trizek miz ha teir zun
« E oann dindan ar c'hoad e hun.

« Hun eta, va mabik, va mabik ;
« Hun eta, toutouik lalla.

« Kleviz o kana eul lapous,
« Kane ken flour, kane ken dous.
« Hun eta, etc.

« Kane ken dous, kane ken flour,
« Flouroc'h evid iboud ann dour.
« Hun eta, etc.

[1] J'ai donné, p. 14, la traduction de cette chanson de nourrices.

« Kement ma'z-iz d'he heul dibred,
« Touellet gant-han va spered.
« Hun eta,

« D'he heul pell, pell, pell, pell ez iz ;
« Sioaz ! Sioaz d'am iaouankiz !
« Hun eta, etc.

« Merc'hik roue, e lavare,
« Kaer oud evel gliz ar beure :
« Hun eta, etc.

« Ar goulou-deiz zo souezet
« Pa zell ouz it, na ouiez ket.
« Hun eta, etc.

« Pa bar ann heol, souezet e ;
« Na piou a vo da bried-te ?
« Hun eta, etc.

« — Tavit, tavit, koz lapousik,
« C'houi zo gwall lik enn ho pegik.
« Hun eta, etc.

« Ma zelfe lez doue ouz en
« Gant goulou-deiz man na lakfen.
« Hun eta, etc.

« Na lakfen man gand sell ann heol
« Kenneubeut gand sell ar bed holl.
« Hun eta, etc.

« Mar gomzot d'in oc'h dimizin
« Komzet deuz roue ann env d'in.
« Hun eta, etc.

« Kana re brao-oc'h-brao alkenn ;
« Ha me d'he heul, souchet va fenn.
« Hun eta, etc.

« Ken e koueziz skuiz-stank kousket
« Dindan eunn derven, er gwasked.
« Hun eta, etc.

« Hag eno am boe eunn hunvre
« Am sapeduaz beteg re.
« Hun eta, etc.

« E oann ebarz ti eunn Duzik ;
« A dro-war-dro eur feuntennik.
« Hun eta, etc.

« He vein ker boull ! he vein ker skler !
« He vein ker splann evel-d-ar gwer !
« Hun eta, etc.

« Eur gwiskad man war al leur-zi
« Bleuniou-nevez street war-n-ezhi.
« Hun eta, etc.

« Ann Duzik ne oa ked er ger ;
« Ha me diogel ha seder.
« Hun eta, etc.

« Pa weliz o tont diouz a bell
« Eunn durzunel a denn-askel.
« Hun eta, etc.

« Hag e stokaz gand he begik
« Diouz moger voull ti ann Duzik.
« Hun eta, etc.

« Ha me sod, gant truez out-hi,
« Mont da zigor ann or d'ezhi.
« Hun eta, etc.

« Hag hi ebarz, ha da rodal
« Tro-war-dro d'ann ti, o nijal.
« Hun eta, etc.

« Gwech war va skoaz, gwech war va fenn,
« Gwech e nije war va c'herc'henn.
« Hun eta, etc.

« Teir gwech ouz va skoarn a bokaz
« Ha kuit dreo enn-dro d'ar c'hoat glaz.
« Hun eta, etc.

« Mar oa dreo hi, me n'am onn ket;
« Malloz d'ann heur e oann kousket.
« Hun eta, etc.

« Ann dour a ver diouz va lagad
« Pa dleann kavel luskellat.
« Hun eta, etc.

« A-ioul vefe onn ifern skorn
« Ann duarded kig hag askorn!
« Hun eta, etc.

« A-ioul vefe gaou va hunvre,
« Na ouife den diouz va doare.
« Hun eta, etc. »

— Ar mab, hag hen nevez-ganet,
O c'hoarzin en deuz diskanet :
« Hun eta, va mabik, va mabik,
« Hun eta, toutouik lalla.

« Tavit, va mamm, na welet ket,
« Gan-in n'ho po preder e-bet.
« Hun eta, etc.

« Nemet n'am euz gwall-galonad
« Ober eunn duard diouz va zad.
« Hun eta, etc.

« Etre ann env hag ann douar,
« Va zad zo ker kaen hag al loar ;
« Hun eta, etc.

« Va zad a gar ann dudou kez,
« Ha pa gav ann tu ho gwarez.
« Hun eta, etc.

« Ra viro Doue da vikenn
« Va zad diouz puns ann ifern en!
« Hun eta, etc.

« Nemet bennoz a rann d'ann heur
« E oenn ganet evid ann eur.
« Hun eta, etc.

« Oenn ganet evid eur va bro ;
« Doue diouz anken d'he miro !
« Hun eta, etc. »

— Ar vamm a oe souezet braz :
« Heman zo marz mar boe biskoaz !
« Hun eta, va mabik, va mabik,
« Hun eta, toutouik lalla ! »

II

MERLIN CHERCHANT DES ŒUFS DE SERPENT ET DES PLANTES MAGIQUES [1].

— Marzin, Marzin, pelec'h it hu,
Ken beure ze, gand ho ki du [2] ?
Iou ! iou ! ou ! iou ! iou ! ou ! iou ! ou ! iou ! ou !
Iou ! iou ! ou ! iou ! ou !

[1] On a pu lire, p. 19 et 20, la paraphrase de ce morceau qui est depuis longtemps connu, et que j'ai traduit littéralement dans le *Barzaz-Breiz*.

[2] On donne vulgairement le nom de *ki du* ou *chien noir* au loup, compagnon de Merlin. Le loup de saint Hervé, au contraire, est appelé par les paysans bretons, *ki gwenn* ou *chien blanc*.

Bet onn bet kae kaout ann tu
Da gaout dreman ann ui ru,
Iou! iou! ou! etc.

Ann ui ru euz ann aer vorek,
War lez ann od, 'toull ar garrek.
Iou! iou! ou! etc.

Mont a ranu da glask d'ar flouren
Beler glaz, hag aour-ieoten,
Iou! iou! ou! etc.

Kouls hag huel-var ann derven
Ekreiz ar c'hoad'lez ar feunten.
Iou! iou! ou! etc.

— Marzin! Marzin! distroet endro
Losket ar var gand ann dero,
Iou! iou! ou! etc.

Hag ar beler gand ar flouren
Kerkouls hag ann aour-ieoten.
Iou! iou! ou! etc.

Kerkouls hag ui ann aer vorek
Etouez ann eon, 'toull ar garrek.
Iou! iou! ou! etc.

Marzin! Marzin! distroet endrou :
Ne deuz divinour nemet Dou.
Iou! iou! ou! iou! iou! ou! iou! ou! iou! ou!
Iou! iou! ou! iou! ou!

III

1. — GÉMISSEMENTS DE MERLIN FUGITIF [1].

Enn amzer ma oann'barz ar bed
Me oa gand ann holl enoret;

Diouc'htu ma'z-eenn'barz ar zall
E klevet ann holl o iouc'hal.

Diouc'htu ma kane va delen
Koueze, diouz ar gwe, aour melen.

Roueou ar vro am c'hare
Roueou all holl am douje.

Ann dudigou paour lavare
« Kan, Marzin, kan e peb mare. »

Laret a re ar Vretoned :
« Kan, Marzin, ann traou da zonet. »

Breman, er c'hoajou a vevann;
Den na ra stad ouz-in breman.

Bleizi ha moc'h gwez, 'kreiz ma heul,
Tre ma'z-ann biou, a skrign ho dent.

---

[1] Extraits de la légende armoricaine de saint Kadok. Je les ai traduits plus haut, p. 57 et 58, 79 et 80.

PIÈCES JUSTIFICATIVES. 415

Kollet eo gan-in va delen ;
Pillet eo gwez ann aour melen ;

Roueou Breiz a zo maro ;
Roueou all a wask ar vro ;

Na lavar ken ar Vretoned
« Kan, Marzin, ann traou da zonet. »

Hi a ra ouz in *Marzin-Fol;*
A daoliou mein am c'hasont holl.

II. — MERLIN REÇOIT LES CONSOLATIONS DE SAINT KADOK.

— Paourkez diod, distroit endro
Ouz Doue zo vid hoc'h maro.

Hennez en do truez ouz hoc'h ;
Da neb a fiz enn hann, ro peoc'h.

— Enn han fiziz, c'hoaz e fiziann,
Out han truez a c'houlennann.

— Dre-z-oun oc'h euz truez gant-han,
Enn Tad, e'r Mab, e'r Spered Glan.

— Me a losko eur iouc'haden
D'am Rouc, gwir Zoue ha den ;

Me gano he vadelezou
A oad da oad dreist ann oajou !

— Paourkez Marzin, Doue r'ho klevo !
Eled Doue r'hoc'h ambrougo ! »

IV

PROPHÉTIE DE MERLIN AUX SANGLIERS GALLOIS [1]

Oian ! a phorchellan a pharchell dedwydd,
Na chladd dy red kyr ym mheu mynydd
Kladd yn lle argel, yn argoedydd...
A mi ddisgoganaf-fi, a gwir fydd,...
Kymru oll yn eu kyflwydd
Llywelyn ei enw, o eissillydd
Gwynedd, gwr dygorbydd !

Oian ! a phorchellan, oedd raid myned
Rhag kynyddion Mordai, pei llasased ;
Rhag dyfod erlid arnam-ni ein gweled.
Ag or diagwn ini chwynwn i ein ludded ;
A mi ddisgoganaf-fi rhag ton nawfed
Rhag unig baryf gwyn gwehyn Dyfed ;

---

[1] Extrait du *Ms. noir de Caermarthen*, fol. 26, comp. avec l'édition du *Myvyrian*, t. I, p. 155. Pour la traduction, voyez plus haut, p. 258 et 259.

Dyrchafawd llogawd, n'id ir lleti kred,
In ty yn hir gwrthdir a gwystfiled :
In y ddel Kinan iti oe kyngweled
Ni bydd atkor byth ar ei threfed.

Oian ! a phorchellan a pharchell gwyn,
Rym diwod Chwiblian chwedyl am dechryn :
« Pan pebyllo Lloegyr yn tir ethlin,
Ha gwneuthur Dyganwy dinas dehyn,
O kyfrank Lloegyr a Llywelyn,
Atvyd mab, a'r chwaer a char a chychwyn ;
Pan sorro deiniol mab Dunawd deinwyn ;
Atvyd Frank ar fo fort ny ofyn,
Yn aber Dulaz gwanas gwehyn.
Kochwet yn eu kylchwet yn eu kylchwyn. »

V

PROPHÉTIE DE MERLIN SUR LES ROIS ANGLO-NORMANDS, TRA-
DUITE DU CORNIQUE PAR JEAN DE CORNOUAILLES [1].

Eure, tuum nostris extirpat germen ab hortis
Auster, et exemplum decimantis habet decimatum;
Transvehitur, ligno fangens, indutaque ferro,
Militat in campis defensa trilicibus armis,

[1] *Prophetia Merlini de septem regibus,* cum expositione Johannis Cornubiensis. (Ex cod. memb. secu. xiv. Ap. Carl Greith, *Spicilegium vaticanum,* p. 99.)

Gens in bella furens, in stragem Saxonis ardens.
Post modo qui rastris operam dederint et aratris
Nec matri parcant, et ejus in viscera tendant.
Quod servile jugum generis facit omne delictum,
Debent perfidiæ; nec me piget meminisse.
Instaurans nostros princeps quot vixerit annos?
Bis super septem numerum censebis eumdem.
Neustria, sacra parens, fæcundo germine gaudens,
Vindicis hæredes geminos adolere Dracones.
Primus in alterius letum contraditur arcus,
Alter luctiflua ridet sub nominis umbra;
Ille quater binis et quinque timebitur annis.

At Leo justitiæ cui præstant omnia sane
Adjicit iste Leo bis septem desuper octo,
Ungues Milvorum resecans, dentesque Luporum;
Dat tutos saltus et tutos undique portus;
Ilic, quoties rugit, turres quas Sequana lambit
Usque sub oceanum tremit insula quæque Draconum.
Tum calamistratus varios inducet amictus
Nec variæ mentis defendet crimina vestis.
Tunc de narcisso torquebitur et paliuro
Et depascentum manabit cornibus aurum;
Ergo velit nolit, trunco pede fœdus inibit.
Latrans cum servo nummi findetur imago;
Hinc quoque dimidii succedet forma rotundi.

Illinc super Aravium volucris celeberrima nidum
Arripit, et Catulos Albania luget ademptos.
Heu! pelagi facinus quod tertius extulit annus!
Ilic quem non moveat triplici feritate cluebat,
In sex francigenis unius sanguine matris

Triste rubens solium tot mortes, tot mala passum
Clamat, et affatur, Normannia, scis quid agatur?
Nuper ego dolui, nuper mea viscera fudi;
His modo funeribus nostrum solabere funus
Insula tota mades lacrymis! vix ullus et omnes
Reges sunt hodie, quia parcius utitur ense.

Hinc hic possessor quem circuit impius horror,
Nocturnis tenebris obducta fronte Leonis
Adversata novo nectetur in astra propago.
Cum Catulo Aquilam lex rupta vocabit in iram,
Quique latent silvis venantes mœnibus ipsis;
Et quos oderunt Tauri quandoque timebunt
Nullus amor fratrum, nec vera fides sociorum,
Nulla vel ægra quies, transcendunt vimina sentes.
Heu nimis ampla Lupis dabiturque licentia Milvis!
Terque vices senas et tres ea transiget ætas.
En domus Arturi perjuræ subdita genti!
Tune vides pecoris raptus per plana Reontis?
Sed quid ages contra? Victrix pro tempore cessa
Quod fusco tincto muliebriter et calamistro
Perdita gens tunica qua abuteris orbiculata
Barbaricæ veneris quam amas asuescere nugis
Plecteris, una lues, unus dolor arguit omnes;
Desolata cubas solaminis hinc nisi ducas!
Flamma fames morbi seu quæ novissima fati
In te conjurant, socios hæc ipsa flagellant.

En semel in spolio genitoris fulmina duro
Præcinctus capiti superans apicem galeati
Canus adoptatus Periromis obambulat ortus!
Quæ sua conditio? quæ spes in semine nostro?

Serviat aut pereat! vel rem, vel nomen amittat!
Adciscunt colles Albani translaterales,
Finibus Armoricis excuditur ænea pestis!
Ares frenat Aprum, tempusque resignat avitum
Tertius hic nidus, ruit omnis in omnia rursus;
Annus adit reliquum versat Londonia sceptrum.
Mirabar primo, miror præstare secundo
Quartum seu quintum mox surget ab arce Britonum
Scilicet ut crescat jaculum dum lancea fiat,
Omnibus in tumulum tolletur machina tristis,
Mors erit invidiæ, nec simplex forma monetæ.
Disce modum tandem, Cornubia, disce laborem!
Nostra que saxonicum referunt cunabala luctum,
Quæ nostra larga manus, quis postmodo liber habendus.
Qua spectat plaustrum, qua tamarus exit in austrum
Per juga Brentigie Galli dominantur ubique.
Vivere si pergis, Regina, seres et arabis,
Ex quo murilegi pretio cumulantur et hirci!
Ventorum rabies et quæque rebellio cives
Affliget tristis dum desinat ira tonantis.
Dividat ergo levem plebecula moesta favorem
Et facit interea pro se sine pondere vota!
Religio plorat, tunicatus inutilis orat,
Qui cœlum vertit, qui fulmina torquet, obaudit!
Sole sub occiduo subcumbit Hibernia sexto.
Inque sinus zephyri tendunt aquilone creati;
Et quid tam sero fatali pendere castro?
Ut licuit scutum, fuit utile reddere naulum;
Anceps anne magis pietate probandus, an armis,
Mœnia destituens, lucos in plana refundens,
Montes nudabit, leges et jura novabit.
Qui prius abscissas lateri circumdabit alas

Crinibus inque suis posita cervice Leonis
Certior afflctu penetrabit summa volatu,
Namque beatorum reparabit templa virorum
Neve Draco reges vigiles in pascua mittet.
Urbibus et gemmis aptabit pallia gratis,
Et sua virginibus transcribet munera lætus :
Unde petens unam ducet feliciter ipsam;
Hujus erunt pauci celeresque minoribus anni.

Ite dies Lincis ! pudeat germanice vermis !
Teque deosque tuos fines excedere nostros !
Hæc ferit, ipsa facit, cur Neustria segnius hausit ?
Utque vetus columen ponat vetus Anglia nomen !
Sic eat ! ista suam, mea stirps exterminet istam !
Sit proba tempestas ! Conanus navigat undas !
Et Kadualadro faveat qui præcipit euro !
Oris Equus nivei niveo dans lora jugali
Totus in officio Perironis, gurgite verso,
Candenti virga, medio rapit orbe fluenta,
Atque molendinum metatur desuper illum.
Post tantas clades et initos sæpe labores
Audit Saprinum tot classica, tanta suorum
Prælia misceri vident tua flumina, Thevi;
Et spinæ saliunt, Gemini tentoria ponunt.
Nunc ibi, nunc alibi debentur prima Reonti
Gesa sudes tepidis gladios et spicula costis.
Admittunt hostes, cruor undat et inficit amnes.
Felices undas ! felices testor arenas !
Mallent Teutonici dudum cessisse tyranni !
Quique valent in equis et agendo cominus hastis
Vincere dediscunt, pauci vexilla relinquunt.
Proh ! pudor ! octo decem pro millibus, haud ita pridem,

Quatuor in reditum vertunt ignobile tergum!

Ecce quod optavit Venedotia, namque resurgit
In caput auratum, populosque reducet in unum ;
Femina purpureis mutabit vellera texis ;
Vir feret argentum quod strinxit Urbs Legionum ;
Valles erumpent, et robora quæque virescent ;
Armorici montes æquabunt vertice nubes,
Posteritas Magni tollet diadema Britanni ;
Mira ducum facies meritos conscendet honores,
Mira ducum virtus medios conscendet in usus ;
Ter tres vigenos, ter centum finiet annos
Aurea libertas et cœlo concolor ætas !

(*Explicit prophetia Ambrosii Merlini de Septem Regibus.*)

VI

PROLOGUE D'UN ROMAN ET DES PROPHÉTIES DE MERLIN EN VERS ANGLO NORMANDS [1].

Issy comence coment Merlyn Ambrosie fu né et de sa neffaunce et de sa mere.

Seignours, vous ke alet devisaunt
E une chose e autre dysaunt

[1] Musée britannique (fond d'Arundel), ms. n° 220. L'auteur paraît avoir vécu à la fin du douzième siècle; la copie de ce fragment est des dernières années du treizième ; elle a beaucoup souffert du copiste. Je l'ai publiée pour la première fois dans les *Archives des Missions scientifiques*.

De cele chose ke Merlyn prophetiza,
Ly uns dist sa, et ly autres la,
Tele chose ke il unkes ne pensa,
Ne unkes en quer ne ly entra;
Cechun dist ore en soun endreyt
Tut ço ke il estre voudreyt;
Sy il dist veyr ou il ment,
Merlyn en tret a garent.
Et pur iço comunament
Vous fas jo à saver bonement
Ke vous ne creet autre dist
Ke vous ne trouvet issi escrit
De Merlyn ne de son prophetizement.
Il parole mout oscurement
Ço ke il dist aussi cum sounge;
Et sachet que ço ne pas mensounge;
Car kanke il ad prophétizé
Du temps ke encor est alé
En Brut le porra homme trover,
Ke il ne ment pas, eyns dit veyr.
Et pur ço ke bon est à oyr
De temps passé et [à] venyr,
Ay jo le liver à Merlyn
Translaté en romaunz de latin;
Kar tote gent ne entendent mye
Lettre en latyn ne clergie;
Et pur ço l'ai jo feet en romaunz
Ke tuz entendent petiz et grauns.
Ne le ay pas, sachet, rimé,
Mes eyns si fu tut avant alé,
Tut eynsi come il le fist,
Saun ryme tuit ensy l'ay dist;

Kar cil ky voudra rimer
Ne put mye tut dis le dreyt aler ;
Hors de estorie ly covent trere
Sovent, e menter por rime fere :
Mensouniable prophecie
Ne deyt pas estre oye.
Jo la vous dirray saun mensonger.
Mès avant en voyl counter
Ques homme [Ambrosie] Merlyn fu
(Kar sovent en le Brut le ay lu),
Coment e par quel enchesoun
Dist Merlyn sa prophesioun.

En la Bretayne avoyt jadis
Un roy ke fu mout pouestiff ;
Vortiger ou cil à noun,
Et cil fu roy par grant tresoun ;
Car par soun mauveys engyn
Costaunz, le fiz le rey Costentyn,
Si fu occys et detrenchez ;
Et il s'en fu pus corounez.
Adonc fu ke ore est Engleterre
Apelée Bretayne ; mès par gere
Ke ly fist ly roys Gormouns
Perdy la tere soun dreyt nouns.
Constaunz ke fu ensy murdris
En avoyt deus freres petiz :
En la Bretayne la Menour
Furent nuriz à grant honur :
Ceux furent Aurelius et Uter.
Kant ils oyerent ke Vortiger
Avoit lur frere ensy tray,

Et ke par ly fu murdry,
Jurent ke il le vengerunt,
La coroune ou le chef li toudront.

Kant Vortiger ço entendy,
Dolent en fu et maubaly.
Purpensa sey ke il feroyt ;
Coment il se defenderoyt.
Lu convenable ad encerché
Où il pu fere en fermé,
Et où il put surment attendre
Les enfaunz, et sey défendre.
Tant enquist et tant encercha
Ke un covenable lu trova
Où il put fere un fort chastel.
Mout li plust, si li fu beel.
Maçonnys vindrent tot entour ;
Et kaunke il fesoyent le jour,
La nuyt est tretust enfundré.

Ly roys se mout emerveylé :
Ses sorcerys trestuz manda,
Et forment les aresonna
Comment et par quel mester
Sa overayne ne put durer ;
Sy il ne ly deyssent veritez,
Les chefs lur serrunt coupez.
Et cil forment s'esmerveillent,
Et entre eus se counseyllent.
Unkes ne point tant deviser
Ke il pussent de reyn trover
Par quei la ouverayne enfoundra.

Chescun de eus se esmaya,
Et de morir en urent poour ;
Si diunt à lur dreyt seigour
Ke si il en eust un enfaunt
Saun pere nez, et prist soun saunc
Et le meyst en le foundement
De l'ouevre, ke il esteroyt forment.
Kant Vortiger les ad escuté,
Par tut le réaume ad envoyé
Du seuz de ke en le occident,
Du nord de ke en le orient,
Et par trestoute la tere,
Ad li un tel enfaunt quere ;
Et partut ensy command
Ke si acoun trovast un tel enfaunt
Ke feust engendré saun pere,
A li amenast e sa mere.

Et ly messagerez s'envont avaunt,
Un tel enfant durement querant.
Tant ont cil avant alé
Ke tote la terre ont acerché ;
Unke tel enfaunt ne porrent trover.
A mesoun lur covent repeyrer.
Ensy com il durent retourner,
Vers mesoun mout travayller,
En un cymiteyre vindrent d'un moustier
Talent lur prist à reposer.
Là se jouerunt deus enfauns
Ke ne estayent gueres grauns
Ly uns avoyt a noun Dynabus
Et ly autre Merlyn Ambrosius.

Taunt se sunt entrejoué
Ko Morlyn ad l'autre blessé
Dynabus mout se corussa,
Et Merlyn mout leydenga,
Et si ly dist : « Mal engendrez !
« Jà es tu saunz pere necz,
« Ben say que acun deble estu,
« Ke si malement m'as féru ! »

Kant li messagers ont escuté
Comment l'un l'autre ad ledengé,
Erraument com se leverent
Et vistement demanderent
Le quel enfaunt cely fust
Ke nul pere unkes ne eust.
Et Dynabus lur respundy :
« Sire, par ma fey, cely ke me fery
« Ben savom ky est sa mere,
« Mès ne savom ky est soun pere. »
Cil en ont tut ço escuté ;
L'enfaunt ont pris et amené
Et sa mere tut ensement
Devant le roy tut erraument.
Et sachet ke la mere Merlyn
Fust estreyte de haut lyn ;
Filie fut au plus haut baroun
De la countré tut enviroun.
Kant ele fu devant le rey amené,
Vortiger l'aad mout honuré ;
Mout bel à counseyl le appela,
Et mout cherement la pria
Ke la vérité ly déyst

Coment [l'enfant] Merlyn nasquist.
— « Sire, volez vous saver novele
« Ke jo estoye pucele
« (Ne vous lerray ke n'el vous dye)
« En la chambre mut swef nurrye ;
« Et kant jo soule en chambre estoye,
« Et mes preyeres dire soleye,
« Un oyselet i soleyt entrer ;
« Eyns devint à un beu bacheler.
« Sovente feyte moy acola
« Et soventefoys moy beysa ;
« Signe me fist de grant amours,
« Et en issy fesoyt il touz jurs.
« Unkes ne fu de ly trestournant
« Ke il ne me apparust tut dis devant ;
« Tut dis menamus tele vie
« Ke unkes ne me tocha il mye.
« Mès après avaunt tant ala
« Ke il ouveke moy se cocha
« Ansi cum homme, et je consu,
« Et cest enfaunt de ly m'en oust.
« Unkes ne say pus où il devynt,
« Mès jo say ke il unkes ne revynt. »

Le rey ço prist a merveyler,
Merlyn devant ly fist amener.
Merlyn ly ad pus demaundé :
« Rey, pur quey me avet maundé ?
« Quydes tu ke ta overayne seyt esteant
« Par ma char et par moun saunk ?
« Oïl, ço dist Vortiger,
« Einsint me fount assaver

« Mes grant mestre sortiseors
« Et mes sages dyvynoures. »
— « FFetes les devaunt moy venir,
« Je les feray trestouz mentir ! »

Kant il furent à li venu,
Merlyn les ad aresonné touz :
— « Dites, vous ke alet jugaunt
« Ke, par ma char ou par moun sank,
« Serra le ovraigne durable,
« Et au roy nunciet cele fable ;
« Dites moy par unt si estutet
« Ke la overayne ester ne putet ?
« Dites le moy apertement ;
« Quey est desouz le fondement ? »
Et cil en peés touz esturent,
Ke de reyn respoundre ne surent.
Adounc dist Merlyn à Vortiger :
« Sire, ore sachet le de veyr
« Ke fouz sunt et perdy unt sens
« Trestouz vos astronomyens,
« Ke ensi unt sorti de moun saunk ;
« Ke reyn ne sewent del estaink
« Ky est desouz le fondement ;
« FFetes enfouyer erraument ;
« Là desouz porras trover
« Une ewe currant redde et plener. »

Le roi ky de ço avoyt desyr
Hastivement fist là fouyr.
Taunt parfund se sunt alé
Ke une ewe unt tost trové.

Le rey se prist à merveller ;
Merlin comaunde à espucher
Le ewe tot horis del estaunk ;
Et homme le fist einsy meintenaunt.

Quant le ewe fu tut espuché,
Une pere trouvent grosse et quarré.
Adounc dist Merlyn au roy :
« Sire, entendet ore à moy,
« Volet saver fiers merveyles
« De deus dragouns e de lour batayles ?
« Taunt combatunt per nut ensemble
« Ke tut vostre overayne tremble ;
« Pur lur batayle ne put durer,
« Eyns comence tut à enfundrer.
« Si vous la pere oter volet,
« Combattre ensemble les verrez. »

Et cil en fet la pere ouster ;
Et sus les dragouns hors voler.
Ly uns fu rous, li autres blaunc ;
Fort se entrebatunt meyntenaunt.
Le blaunc le rouge sorpoeyt
Et au founs du lac le chasseyt.
Ly rous ke si deboté estoyt
Un poy après se sourpoeyt,
Et le blaunc forment assaly ;
En le parfund lak le abbaty.
Plusurs foyys se sount enbatu ;
A l'en dreyn fu le blaunk vencu.
Kaunt Vortiger vit cele batayle,
Il en avoyt graunt merveyle.

A Merlyn pria ke il li demonstrat
Quey la batayle signefiast.
Merlyn comence dounk à plorer
Et pus à prophetizer.
Adounc ad prophetizé Merlyn
De ce temps de kes à la fin
Du secle du temps ke avendroyt,
Et coment le secle fineroyt.
Issi le poet jà oyer
Si de l'escoter en avet desyr.

(Prophetiæ desiderantur.)

FIN DES PIÈCES JUSTIFICATIVES

TABLE DES MATIÈRES

Introduction.   i

LIVRE PREMIER

PERSONNALITÉ DE MERLIN.

   I. Merlin, personnage mythologique.   1
  II.   —   personnage réel. 27
 III.   —   personnage légendaire. 83
 IV.   —   personnage poétique. 117
  V.   —   personnage romanesque. 141

LIVRE II.

ŒUVRES DE MERLIN.

   I. Les prophéties de Merlin en Cambrie. 235

II.	— en Cornouailles et en Écosse.	261
III.	— en Armorique.	277

LIVRE III.

INFLUENCE DE MERLIN.

I. Influence historique de Merlin.	291
II. Influence politique.	313
III. Influence romanesque et poétique.	342
Épilogue.	399

PIÈCES JUSTIFICATIVES.

I

Origine de Merlin, d'après un ancien chant populaire de la Basse-Bretagne. 407

II

Merlin cherchant des œufs de serpent et des plantes magiques; fragment de ballade en langue bretonne. . . . 412

III

Gémissements de Merlin fugitif, extraits de la légende armoricaine de saint Kadok. 414
1 Merlin reçoit les consolations de saint Kadok. 415

TABLE DES MATIÈRES. 435

IV

Prophétie de Merlin aux sangliers gallois. 416

V

Prophétie de Merlin sur les rois anglo-normands, traduite du cornique, par Jean de Cornouailles. 417

VI

Prologue d'un roman et des prophéties de Merlin, en vers anglo-normands. 422

FIN DE LA TABLE.

PARIS. — IMP. SIMON RAÇON ET COMP., RUE D'ERFURTH, 1.

www.ingramcontent.com/pod-product-compliance
Lightning Source LLC
Chambersburg PA
CBHW070210240426
43671CB00007B/606